À propos des auteurs

Ce livre est le fruit de multiples collaborations: ont notamment collaborés à l'ouvrage, les auteurs du site lacompta.ch; le glossaire est lui, inspiré d'un document de la Banque Cantonale Vaudoise. La coordination et de nombreux chapitres ont été rédigés par Antoine Melo, enseignant de gestion, économie politique, droit, information, communication et administration. Il est co-fondateur de la plateforme Sustainable Finance Geneva, association de plus 300 membres liés à l'investissement responsable, et de "Citizen of our world", entreprises reconnues d'utilité publique. Il a en outre travaillé pendant huit ans en tant que Directeur Administratif et Financier, supervisant les activités opérationnelles, de trading en microfinance en Europe, Asie, Amérique Latine et aux États-Unis, réalisant notamment le ''Sustainable Deal Of The Year'' attribué par le Financial Times. Il a également travaillé sur diverses missions d'ingénierie en Europe, Amérique Latine et Afrique durant quelques années. Titulaire d'un diplôme en formation professionnèlle de Institut fédéral des hautes études en formation professionnelle, d'une maîtrise ès sciences et ingénierie de l'École Polytechnique Fédérale et d'un MBA des HEC de l'Université de Lausanne, en Suisse, il est marié à Cynthia et l'heureux père de trois enfants.

Autres ouvrages des auteurs

- *Économie politique, principes de base et cas pratiques*, disponible aux mêmes conditions que cette ouvrage (2e édition, juillet 2016)
- *01 Introduction à l'entreprise, 02 Introduction à la comptabilité, 04 Marketing, 05 Arithmétique commerciale et 08 Comptabilité des activités commerciales* aux éditions LEP (2013)
- *Enseignement 3.0* aux éditions Kindle (2012)
- *Information, communication et administration,* disponible aux mêmes conditions que l'ouvrage est en cours de rédaction

SOMMAIRE

V2. DOCUMENTS CLÉS

V3. RISQUES ET OPPORTUNITÉS

V4. RÉVISION ET CAS PRATIQUES

COMPLÉMENTS

*
* *

"En comptabilité à double entrée, on mesure, à l'aide du bilan, le niveau en début et en fin de période et on totalise, à l'aide des comptes de gestion, les quantités qui entrent et sortent."

V0. BASES MATHÉMA-TIQUES ET COM-MERCIALES

01. MATHÉMATIQUES

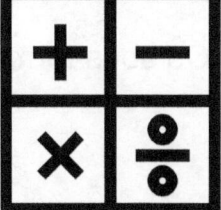

011. PROPORTIONS ET RÈGLE DE TROIS

Nous vivons dans un monde où les proportions sont omniprésentes, quasiment en permanence, sans que nous nous en rendions vraiment compte. Dans ce chapitre, nous nous attarderons à définir de manière rigoureuse ces éléments que nous connaissons souvent "d'instinct".

NOTIONS DE PROPORTION

Une proportion s'applique quand des rapports sont égaux, et donc que deux éléments contribuent à un tout de manière linéaire.

Pour que les proportions soit conservées lorsqu'une des grandeur augmente, cela implique qu'une autre doit être modifiée. L'égalité est conservée si les modifications sont **proportionnelles** ou **inversement proportionnelles**. Dans la pratique, ces notions s'expriment souvent sous forme de questionnements: trois termes d'une proportion sont connus, il s'agit de déterminer le quatrième par exemple à l'aide de la règle de trois.

Exemple : faire des crêpes

Pour faire des crêpes pour 8 personnes, il faut : 250g de farine, 4 oeufs, un demi-litre de lait et 50g de beurre. En divisant en deux parts égales tous les ingrédients, on pourra faire des crêpes pour 4 personnes. Si l'on n'était que 2, on pourrait à nouveau diviser ces quantités en 2, c'est-à-dire : 62,5g de farine, 1 oeuf, 125ml de lait, 12,5g de beurre. Comme l'oeuf n'est pas divisible en deux parties, on peut trouver la quantité d'ingrédients pour faire des crêpes pour un nombre pair de convives. Pour un nombre impair, il faudrait soit en prévoir un peu moins, soit un peu plus que la quantité nécessaire. Cette situation peut se résumer ainsi:

Nombre de personnes	2	4	6
Farine (g)	62.5	125	187.5
Oeufs	1	2	3
Lait (ml)	125	250	375
Beurre (g)	12.5	25	37.5

Ou sous forme graphique:

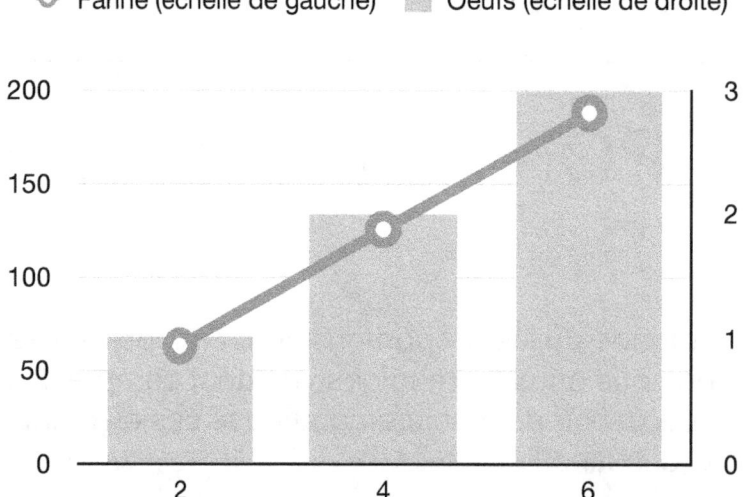

L'axe des abscisses représente le nombre de convives, les ordonnées représentent ceux de la quantité de farine (gauche) et celle des oeufs (droite).

LA RÈGLE DE TROIS

Continuons notre exploration par une nouvelle situation problème: sachant qu'avec 2 serveurs, nous pouvons servir 50 invités, combien de serveurs sont-ils nécessaires pour 200 invités ?

Pour résoudre la question, on aura tendance à réaliser, intuitivement, le calcul de tête: 200 c'est 4 fois plus d'invités, j'ai donc besoin de 4 fois plus de serveurs, soit 8 serveurs ! Mais lorsque les données deviennent plus complexes, on est vite perdu et le risque de se tromper s'amplifie.

Pour ne pas faire d'erreur, il existe une méthode simple, appelée **règle de trois**. Cette règle consiste à calculer une grandeur inconnue, en conservant les proportions. La règle de trois, appelée aussi **produit en croix**, est infaillible et est très souvent utilisée dans les calculs commerciaux.

Quantités proportionnelles: illustration

Continuons avec un nouvel exemple: pour pouvoir acheter une douzaine d'oeufs, il vous faudra payer 6 francs ; le montant payé dépend de la quantité commandée et il parait évident que l'oeuf coûte 50 centimes; mais comment modéliser ce calcul pour résoudre des situations plus complexe?

le montant payé = 0.50/oeuf * quantité d'oeufs commandés

Le rapport montant/quantité est ici une constante (le prix d'un oeuf, sans rabais), montant et quantité sont proportionnels. Plus j'augmente le nombre d'oeufs que je veux acheter, plus j'augmente le prix à payer. C'est également le cas pour le nombre d'invités et le nombre de serveurs, plus j'ai d'invités, plus il me faudra de serveurs.

Les exemples sont nombreux :

Grandeurs proportionnelles

Quantité de marchandises achetées	—>	Prix d'achat
Distance parcourue avec un véhicule	—>	Quantité d'essence consommée
Durée d'un placement à taux fixe	—>	Intérêts touchés
Montant d'une unité vendue	—>	Marge réalisée

Exemple de résolution d'un problème soumis à la règle de trois

Pour comprendre l'utilisation détaillée de la règle de trois, reprenons notre exemple de base: sachant qu'avec 2 serveurs, nous pouvons servir 50 invités, combien de serveurs sont nécessaires pour 200 invités ? La première étape consiste à poser nos données en 2 colonnes. Le X représente notre inconnue. On prend ensuite les deux valeurs en diagonales et on les multiplie. On divise le résultat par le troisième élément (qui se trouve en face de la valeur cherchée).

2 serveurs	50 invités
X	200 invités

Une autre méthode de résolution, qui fonctionne dans tous les cas, mais qui peut parfois prendre un peu plus de temps, consiste à ramener une des grandeurs à l'unité, puis d'appliquer un facteur de proportionnalité correspondant à la variation souhaitée. Dans le cas ci-dessus, nous constatons qu'un serveur peut s'occuper de 25 invités (50 : 2 = 25). Si nous avons 200 invités il faudra donc 8 serveurs (200 : 25 = 8).

Exemple illustré sous ecol2.com/u/prodcroix.

QUANTITÉS INVERSEMENT PROPORTIONNELLES

Comme nous l'avons vu plus haut, les quantités linéaires ne sont pas toutes proportionnelles entre elles. C'est-à-dire, si l'on augmente une donnée, l'autre valeur ne va pas augmenter parallèlement, mais au contraire diminuer. C'est le cas, des quantités dites **inversement proportionnelles.**

Les exemples sont nombreux :

Inversement proportionnelle

Vitesse d'un scooter	—> Temps pour effectuer un trajet
Capacité des bouteilles	—> Nombre de bouteilles pour vider une cuve
Taille des caractères dans un texte	—> Quantité de pages de l'ouvrage
Nombre de maçon	—> Temps pour construire un mur

Exemple guidé

Vous mettez 12 minutes à vélo pour parcourir le trajet de la maison à l'école, à une vitesse moyenne de 18 km/h. Si vous augmentez votre vitesse à 24 km/h, quel temps allez-vous mettre pour ce même trajet ? Pour résoudre ce problème, l'utilisation de la règle de trois est inadéquate. En effet, le produit croisé ne fonctionne pas pour les grandeurs inversement proportionnelles. Il faut au contraire multiplier ensemble les quantités sur la même rangée. Pour résoudre de manière systématique ce type de problème, nous vous proposons de suivre la méthode présentée ci-dessous.

Exemple illustré sous ecol2.com/u/prodinv

Appliquer un pourcentage

Une variante courante en gestion est la recherche d'une valeur de référence connaissant le pourcentage d'un prix de vente (comme la TVA, taxe sur la valeur ajoutée). Nous avons par exemple acheté un objet à 198.- que nous aimerions dédouaner. Sachant que la TVA est de 7.7%, le prix TTC (toutes taxes comprises) payé représente 107.7 % du prix HT (hors taxe). Le prix HT est donc de 198 / (107.7 / 100) = **183.85** (montant arrondi aux 5 cts).

Autre cas tiré de la vie courante: retrouver une valeur de référence après une remise de prix. Si le prix d'un objet n'est plus que de 34.- après une remise de 15 %, le prix initial de l'objet était de 40.- car 1 x 34 / 0.85 = **40.-**

012. LES POURCENTAGES

Calculer un pourcentage consiste à comparer une valeur donnée à une valeur de référence; en fait, on cherche à déterminer ce que vaudrait cette valeur particulière si la valeur de référence était égale à 100 tout en respectant les proportions.

La première trace d'un symbole voisin de celui utilisé actuellement était p.o|o. Le p s'est ensuite perdu et la barre est devenue oblique. Les deux « o » ont ensuite été assimilés aux zéros du chiffre 100 ce qui a aussi conduit à noter ‰ le symbole "pour mille".

CALCULS ÉLÉMENTAIRES

Le calcul de ce pourcentage revient à trouver le numérateur d'une fraction dont le dénominateur serait 100. Exemples:

	Fraction	Décimal	Pour-cent
un millième	1/1000	0.001	0.1%
un centième	1/100	0.01	1 %
un dixième	1/10	0.1	10 %
un quart	1/4	0.25	25 %
le double	2/1	2	200 %

CALCUL DE POURCENTAGES COURANTS

Calculer un pourcentage et déterminer un indice

Dans une assemblée de 50 personnes, il y a 31 femmes. Celles-ci représentent 62 % de l'assemblée car : 31 / 50 = 0.62 = **62%** (62 / 100)

Il est parfois possible d'obtenir des pourcentages dépassant 100 %. Si le coût d'un produit passe de 3.- à 7.50 en 20 ans, l'augmentation sera de 150 %, soit une valeur de 250% par rapport au prix initial. Ce type de calcul est souvent utilisé en économie, en particulier dans les notions d'indice.

Prix	Pour-cent
3.00	100%
7.50	X%

3.00 est l'indice de référence, 100 % par définition; 7.50 représente un indice de 7.50 x 100 / 3 = **250 %**, soit une augmentation de 150 % par rapport au prix initial de 3.-.

02. INTÉRÊTS ET OPÉRATIONS DE CHANGE

021. CALCULS D'INTÉRÊT

Une des fonctions économiques importantes des banques consiste à jouer le rôle d'intermédiaire entre les personnes qui déposent des fonds et celles qui empruntent des capitaux, selon le principe suivant:

```
EMPRUNTEURS                    BANQUES                    ÉPARGNANTS
   /-\        capital      ----------    capital          -||-
  /   \      <-------     /----------\  <-------          / o  o \
 | -|- |                  ||    ||   ||                  (    ||   )
 | -|- |     ------->     ||    ||   ||   ------->        \   ==  /
 -------     intérêts     ============   intérêts          ------
```

La banque paie un intérêt à ses épargnants et réclame un intérêt (loyer de l'argent) à ses emprunteurs.

Comme les taux de rémunération du dépôt sont inférieurs aux taux d'emprunts, la banque perçoit une certaine somme d'argent (proportionnelle aux montants) pour ce service d'intermédiaire. A noter que les taux d'intérêt sont variables selon les catégories de clients de la banque.

COMPTES DE DEPOTS	Épargne	Courant
Individuel	0.25%	0.10%
Jeune	1.25%	0.15%
Société	-.-	0.15%

Différents types d'intérêts

En gestion, l'intérêt est le produit d'un capital prêté ou le loyer d'un capital emprunté. On parle d'**intérêt composé** quand à la fin de chaque périodes (une année en général) l'intérêt est ajouté au capital pour constituer un nouveau montant du prêt. Ce type d'intérêt sera vu plus loin. En revanche l'intérêt est dit **simple** si le montant ''gagné'' est calculé sur le capital de départ.

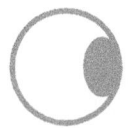

$$I = C \times T$$

- **I**, le montant de l'intérêt
- **C** ou Ci, le capital initial
- **T** ou Tx, le taux d'intérêt

Exemple

Un capital de 400.- placé à un taux d'intérêt de 1.25 % rapportera un intérêt annuel de **I** = 400 x 1.25/100 = **5.-**

DÉTAILS DE CALCULS

Prorata de l'année ou du nombre de mois

Dans l'exemple précédent, le capital de 400.- rapporte annuellement 5.-, payable soit en entier à la fin de l'année, soit par tranche (on parle alors de coupon). Si en revanche il est par exemple convenu d'un paiement d'intérêt en cours d'année, la période de calcul ne s'effectuera plus sur une année. Une nouvelle donnée s'ajoute alors à la formule de l'intérêt pour **N** période (exprimée en pourcentage d'année, nombre de jours ou de mois)

La formule devient alors:

N exprimé en nombre de jours
$$I = \frac{C \times T}{360}$$

N exprimé en mois
$$I = \frac{C \times T}{12}$$

Calcul du nombre de jours (N)

Pour calculer le nombre de jour, il faut avoir une date de départ et une date de fin. Par exemple, une période allant du 15 au 25 juin comporte 10 jours : N = 10.
Le calcul ci-dessus est simple car il ne concerne que quelques jours au milieu d'un mois. En revanche, pour calculer une période plus longue, cela se complique. En effet, certains mois comptent 28, 30 ou 31 jours, certaines années comptent 365 ou 366 jours.

Pour éviter les confusions et simplifier les calculs, on admettra habituellement que chaque mois compte 30 jours et donc qu'une année, dite commerciale, comporte **360 jours**. Il existe en fait quatre conventions de période de référence:

- *Base Exact BE / 360*
  Le numérateur correspond au nombre exact de jours entre deux dates. Le dénominateur (nombre de jours d'une année) est toujours égal à 360. Cette base est également appelée ''Money Market" 360 c'est la base de calcul de l'euro et de la plupart des devises. Dans ce cas, 1 mois peut valoir 28, 29, 30, 31 jours.

- *Base Exact BE / 365*
  Il s'agit d'une variante de la base Exact/360. Dans ce cas, la durée d'une année est toujours 365, même en cas d'année bissextile. Liée à la convention de calcul proportionnel, c'est par exemple, la base de calcul de la livre sterling (GBP).
- *Base Exact BE / Exact*
  Dans ce cas, le nombre de jours d'une année est égal à 365 ou 366 si le 29 février est inclus dans la période. Cette base est également appelée base actuarielle car liée à la convention de calcul composé.
- *Base 30 / 360*
  Les mois entiers sont supposés avoir une durée de 30 jours et se finir le 30 quel que soit le nombre réel de jours dans le mois. Une année complète comporte donc 12 mois de 30 jours soit 360 jours. En ce qui concerne le mois de février, on admet que le dernier jour correspond au 30e jour du mois. Pour les dates tombant un 31, il est d'usage de les ramener à 30.

C'est cette dernière convention, **Base 30/360**, que l'on utilise le plus souvent en Suisse. Une technique très simple pour compter le nombre de jours dans une période est de soustraire le 1er jour à 30, additionner les mois entier en les multipliant par 30 et enfin rajouter le nombre de jour du dernier mois, soit (30 - j1) + 30 x (mois entiers) + (j2). **Exemple** pour une période de placement allant du 12 janvier ou 20 juin.
N = (30 - 12) + 4 x 30 + 20 = **158 jours**

UTILISATION DE LA FORMULE DE L'INTÉRÊT

La formule de l'intérêt peut être modifiée selon la valeur cherchée. Lorsque l'on cherche le montant de l'intérêt, on utilise la formule de base. Pour les autres valeurs, il suffit d'inverser la formule.

Pour trouver le

Capital	$C = I \times 360 / (T \times N)$
Taux	$T = I \times 360 / (C \times N)$
Nombre de jours	$N = I \times 360 / (C \times T)$

où I est le montant de l'intérêt.

<u>Exemples</u>

Exemple 1 : calcul de l'intérêt (I)

Capital	Taux (%)	Durée	Calcul	Intérêts (arrondi)
3'000	1.2	125 jours	3'000 x 1.2 x 125 / (100 x 360)	12.50
5'000	2.0	75 jours	5'000 x 2 x 75 / (100 x 360)	20.85

Exemple 2 : calcul du Capital (C)

Intérêts	Taux (%)	Durée	Calcul	Capital
126	0.75	200 jours	126 x 100 x 360 / (0.75 x200)	30'240
14	2.00	6 mois	14 x 100 * 12 / (2 * 6)	1'400

Exemple 3 : calcul du taux (T)

Capital	Intérêts	Durée	Calcul	Taux (%)
2'640	39.60	4 mois	39.60 x 100 x 12 / (2'640 x 4)	4 1/2
1'425	7.60	192 jours	7.60 x 100 * 360 / (1'425 x 192)	1.0

Exemple 4 : calcul du nombre de jours (N)

Capital	Intérêts	Taux (%)	Calcul	Durée
30'000	135.00	0.6	135 x 100 x 360 / (30'000 x 0.6)	270 jours
2'500	12.50	1.5	12.50 x 100 x 360 / (2'500 x 1.5)	120 jours

DÉTERMINER LE CAPITAL FINAL

Si nous voulons calculer la valeur d'un capital final (capital initial + intérêts), on peut utiliser la formule suivante: Cf = Ci + I = Ci + Co To N / 360, comme Ci = Co

$$Cf = Ci \left(1 + \frac{T \times N}{360} \right)$$

Déduction de l'impôt anticipé

La Confédération perçoit un impôt anticipé de 35 % sur les revenus des capitaux mobiliers (actions, obligations, épargne) émis par les sociétés domiciliées en Suisse. L'impôt est perçu à la source par une retenue sur le montant brut. Dans le cas d'un décompte avec déduction et émoluments, l'écriture comptables est la suivante:

```
Intérêt bancaire brut                              320.-
35 % d'impôt anticipé à récupérer                 (112.- )
Frais bancaires                                   ( 45.75)
                                                  ---------
Bonification nette versée sur le compte bancaire  162.25
                                                  =========
```

Lors de l'exercice comptable suivant, l'impôt anticipé inscrit en tant que créance ou impôt payé d'avance (IPA) l'année précédente est remboursé sur demande, ce qui engendre une nouvelle écriture comptable, du montant du solde inscrit au compte des Impôts payés d'avance.

022. OPÉRATIONS DE CHANGE

LA MONNAIE

Le change est l'opération qui consiste à convertir une monnaie en une autre. Pour faciliter les transactions, les intermédiaires financiers se sont accordés sur un certain nombre de normes, notamment sur les appellations et abréviations des monnaies, aussi appelées codes ISO. Pour plus de détail sur l'histoire et le fonctionnement de la monnaie, l'on pourra se référer au site "iconomix" (jeu sérieux disponible). Nous nous concentrerons ici sur une approche comptable.

Code ISO	Symbole	Unité monétaire	Pays ou zone utilisateur
USD	$	Dollar	États-Unis
EUR	€	Euro	Union européenne
CHF	–	Franc	Suisse
GBP	£	Livre sterling	Royaume-Uni

Fonctionnement

Une transaction implique nécessairement deux acteurs, avec l'aide d'un intermédiaire financier (souvent une banque) ou non. Cet intermédiaire réalise un bénéfice en vendant une monnaie à un prix plus élevé qu'elle ne l'achète. Par exemple, la banque achètera 1 EUR avec CHF 1.07 mais elle vendra ce même EUR à d'autres individus pour CHF 1.10. Dans cet exemple, la banque gagne donc 3 cts par euro vendu. Il s'agit d'une des manières pour les banques de générer des bénéfices et donc gagner de l'argent.

L'achat et la vente de monnaie étrangère peut se faire par l'échange de billet main à main (au "guichet"), ou par le biais électronique (échange de devises). Ce dernier canal nécessite souvent moins de personnel (et donc moins de salaires à payer) et s'applique pour de sommes souvent plus importantes, son taux est donc normalement plus avantageux.

ACHAT ET VENTE DE MONNAIES ÉTRANGÈRES

Taux de changes

Hormis la différence de prix entre l'achat et la vente, il existe également des cours de change différents que l'opération se fasse à un guichet ou de manière électronique. On distinguera alors les cours "billets" et "devises".

Rappelons que le **cours billet** sera utilisé pour tout achat ou vente effectué en liquide (échange de billet au guichet d'une banque par exemple). Le **cours devise** sera utilisé pour tout achat ou vente effectué de manière électronique (virement bancaire d'un compte à un autre par exemple).

		Billets		Devises	
		Achat	Vente	Achat	Vente
Euro (EUR) au bancomat	1	1.1530	1.1870	-.-	-.-
Euro (EUR)	1	1.1403	1.1988	1.1526	1.1865
Dollar américain (USD)	1	0.9416	1.0283	0.9707	0.9992
Livre Sterling (GBP)	1	1.2598	1.3869	1.3042	1.3426
Yen Japonais (JPY)	100	0.8392	0.9091	0.8615	0.8868
Couronne suédoise (SEK)	100	11.1480	12.2360	11.5220	11.8610
Couronne danoise (DKK)	100	15.0750	16.3310	15.4750	15.9310
Couronne norvégienne (NOK)	100	11.2870	12.3880	11.6650	12.0090
Dollar canadien (CAD)	1	0.7465	0.8087	0.7663	0.7889
Dollar australien (AUD)	1	0.7189	0.7866	0.7418	0.7637

COURS BILLETS / DEVISES DE LA BCGE EN DÉCEMBRE 2017, SOURCE : (BCGE)

Le cours exprime l'argent en monnaie locale (ici le francs suisse frs) qu'il faut pour acheter ou vendre 1 franc en monnaie étrangère.

Exemple: si une personne veut 1'000 euro, elle devra donner à la BCGe CHF 1'198.80 (cours billet/vente). L'unité pour calculer le montant d'argent changé va dépendre du type de monnaie. Il sera par exemple de **1 unité** pour l'euro ou le dollar, de **100** pour les Yens ou les couronnes norvégiennes.

Opération de change

Pour déterminer quel cours appliqué (achat ou vente), on se placera toujours du coté de l'intermédiaire financier (la banque) en pensant "monnaie étrangère". Si la banque vend de la monnaie étrangère, on appliquera le cours **Vente**. Si au contraire elle achète de la monnaie étrangère, on appliquera le cours **Achat.**

Exemple

Une personne va au guichet d'une banque avec des francs suisses qu'elle désire changer en dollar américain

La banque lui vend des dollars
Cours Vente

Un touriste arrive en Suisse et se rend au guichet de change avec des yens pour obtenir des francs suisses

La banque lui achète des yens
Cours Achat

De manière générale, on se rappellera que l'intermédiaire achètera toujours votre monnaie moins cher qu'il ne la vendra. Dans le doute sur le choix d'un taux, on appliquera toujours celui qui avantage l'intermédiaire (et donc désavantage le client). Pour procéder à une opération de change, plusieurs étapes sont par ailleurs nécessaires :
1. Déterminer le taux de change (billet ou devise / achat ou vente)
2. Établir 2 colonnes (CHF et monnaie étrangère)
3. Placer les données connues et l'unité de la monnaie (1 ou 100)
4. Procéder au calcul en utilisant la règle de trois.

Pour se souvenir si on applique le taux vente ou achat, on utilisera le petit truc suivant:

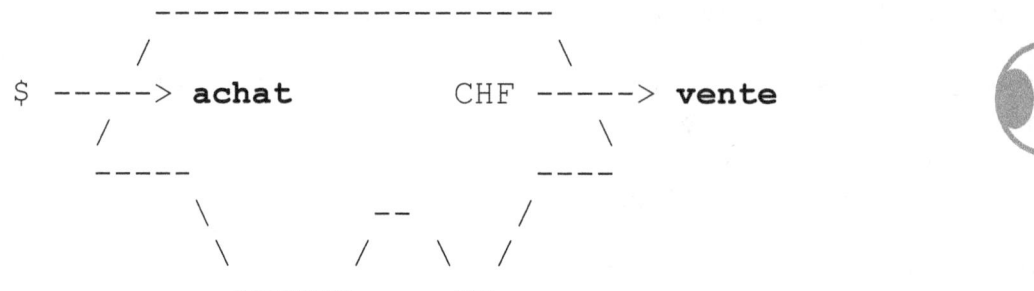
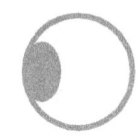

```
             --------------------
            /                     \
   $ -----> achat      CHF -----> vente
          /                        \
       -----                     ----
          \            --        /
           \          /  \      /
            ------       --
```

Déterminer le cours: applications

Exemple 1

Une personne revend dans une banque en suisse EUR 1'200.-. Combien obtient-il de CHF? On appliquera le cours d'achat/billet. La banque achète de la monnaie étrangère.

Exemple 2

Une personne désire se rendre en Espagne et voudrait échanger avant de partir, CHF 3'500.- contre des EUR. On appliquera le cours de vente/billet. La banque vend de la monnaie étrangère.

Exemple 3

Une personne arrive à Berlin et voudrait échanger au guichet d'une banque suisse, des CHF contre des EUR. On appliquera alors le cours d'achat/billet de la banque située à Berlin. La banque achète de la monnaie étrangère (dans ce cas là, des francs suisse).

Exemple 4

Une personne donne l'ordre à sa banque d'effectuer un virement bancaire pour payer un fournisseur américain. La banque va changer les francs suisse disponible sur le compte en banque afin d'effectuer un paiement en dollar sur le compte en banque américain. On appliquera alors le cours de vente/devise. La banque vend de la monnaie étrangère.

TRANSACTIONS INTERNATIONALES

Lors de transactions internationales, on utilisera les informations fournies par les différentes banques centrales et/ou site spécialisés (tel Reuters ou Oanda). La source est alors mentionnée dans les contrats entre les parties.

✓ 03. Marketing

Le marketing c'est, par divers procédés, rechercher la satisfaction des clients en proposant de produire des produits susceptible d'être vendu à court, moyen ou long terme. Dans cette optique, l'entreprise cherchera à connaître les besoins et désirs du marché cible. Les prises de décision de la direction se baseront le plus souvent sur une étude, qui définira en outre le publique cible et les éléments nécessaires pour atteindre une certaine rentabilité. Les plans d'actions qui en découleront se feront alors selon les dimensions définies par le marketing-mix ou stratégie des 4P.

Produit	Prix et remise	Place (Distribution)	Promotion et relations publique
Niveau de qualité	Rabais	Canaux distribution	Service après-vente
Caractéristiques	Conditions de	Points de vente	Publicité
Taille	paiement	Zones de chalandise	
Emballage et image		Stocks et entrepôts	
Garantie			

En pratique, ces dimensions seront détaillées dans un rapport de synthèse, qui reprend:

Sujets traités, objectif(s), problème(s) à résoudre et/ou raison d'être de l'étude				
Partenaires clés	Activités principales requises pour créer de la valeur	Proposition de valeur (valeur ajoutée), avantage compétitif et segment de marché servis.	Fonctionnement de la relation client	Quels sont les demandes et qui sont nos clients?
	Ressources nécessaires		Moyen(s) de communication et canaux de distribution	
Coûts à prendre en compte et taille du marché		Moyens et manière de réaliser des revenus		
Modèle de prix et part de marché				

Pour arriver à définir tous les éléments de ce rapport, il faudra i) se connaître (forces, faiblesses, proposition de valeur); ii) comprendre les actes d'achat (moyens de communication et lieux d'achat); iii) politique de segmentation des clients. La connaissance de ces éléments, comparée à l'offre de concurrents et plus généralement du marché (produits de substitution, prix, offre), nous amène à définir une stratégie marketing (programme de promotion) et un produit adaptés à la demande, en phase avec les indicateurs clés de performance (ICP ou KPI en anglais) qui définissent la réussite, ou non, du projet.

031. CONNAÎTRE SON MARCHÉ

Différents marchés se distinguent en fonction des types d'acheteurs ou des types de besoins exprimés. Il s'agit pour une entreprise de définir le marché principal, puis ceux qui ont un lien avec ce dernier.

MARCHÉ RÉEL VS POTENTIEL

Le marché réel correspond aux ventes effectives du produit et de l'ensemble des produits qui lui sont "substituables". Le marché potentiel correspond lui, au niveau maximum que pourraient potentiellement atteindre les ventes du produit en prenant soin d'exclure les personnes qui ne peuvent ou ne désirent pas consommés le produit pour des raisons physique, morales ou religieuse.

L'ÉTUDE DE MARCHÉ

Dans une étude de marché, on cherchera à comprendre les **motivations** des clients actuels ou potentiels, aussi bien par l'étude de l'environnement, des consommateurs, de l'image de l'entreprise, de la **concurrence** que l'étude de la distribution. Pour cela, on se basera sur l'analyse de son environnement micro- et macroéconomique, à savoir l'étude des **forces** internes et externes (SWOT) qui ont un effet potentiel ou réel sur la gestion des activités de l'entreprise, sur sa capacité à bâtir et à maintenir avec son marché des relations fructueuses. Cela vous parait compliqué? Prenons un exemple pour développer, segmenter et bien positionner ses produits pour la vente.

Cas pratique

Exemple d'analyse du cas d'une agence de tourisme et restauration rapide.

Types de marché	Définition	Exemples
Générique	Secteurs satisfaisants le même besoin	• Tourisme • Restauration
Principal	Produits semblables aux produits proposés	• Organisation de voyage • Restauration rapide
Environnant	Produits différents satisfaisants le même besoin et indirectement concurrent	• Voyage libre à l'étranger • Restauration livrée
Support	Produits et/ou services auxquels recourt le marché principal	• Transport aérien, maritime et routier, hôtellerie • Alimentation, boissons

Pour plus de détails sur les études SWOT, argumentation pour ou contre, le lecteur se référera au chapitre d'introduction à l'environnement de l'entreprise. Cette phase d'analyse implique également, parfois, le recours à un arbre de décision; sujet que nous abordons en fin de chapitre.

032. DÉVELOPPER SES PRODUITS

Tout produit est en premier lieu identifié pas la marque et l'emballage. Chaque produit possède en outre un cycle de vie et des caractéristiques qui lui sont propres. Une grosse partie du travail d'un département marketing est de découvrir les besoin qui se cachent derrière chaque développement de produits et de vendre l'ensemble de ses avantages et non seulement ses caractéristiques. Chacun de ces éléments a un rôle certes fondamental, mais c'est essentiellement la cohérence entre chacun des attributs qui va réellement dynamiser la réussite de la vente d'un produit, qui après l'étude de marché, commence par son développement puis son lancement.

L'offre centrale sera définie par le produit ou service principal acheté par le consommateur, il répond (au moins partiellement) à son besoin. Elle est complété par une offre tangible, à savoir l'ensemble des caractéristiques physiques (forme, volume, etc.), technique (performance, qualité, etc.) et symboliques du produit.

PHASES D'ÉVOLUTION

Les phases d'évolution des volumes de ventes d'un produit peuvent être découpées en cinq phases:

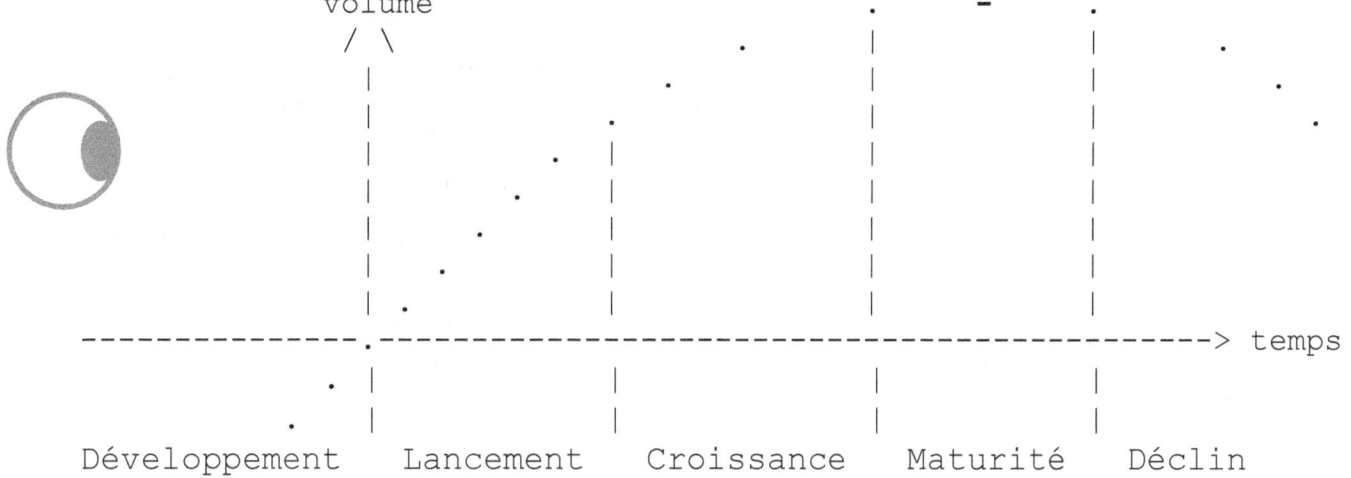

Chaque phase possède ses caractéristiques et sa durée de vie propres:

	Ventes	Opérations	Finances
Développement et Lancement	Ventes faibles; faire connaître le produit.	Coûts élevés. "Apprendre" à fabriquer le produit.	Besoin de trésorerie pour développer un produit.
Croissance	Concurrents plus nombreux. Prise de parts de marché.	Coûts commencent à diminuer, facilite l'adaptation du prix.	L'activité devient rentable.
Maturité	Fidéliser ses clients afin de stabiliser ses parts de marché.	Modifications produits pour l'adapter aux goûts du jour.	Les marges sont maximales, même si Les coûts remontent.
Déclin	Ventes diminuent; choix; soit se retirer soit relancer.	Selon les décisions, les coûts augmentent ou diminuent.	Dans tous les cas les profits diminuent.

Ces caractéristiques ont un effet sur les quatre dimensions du marketing mix.

	Produit	Prix	Place	Promotion
Développement et lancement	Marché de niche. Haute qualité. Faire essayer.	Ecrémage : prix élevé ou pénétration : prix bas.	Distribution sélective (exclusivités)	Promotion d'essai (coût élevé).
Croissance	Elargissement de la gamme. Développement de la notoriété.	Prix en baisse.	Produit sur tous les canaux possibles.	Information et promotion de lancement.
Maturité	Modification; préparer successeurs.	Lutte contre la concurrence.	Canaux en fonction de la segmentation.	Publicité avec quelques promotions.
Déclin	Elargire la gamme.	Le prix est l'élément déterminant.	Choix des canaux rentables uniquement.	Actions de promotion.

Le concept de cycle de vie est utile pour permettre à l'entreprise de gérer son "porte-feuille" de produits, soit, in fine, ses activités; ce qui signifie pouvoir définir les produits avec un taux de croissance des ventes et les meilleures parts de marché possible; cela se traduit par la définition d'un prix de vente acceptable et la définition d'une gamme de produits.

GESTION DE LA GAMME DE PRODUITS

Une **gamme** est un ensemble de produits avec des caractéristiques communes. Le-s produit-s de la gamme dont le prix est le moins élevé (bas de gamme ou entrée de gamme) permettent d'attirer les consommateurs et de leur faire découvrir les autres produits. Le haut de gamme est constitué des produits les plus perfectionnés, proposés à des prix plus élevés. Les consommateurs (public cible) sont moins nombreux mais ils ont une relation souvent émotionnelles avec le produit et ont les moyens de les acquérir.

Un **assortiment** représente l'ensemble des gammes proposées par l'entreprise ou la marque. Il se caractérise par une certaine largeur (nombre de gammes) et profondeur (nombre de produits par gamme). Une gamme trop courte, représente un manque à gagner alors qu'une gamme trop longue coûte (trop) cher à maintenir.

Enfin, la composition d'une gamme doit permettre une bonne complémentarité entre les produits. Il est conseillé d'éviter toute **cannibalisation** (un produit en remplace un autre), préjudiciables à chaque produit et à l'ensemble de la gamme proposée à la distribution.

RÔLE DU PRIX

Le prix est un élément important, souvent considérer comme le seul élément important. Hors pour être pertinent, il doit être en cohérence avec les autres variables marketing: il a certes une incidence forte (source de revenus, influence sur la demande), mais le prix doit faire l'objet d'une étude détaillée, fonction des marges et coûts propres pour optimiser sa rentabilité.

Dans la pratique, on démarrera souvent par un calcul du coût de revient de la production, on y ajoutera la marge, puis on comparera notre prix de vente hors taxe à la concurrence: si une entreprise est leader sur le marché, elle peut facilement imposer ses prix, mais il n'en est pas de même pour une entreprise détentrice d'une faible part de marché qui devra établir un prix souvent plus bas pour pénétrer sur les marchés (pour des informations plus comptables à ce sujet, se référer au chapitre sur le suivi des activités commerciales). Lors du lancement d'un produit, et pour autant que son produit représente une innovation ou un produit assimilé à la consommation de luxe, l'entreprise devrait fixer un prix élevé, au dessus de celui du marché, quitte à l'abaisser par la suite.

Hormis les coûts de production (interne), le prix est aussi fonction des coûts pratiqués par l'environnement direct, notamment les concurrents, distributeurs et fournisseurs.

CANAUX / CIRCUITS DE DISTRIBUTION

Distribuer ses produits c'est de fait, les acheminer au bon endroit, en quantité suffisante, au bon moment, accompagné des services nécessaires à leur vente, à leur consommation, et le cas échéant, à leur entretien. Cela est possible grâce à une succession d'étapes d'acheminent du producteur vers le consommateur.

Définitions

L'arrivée d'Internet permet à de plus en plus d'entreprise de fonctionner directement du producteur au consommateur (Business to Customer B2C), comme par exemple lors de vente par correspondance ou à domicile. Cependant, dans le cas par exemple de produits d'origine contrôlée, on observe l'existence d'intermédiaires, appelé détaillants; on reste cependant sur un canal court de distribution. Dans le cas de la grande distribution, on observe un circuit de distribution plus long (augmentation du nombre d'intermédiaires), organisé parfois avec des centrales d'achat et des réseaux d'acheminement intégrés (comme pour Coop ou Migros).

Grossistes (Business to Business B2B)

L'activité principale de ces entreprises est l'achat et la revente de marchandises à des détaillants, commerçants ou autres. Cette stratégie permet de répartir des lots de produits achetés en grande quantité, au meilleur prix, en plus petites quantités destinées à la vente.

Le commerce de détail

On entend par là, toutes activités reliées à la vente de produits ou services directement aux consommateurs (les ménages) pour un usage non-commercial.

On voit, qu'en fonction du type d'activité, business to business (B2B) ou business to customers (B2C), la stratégie à adopter n'est pas la même. Il s'agira donc de bien segmenter ses clients et/ou positionner ses produits afin qu'il réponde au mieux à la demande (besoin exprimé). Nous aborderons ces deux sujets ci-après et clôturons ainsi cette brève introduction au marketing.

033. SEGMENTER SES CLIENTS

La segmentation est une conséquence de la diversité de profils d'utilisateur. Le marché étant le plus souvent hétérogène, le segmenter, c'est-à dire le découper en segments de clientèle aussi homogènes que possibles permet d'espérer pouvoir proposer à chacun des segments identifiés un mix adapté. L'étude marché permettra de définir ces clients cibles et positionner son produit pour répondre au mieux à leur demande.

CRITÈRES

Pour segmenter un marché, il faut préalable identifier des critères liés aux individus et pouvant expliquer leur comportement. On en distingue quatre: les critères socio-démographiques, géographiques, psychologique et ceux liés aux comportements.

Les critères socio-démographiques sont les plus souvent utilisés, car ils génèrent des segments plus facilement identifiables, tout en restant cohérent (et donc efficace).

Types de critères	Exemples
Genre	Vêtements, produits d'hygiène, cosmétiques.
Age	Marché des loisirs, produits d'assurance, produits bancaires, presse.
Taille du ménage	Voitures, produits de grande consommation alimentaire ou non, transports.
Taille, poids	Produits diététiques, prêt-à- porter.
Revenu, catégories sociales	Marché des vêtements de travail, livres, loisirs, voyages.

Les critères comportementaux sont utilisés pour découper en sous-ensembles des attitudes et comportements. Par exemple, lors de la consommation de produits comme les boissons ou du type de transport dont l'utilisation dépendra beaucoup des habitudes du consommateur, qu'il convient donc de bien cibler son offre.

CIBLER

On optera le plus souvent entre quatre stratégies:
1. **Indifférenciée**, sans segmentation, répondant principalement aux besoins du segment principal
2. **Volume** (prix bas), avec le risque d'être confronté à des concurrents plus spécialisés, mieux adaptés sur le-s segment-s considéré-s
3. **Concentrée**, l'entreprise réduit volontairement son marché à un seul segment avec pour objectif de construire une position de leader sur ce marché de niche, avec le risque de voir un puissant concurrent, comme par exemple Google, adopter une stratégie différenciée et s'attaquer à ce segment
4. **Différenciée**, soit mettre en œuvre un mix spécifique à chacun des segments retenus

Quel que soit la stratégie choisie, le consommateur fonctionnera avec des étiquettes: il envisage l'achat d'un produit à travers des stéréotypes, et s'en tiens souvent à des critères relativement sommaire et objectifs pour diriger la plupart de ses choix.

Rappelons enfin qu'il est plus facile de baisser un prix que de l'augmenter; d'où l'importance de ce choix avant même le lancement d'un produit.

034. POSITIONNEMENT: LE SECRET DU SUCCÈS

Le positionnement c'est la conception d'un produit et de son image pour lui donner une place de choix dans l'esprit du consommateur cible. Il se définit selon deux axes:

l'identification d'une catégorie de besoins et la différenciation de ce même produit ou service par rapport aux autres.

L'IDENTIFICATION

Un choix s'effectuera (un produit ne peut pas satisfaire à lui seul tous les besoins) en fonction de l'importance relative des volume de ventes potentiels, des avantages concurrentiels et de la crédibilité de l'entreprise dans un secteur donné.

LA DIFFÉRENCIATION

L'entreprise cherchera à se différencier au travers du produit (fonctionnalités, fiabilité, design, conformité avec le besoin) et de son image auprès du publique. Ces éléments, purement symboliques donneront une personnalité au produit. L'image se construit par la qualité réelle ou perçue du produit, mais aussi, par un ensemble de symboles qui lui sont associés et qui en favorisent la reconnaissance. Ces symboles ce sont le logo, le nom du produit, les célébrités associées à la marque, l'atmosphère qui donné au travers des messages publicitaires, de l'agencement des lieux de ventes et des évènements qui lui sont associés.

Un bon positionnement c'est souvent un positionnement simple, pertinent (qui répond à une attente), crédible (qui correspond aux qualités réelles du produit, et à l'image de la marque sous laquelle il est vendu), et original. Coca-Cola, MacDonald ou Apple sont des maîtres en la matière. A un niveau ''local'', ce reportage (ecol2.com/u/5uj2j0) sur les ventes du short de Stanislas Wawrinka après sa victoire à Roland-Garros est une bonne illustration des problématique que nous venons d'évoquer.

Chacun a compris que le choix des partenaires tant pour la production que la distribution ainsi que le calcul du juste prix sont des élément clés du positionnement: ils permettront aux clients potentiels de prendre la décision d'acheter votre produit (maximiser le nombre de vente), mais également de réaliser, ou non, une certaine marge (maximiser le rendement de chaque vente). Nous n'avons en revanche pas évoqué l'importance de la **composition de l'équipe**, éléments souvent clé dans la décision des investisseurs ou sponsors pour soutenir votre projet.

V1. NOTIONS EN GESTION

11. ENVIRONNEMENT COMMERCIAL

Les consommateurs que nous sommes sont au centre d'un environnement dont les composantes politiques, économiques, socioculturelles (modes de vie), technologiques (innovations), écologiques (respect de l'environnement, développement durable) et légales (lois, directives européennes) sont en constante évolution. Si le cadre évolue, certains éléments sont toutefois constants et définis ci-dessous.

111. GÉNÉRALITÉS

L'entreprise (les banques, l'État ou les ménages seront définis plus loin) est au centre des activités commerciales, elle est définie comme étant un ensemble d'éléments en interaction permanente, organisé et ouvert sur un environnement qu'elle doit gérer et auquel elle doit s'adapter. Elle participe ainsi au fonctionnement de **l'économie**, science qui étudie l'allocation optimale de ressources, finies par définition, pour satisfaire des besoins, potentiellement infinis. Autour de ces deux entité, **l'État**, joue un rôle régulateur en édictant des loi et règlements qui permettent un développement, le plus cohérent possible, des activités sociales. Ces activités sociales sont le fruits des **ménages** (en même temps consommateur et capacité de production), ensemble de personnes partageant le même logement et participant à la gestion de son économie.

La gestion est l'acte de gérer. Gérer signifie ici acquérir, produire et distribuer les biens et les services nécessaires à la couverture des besoins selon le principe économique (allocation optimale des ressources). Le schéma suivant résume très simplement le fonctionnement général de l'économie présentée plus haut: la production et la consommation en sont le moteur, les besoins, le carburant.

220

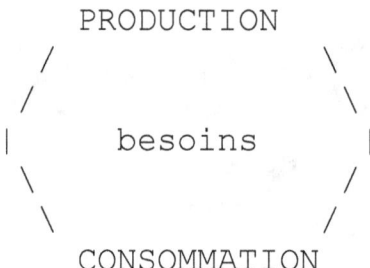

```
              PRODUCTION
            /              \
          /                  \
        |        besoins      |
          \                  /
            \              /
              CONSOMMATION
```

BESOINS: FONDEMENT DE L'ACTIVITÉ ÉCONOMIQUE

Les ressources naturelles, dans la majeur partie, ne peuvent être consommées telles quelles. Nous partirons donc de l'hypothèse qu'une entreprise assure la transformation d'une ressource pour répondre de manière durable à un besoin.

Caractéristiques des besoins

On caractérisera les besoins selon qu'ils sont indispensables ou non: **vitaux**, tels la nourriture ou les habits, indispensables pour vivre en société ou **psychologique**, crées artificiellement, pas vraiment indispensables pour survivre, mais qui revêt un caractère social (téléphone, activités de loisirs, etc.)

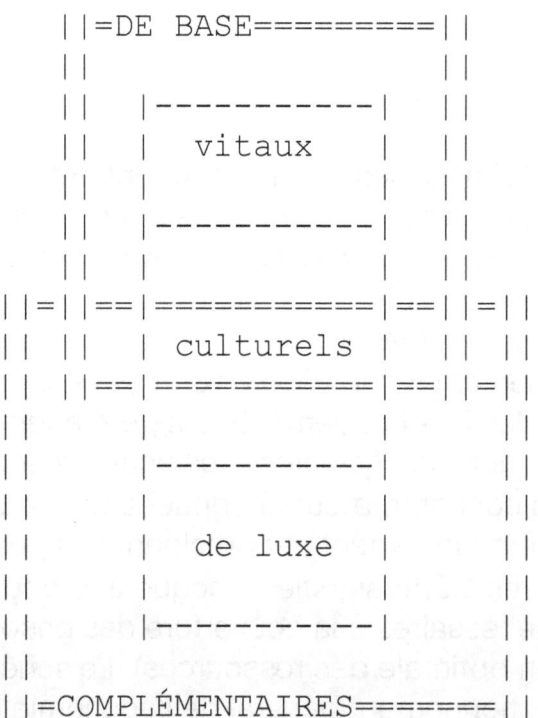

```
        ||=DE BASE=========||
        ||                 ||
        ||   |----------|   ||
        ||   |  vitaux  |   ||
        ||   |          |   ||
        ||   |----------|   ||
        ||   |          |   ||
 ||=||==|==========|==||=||
 ||  ||  | culturels |   ||  ||
 ||  ||==|==========|==||=||
 ||      |          |      ||
 ||      |----------|      ||
 ||      |          |      ||
 ||      | de luxe  |      ||
 ||      |          |      ||
 ||      |----------|      ||
 ||                        ||
 ||=COMPLÉMENTAIRES=======||
```

Manger est un besoin vital, se nourrir également; en revanche, rouler en Mercedes ou porter un Rolex est un besoin de luxe. Entre les deux, des besoins comme se tenir informer, lire les journaux sont considéré comme des besoins de base, alors qu'aller au théâtre ou dans un musée est souvent considéré comme complémentaire.

Pyramide des besoins

Basée sur des théories de la motivation élaborée à partir des observations réalisées dans les années 1940 par le psychologue Abraham **Maslow**, la pyramide Maslow hiérarchise les besoins en cinq niveaux décroissant: i) Accomplissement / Réalisation; ii) Estime (confiance et respect de soi, reconnaissance et appréciation des autres); iii) Appartenance et amour (affection des autres); iv) Sécurité (environnement stable et prévisible, sans anxiété ni crise); v) Physiologiques (faim, soif, sexualité, respiration, sommeil, élimination).

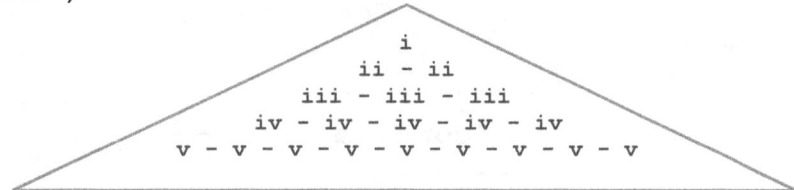

Facteurs de production

On entend par facteurs de production tous les moyens matériels et immatériels (physiques et non physiques) qui contribuent à la mise à disposition de biens et services. Ces derniers peuvent être disponible en quantité illimitée (comme l'air respiré), et donc **libre** (gratuit), ou obtenu par un travail de transformation des ressources naturelles à l'aide d'un certain savoir, et donc **économique** (payant).

Nous établirons une seconde hypothèse qui fonde l'économie: chaque étape de fabrication et de commercialisation, augmente la valeur des produits (son prix étant l'addition de la valeur ajoutée par chaque intermédiaire). Ce qui est possible grâce à trois ressources:
- **Naturelles**, matière première ou dans le secteur tertiaire, l'information
- **Humaines** (travail, main d'œuvre, matières grise)
- **Financières**, capital nécessaire à l'investissement et au démarrage

À noter que le capital financier (fonds monétaires à disposition de l'entreprise) n'est pas un facteur de production. Il n'est que le moyen d'acquérir ou de rémunérer les facteurs de production.

CLASSIFICATION DES BIENS ET SERVICES

Pour répondre à ses besoins, l'entreprise produira des biens et services qui y répondent. Il existe deux grandes catégories de biens et service, soit ceux liés à la **consommation**, qui satisfait directement à un besoin, comme le pain ou un lecteur de musique et ceux de **production**, utilisé pour produire d'autres biens et services, comme un marteau, de l'engrais, etc.

Ces catégories pouvant à leur tours être divisées entre les biens et services:
- **Complémentaires** (batterie et élément portable)

- **Substituables** qui peut remplacer un autre bien ou service (vélo, voiture privé, taxis, transports publique)

On peut compléter le 1er schéma sur l'économie, en y apportant quelques précisions.

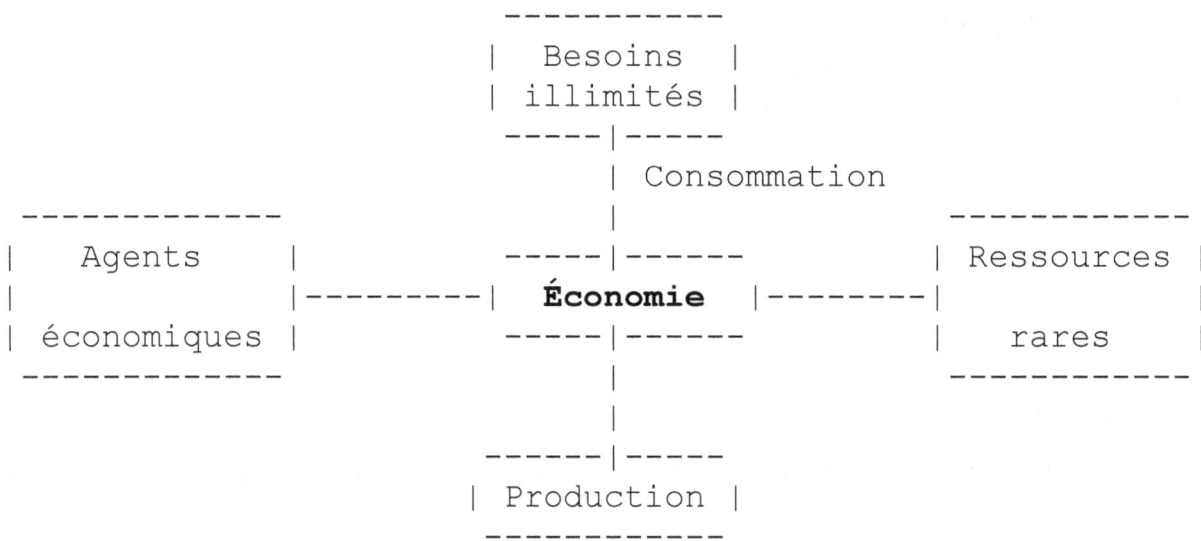

Dans la pratique, on répartira très souvent les biens produits par les entreprises en domaine: agricole, industriel, commercial, service ou en sous-domaine (voir également le chapitre sur la classification des entreprises):

Agricole
5. exploitation agricole
6. agroalimentaire (production)
7. énergie
8. matières premières (extraction)

Industrie et construction
9. bâtiment
10. constructions mécaniques
11. électronique
12. industries chimiques
13. métallurgique
14. textile

Commercial
15. distribution
16. informatique
17. loisirs et tourisme
18. transports

Service
19. assurance
20. bancaire et financier
21. communication et médias
22. formation
23. santé
24. social et services publiques
25. recherche

112. CIRCUIT ET ACTEURS ÉCONOMIQUES

ACTEURS

Les acteurs ou agents économiques sont regroupés en plusieurs catégories. La re-présentation la plus simple est celle de la relation ménages-entreprise:

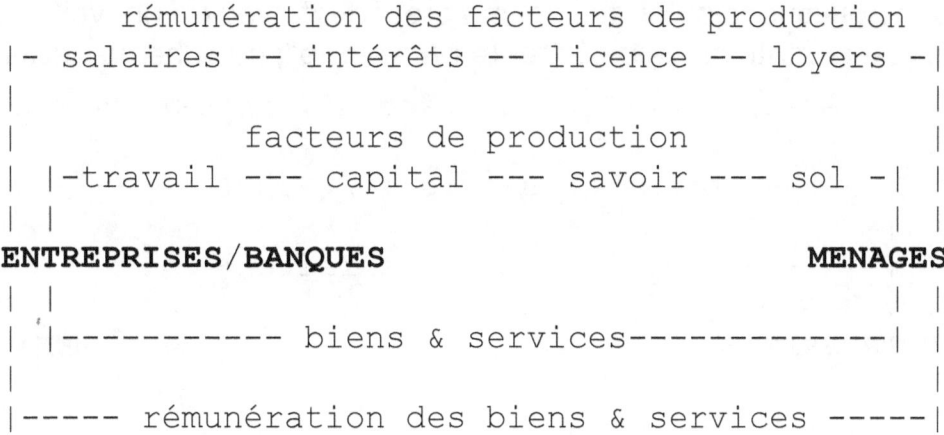

```
           rémunération des facteurs de production
    |- salaires -- intérêts -- licence -- loyers -|
    |                                             |
    |              facteurs de production         |
    |  |-travail --- capital --- savoir --- sol -| |
    | |                                         | |
    ENTREPRISES/BANQUES                    MENAGES
    | |                                       | |
    | |----------- biens & services-----------| |
    |                                           |
    |----- rémunération des biens & services -----|
```

Ces acteurs ont des rôles multiples. Une **entreprise** tentera de:
• Produire des biens et services qui seront consommés par les ménages
• Créer des places de travail et verser des salaires
• Payer des impôts pour financer l'Etat
• Créer de la valeur ajoutée (et donc s'enrichir)

L'entreprise joue donc une rôle économique (production de biens et services) et so-cial (création d'emplois pour les ménages)

Aux entreprises sont associées les banques dont le rôle essentiel est de recevoir l'épargne des ménages et prêtent cet argent. Les entreprises peuvent donc utiliser cet argent afin d'investir dans de nouveaux facteurs de production et permettre à l'économie de se développer.

Les **ménages** tiennent, eux aussi, des rôles variés :
• Consommateurs de biens et services fournis par les entreprises
• Travailleurs, il gagnent un salaire pour financer leur consommation de biens et ser-vices
• Epargnants, ils mettent de l'argent de côté, ce qui permet aux banques de prêter aux entreprises afin qu'elles puissent investir et se développer
• Contribuables, ils paient des impôts

Le rôle de l'**État** consiste à :
- Etablir les lois qui régissent le pays et assurer qu'elles soient respectées
- Assurer le fonctionnement harmonieux de l'économie en intervenant quand il convient de le faire
- Garantir certaines tâches qui ne sont pas rentables, nécessaires au bon fonctionnement de la société. Par exemple, l'éclairage public
- Récolter des impôts afin de pouvoir faire face aux différentes charges

De plus, l'Etat est également employeur et verse donc des salaires

État, que nous pouvons rajouter au schéma précédent avec un nouvel acteur lié aux importations et exportations, appelé "**reste du monde**"; ce schéma devient alors:

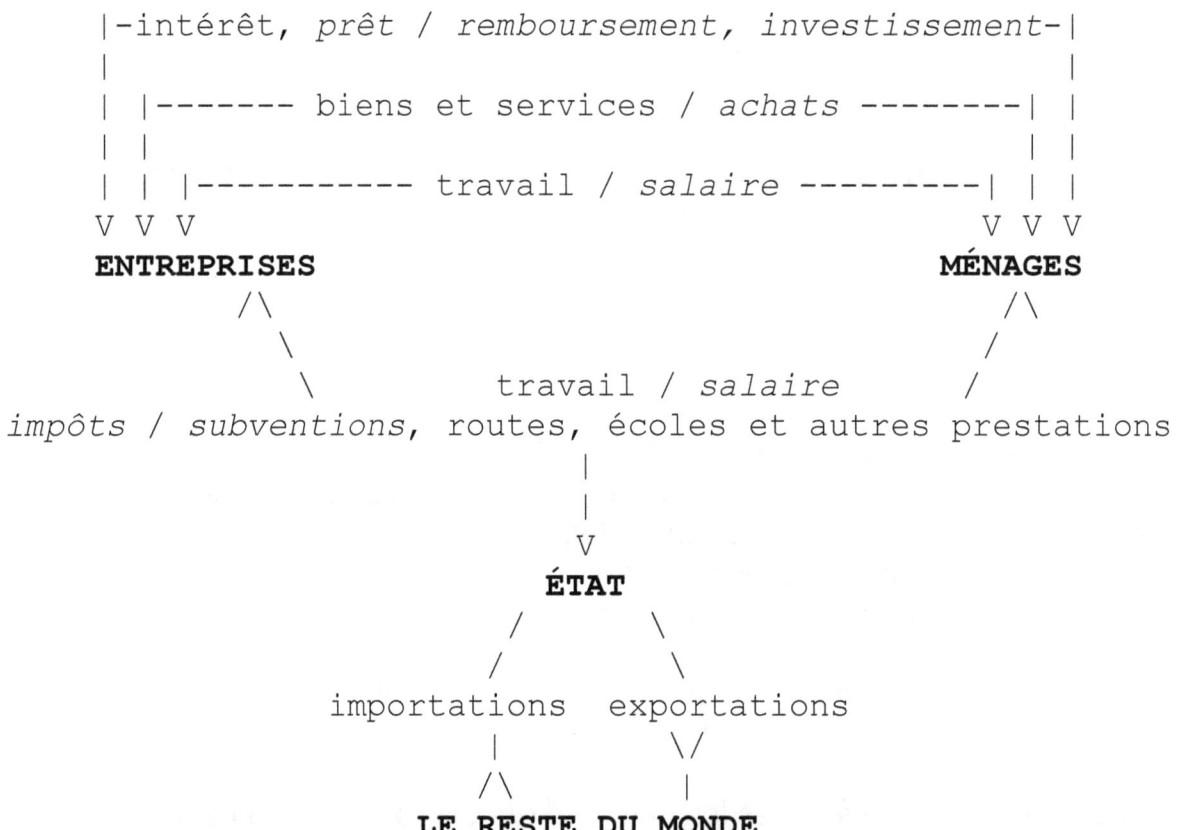

ENVIRONNEMENT MACRO ET MICROÉCONOMIQUE

En microéconomie, l'on s'intéresse aux comportements des ménages et des l'entreprise, dans leurs décisions, prises individuellement; on considère que toute personne cherche à maximiser son utilité et que cette maximisation se fait avec des moyens limités. En macroéconomie, on modélisera les effets de ces décisions, à l'échelle d'un pays au travers de relations entre des indicateurs agrégés, tels que le revenu moyen, l'investissement, la consommation, le taux de chômage, la croissance, etc.; dimensions sur lesquels une entreprise n'a pas ou que très peut d'influence.

```
|-ENVIRONNEMENT MACROÉCONOMIQUE-------------|
|                                           |
|   État     Économie    Ressources   Culture   |
|                                           |
|   |-ENVIRONNEMENT MICROÉCONOMIQUE--------|  |
|   |            Travailleurs              |  |
|   |      Fournisseurs      Distribution  |  |
|   |              Clients                 |  |
|   |                                      |  |
|   |            ENTREPRISES               |  |
|   |                                      |  |
|   |     Investisseurs    Concurrents     |  |
|   |--------------------------------------|  |
|                                           |
|   Technologie        Écologie       Légal  |
|                                           |
|-------------------------------------------|
```

L'étude de l'environnement macroéconomique donnera des indications précieuses sur[1]:

- Le rôle de l'**État**, sa stabilité, le degré d'interventionnisme des pouvoirs publics, etc.
- L'évolution **économique**, la structure de la population, son pouvoir d'achat, le taux de chômage, etc.
- Le cadre **social**, les traditions, valeurs, croyances des individus composant la société en question.
- L'évolution des **technologies**, des recherches, des ressources disponibles
- Le cadre **légal** et réglementation, notamment en ce qui concerne la protection de l'environnement, les énergies ou toute dimension susceptible d'impacter la progression des affaires.

Au niveau de l'environnement microéconomique, l'étude se réalisera plutôt sur la base de connaissances internes à l'entreprise. Elle permettra de répondre aux questions suivante:

- Combien de **clients** avons nous? Quel type de ménage pourrions-nous avoir comme clients? Quelles sont les fréquences et lieux d'achat? Quelles sont leurs motivations, leurs freins lors de l'achat ?
- Qui sont mes **concurrents**? Leur part de marché? Leur santé financière? Leur capacité à innover ou à réagir?
- Comment fonctionnent les circuits de **distribution** (fournisseurs et revendeurs)? Quels sont les politiques d'achats de ventes? Fonctionnent de la logistiques?

---

[1] Ces informations seront souvent trouvées par le biais de revues spécialisées ou à l'aide d'Internet, en particulier le "Fact Book" de la Central Intelligence Agency (ecol2.com/u/ciafb) ou les statistiques de l'OCDE (ecol2.com/u/ocdestat).

La compréhension de cette environnement doit permettre à l'entreprise de s'organiser; Nous verrons dans le chapitre suivant comment optimiser l'organisation de ses activités et acquérir les ressources nécessaire à son développement.

113. ACTIVITÉS: ORGANISATION ET PLANIFICATION

Nous avons vu que pour fonctionner, une entreprise doit gérer de nombreux éléments; qui, mis en commun, favorisent son développement. Afin que ce développement soit compris par le plus grand nombre, nous commencerons par classifier les activités qui constituent le coeur des activités .

CLASSIFICATION DES ENTREPRISES

Juridique

Il convient ici de distinguer les **sociétés de personnes** (responsabilité entière des associés) c'est le cas des sociétés simples (CO 530ss), sociétés en nom collectif SNC (CO 552ss), société en commandite simple SC (CO 594ss); les **sociétés de capitaux** qui possède la personnalité juridique, comme sociétés à responsabilité limitée Sàrl (CO 772ss) ou les société anomymes SA (CO 620ss); et enfin les **sociétés mixtes** notamment les sociétés coopératives (CO 828ss). Pour plus d'informations à ce sujet, on se référera au portail PME du site de la Confédération (ecol2.com/u/classju).

Classification par taille

Hormis la classification économique, les comparaisons viseront également des entreprises de taille comparables. En Suisse, on distingue les:
- Très petite entreprises (TPE), de moins de 10 employés
- Petites entreprises, de moins de 50 employés
- Entreprises de taille moyenne, comptant entre 50 et 250 employés
- Grandes entreprises, ayant plus de 250 employés

Les petites et moyennes entreprises forment le tissu des PME, dont on entend souvent parler et qui représentent environ 2/3 des emplois.

Classification par objectif

Une autre forme de classement différencie les entreprises:
- Privée, à but lucratif, comme l'Union des Banques Suisses (UBS) ou la Société Privée de Gérance (SPG)
- Privée, à but non lucratif, comme Médecin du monde ou l'Association NiceFuture
- De service publique, comme les Chemins de Fer Fédéraux (CFF) ou les communes
- Mixtes, comme la Poste

Classification par secteur

Il existe trois secteurs économiques principaux, classés selon la nature de ses activités, soit le secteur :

- **Primaire**, qui concerne la collecte et l'exploitation de ressources naturelles, il comprend l'agriculture, la pêche, l'exploitation forestière et l'exploitation minière.
- **Secondaire**, qui implique les industries de transformation des matières premières, issues du secteur primaire, il comprend des activités aussi variées que l'industrie du bois, l'aéronautique et l'électronique, le raffinage du pétrole, etc.
- **Tertiaire**, qui regroupe les industries du service essentiellement immatériel, comme le conseil, l'assurance, la formation, la recherche, les administrations, les services aux personnes, sécurité, nettoyage, etc.

```
                    UBS
        SWISSLIFE   (banque)      TERTIAIRE
        (assurance)               env. 80% du PIB

     ADECCO            SECONDAIRE        MIGROS
   (temporaire)    env. 20% du PIB       (commerce)
                      HOLICIM
                   (construction)            POSTE
                                           (service)
              PRIMAIRE           ROLEX
                               (horlogerie)
              principalement

              des exploitations

                agricoles
                                 SCHINDLER
                <1% du PIB       (ascenseur)
       NOVARTI
      (pharma.)
              NESTLÉ                  SWISSCOM
         (agroalimentaire)          (telecom)
```

GOUVERNANCE DES ENTREPRISES

L'organisation d'une entreprise diffère selon la structure légale mais aussi selon des aspects du quotidien comme:
- Avoir la bonne personne au bon poste

- Anticiper et traiter les problèmes rencontrés de la manière la plus adaptée possible
- Éviter les éventuelles pertes de productivité, qui auraient un impact sur la rentabilité de l'entreprise et le bien-être des employés

L'organisation doit ainsi formaliser la division du travail en tâches distinctes et assurer la coordination entre ces tâches. C'est aussi le reflet d'une certaine culture d'entreprise.

Acteurs : actionnaires, dirigeants, salariés

Les actionnaires

Ils détiennent chacun une partie du capital de la société. Ils ont pour rôle d'apporter les fonds nécessaires au développement de l'entreprise, de choisir les membres de la direction, notamment le directeur général (DG) et d'analyser les proposition faites par la direction. Ils perçoivent parfois des dividendes et peuvent influer de manière importante sur les décisions prises par le conseil d'administration.

Le conseil d'administration (board of directors)

Il est l'organe de surveillance et d'organisation d'une entreprise. L'art. 716 du code des obligations (ecol2.com/u/CO) fixe les tâches qui lui incombent, notamment l'organisation de la société, le contrôle et la planification financière, la préparation de l'assemblée générale des actionnaires et de la bonne application de ses décisions.

La direction

Elle est composée de personnes en charge de la gestion des affaires courantes de l'entreprise et de la mise en place de la stratégie d'entreprise validée par les actionnaires. Sa rémunération est, en général, formée d'un salaire, ainsi que d'une forme d'intéressement, souvent sous la forme de "stock options" ou de bonus plus ou moins indexés sur la performance.

Les salariés

Composés i) des cadres, chargés de la conduite des opérations et l'encadrement des ressources humaines; ii) des employés, chargés de l'exécution des processus commerciaux et de production. Ils perçoivent un salaire fixe ou variable en échange de leur travail fourni au sein de l'entreprise.

Structure

Il s'agit pour une entreprise de s'organiser de manière optimale, de sorte que ses missions soient réalisées de la meilleur manière possible. Quasiment toutes les entreprises s'organisent autour des fonctions suivantes :

Recherche et développement

Cette unité explore les évolutions possibles des produit. Elle veille à ce que l'innovation soit intégrée aux produits futurs en créant des prototypes.

Production, opération

Une fois les produits et/ou sévices imaginé et testés, il est indispensable de les produire ou en sous-traité la fabrication ainsi que la livraison.

Marketing, vente

En amont et en aval de la production, la mission des services marketing est de trouver les clients, ceux qui, afin de combler un besoin, accepteront d'acheter un bien ou service proposé par l'entreprise. L'entreprise procédera à des études stratégiques et des actions de promotions de manière à stimuler les attentes du marché.

Administration, finances

Quotidiennement, c'est une multitude d'actes, plus ou moins directement liés à la clientèle et souvent peu visibles, qui permettent d'assurer un fonctionnement harmonieux de l'entreprise : accueil, réponse téléphonique, publication des comptes et déclaration TVA, facturation, traitement du courrier en sont quelques exemples.

Gestion des ressources humaines

Souvent relié aux tâches administratives, les ressources humaines sont, avec les clients, les biens le plus précieux de l'entreprise. Le dirigeant conscient de "l'investissement" qu'il réalise en embauchant une personne, délègue souvent une partie des processus (entretien d'embauche, rédaction des contrats, développement des compétences notamment) à un service spécialisé, interne ou externe.

Planification stratégique

De la responsabilité de la direction, cette fonction comprend aussi la "gouvernance", le pilotage de l'entreprise. Une bonne planification permet d'anticiper ce qui se passera (selon toute vraisemblance) dans le futur et de lancer à temps les actions pour répondre aux défis qui se profilent.

Organigramme et ordinogramme

Une organisation ou un processus sont souvent décrit par des schémas. Différentes formes peuvent se présenter: nous en verrons les deux plus courantes: l'ordinogramme (représentant l'enchaînement logique des opérations d'un programme) et l'organigramme (représentant les fonctions et leur organisation au sein de l'entreprise). Ce dernier représente les acteurs de l'entreprise sont forme de rectangles et des traits de liaisons de la manière suivante:

Organigramme fonctionnel (par fonction)

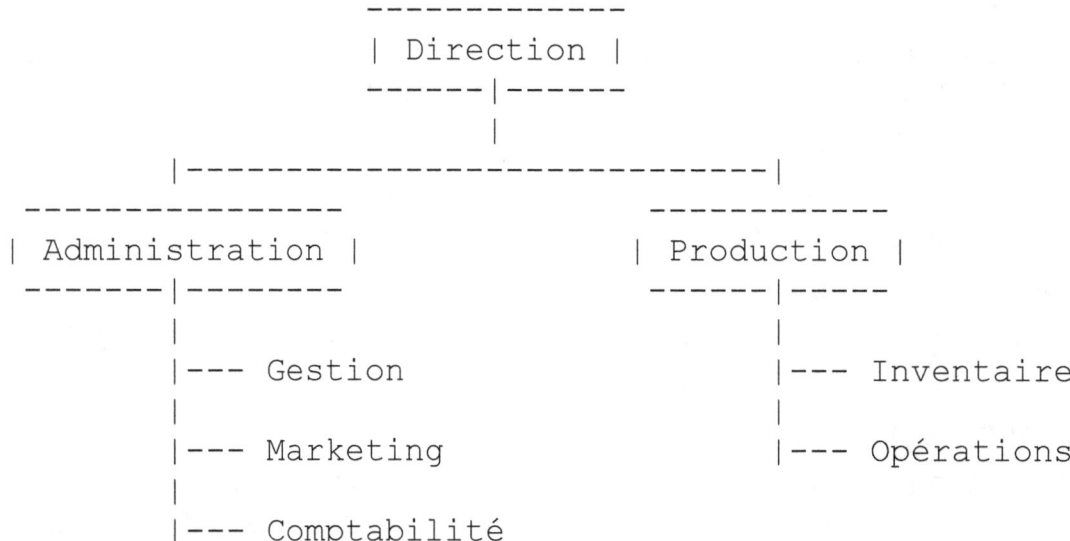

```
                    -------------
                    | Direction |
                    ------|------
                          |
        |-----------------------------------|
  ----------------                    ------------
  | Administration |                  | Production |
  -------|--------                    ------|-----
         |                                  |
         |---  Gestion                      |---  Inventaire
         |                                  |
         |---  Marketing                    |---  Opérations
         |
         |---  Comptabilité
```

Organigramme matriciel

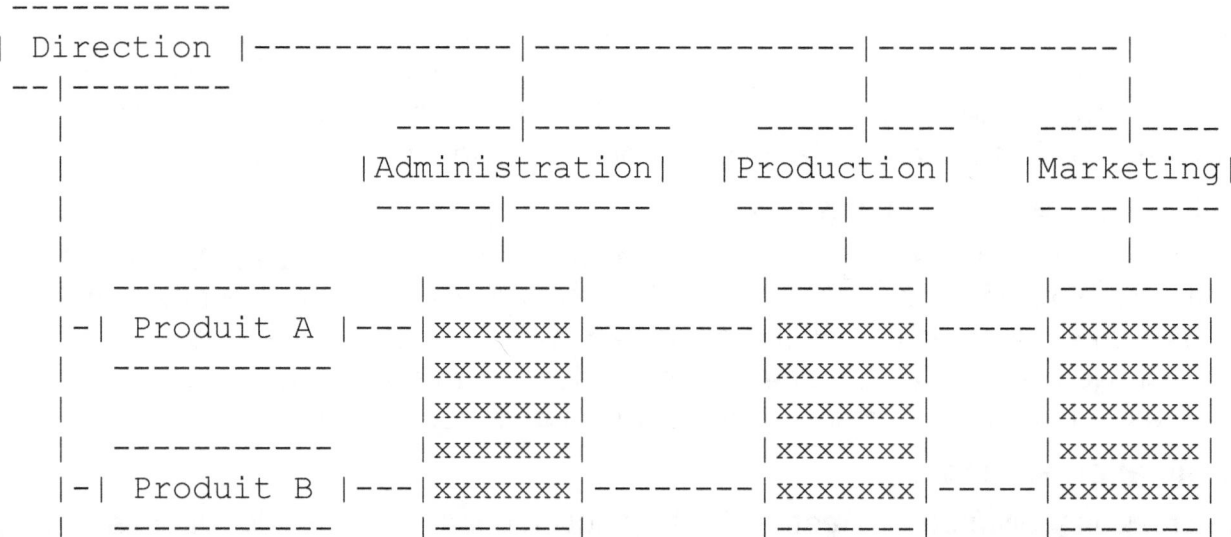

```
  -----------
| Direction |-------------|----------------|-------------|
  --|--------             |                |             |
    |                 ------|------     -----|----    ----|----
    |                 |Administration| |Production|  |Marketing|
    |                 ------|-------     -----|----    ----|----
    |                       |                |             |
    |    ----------      |-------|        |-------|     |-------|
    |-|  Produit A |---|xxxxxxx|--------|xxxxxxx|-----|xxxxxxx|
    |    ----------      |xxxxxxx|        |xxxxxxx|     |xxxxxxx|
    |                    |xxxxxxx|        |xxxxxxx|     |xxxxxxx|
    |    ----------      |xxxxxxx|        |xxxxxxx|     |xxxxxxx|
    |-|  Produit B |---|xxxxxxx|--------|xxxxxxx|-----|xxxxxxx|
    |    ----------      |-------|        |-------|     |-------|
```

Les ordinogrammes sont souvent utilisés pour décrire les processus métiers (se rapporter à la modélisation des processus).

114. LES PROCESSUS CLÉS

Un processus est définit comme étant un enchaînement de différentes activités, dans le but de créer une valeur. On peut distinguer, les processus: i) opérationnels (processus de production, de la conception, en passant par l'achat, la production, le contrôle, l'acheminement, puis de la vente); ii) de support; iii) de décision, gestion ou management. Nous commencerons par les processus opérationnels.

PROCESSUS OPÉRATIONNELS OU DE PRODUCTION

Appelé aussi "workflow", ces processus présentent les tâches à accomplir, les décisions à prendre et les différents acteurs impliqués dans la réalisation d'un processus opérationnel.

Exemple de processus opérationnel: traitement d'un courrier

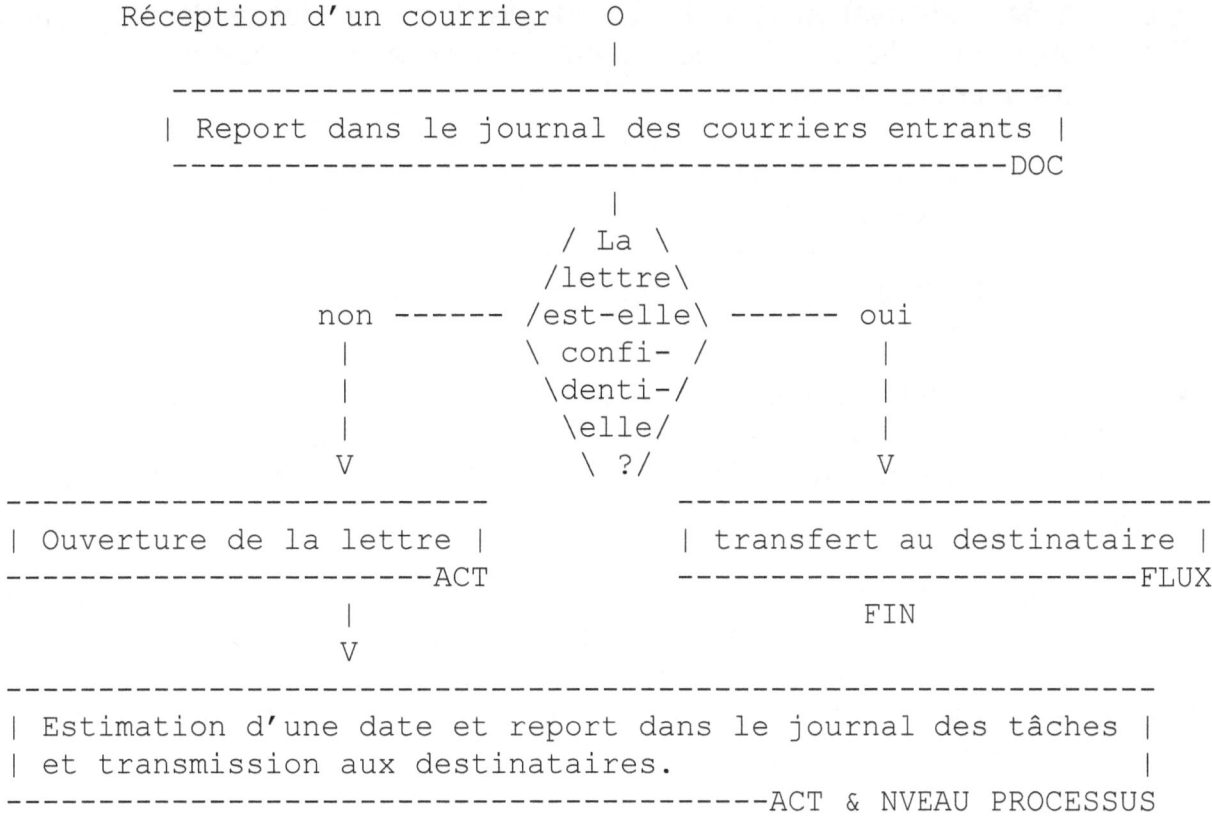

```
Réception d'un courrier    O
                           |
          ------------------------------------------------
          | Report dans le journal des courriers entrants |
          ------------------------------------------------DOC
                           |
                         / La \
                        /lettre\
          non ------ /est-elle\ ------ oui
           |         \ confi- /         |
           |          \denti-/          |
           |           \elle/           |
           V            \ ?/            V
     ----------------------        ---------------------------
     | Ouverture de la lettre |    | transfert au destinataire |
     ----------------------ACT     ---------------------------FLUX
           |                                    FIN
           V
     ------------------------------------------------------------
     | Estimation d'une date et report dans le journal des tâches |
     | et transmission aux destinataires.                         |
     ------------------------------------------ACT & NVEAU PROCESSUS
```

Les acteurs sont soit des personnes, des systèmes, services ou processus tiers. La description des processus fournit, à chacun, les informations nécessaires pour la réalisation de sa tâche. Habituellement représenté, soit par un calendrier ou tableau de tâches (en vue de produire un résultat), soit par un schéma (description du processus). Il démarre et se termine par un cercle, et est composé de rectangles et triangles; les premiers étant des tâches ou processus, les seconds des décisions.

PROCESSUS DE DÉCISION

Pour prendre une décision on fait souvent appel aux processus de résolution de problème qui devrait comporter au moins 5 étapes:

1. Définir le problème, à savoir, identifier une tension entre ce qui existe et ce qui devrait exister (les objectifs)
2. Analyser les solutions au problème (on répertorie différentes solutions possibles afin d'évaluer ensuite chacune d'entre elles)
3. Choix multi-critère d'une solution, évaluée en fonction des objectifs fixés
4. Planification des différentes actions et mise en œuvre de la solution retenue
5. Formation des parties prenantes et partage des impacts

Deux techniques sont ici souvent utilisées pour arriver à la meilleure solution possible:
• **SWOT** (strengths, weaknesses, opportunities, threats) ou AFOM (atouts, faiblesses, opportunités, menaces) qui combine l'étude des forces et des faiblesses d'une organisation, d'un territoire, d'un secteur, etc. avec celle des opportunités et des menaces de son environnement.

```
             | Positif       | Négatif
 ------------|---------------|------------
 Interne     | Forces        | Faiblesses
 ------------|---------------|------------
 Externe     | Opportunités  | Menaces
 ------------|---------------|------------
```

• **Analyse d'écart** ou GAP, cette technique permet d'analyser la différence entre l'existant (ou l'historique) et ceux souhaités, puis d'éventuellement y remédier; souvent plus ciblée qu'un SWOT, cette analyse est plutôt orientée processus internes.

Pour être vraiment efficaces, ces analyses doivent être suivies d'un agenda d'actions SMART, de processus de mise en oeuvre clair et d'une lise de résultats attendus comparée aux coûts engendrés. Si la valeur de ce qui est produit est supérieure à la valeur de ce qui est consommé, l'entreprise ou le projet présentera un bénéfice ou profit. Dans le cas inverse, on parlera d'une d'un déficit ou d'une perte.

12. PATRIMOINE DE L'ENTREPRISE

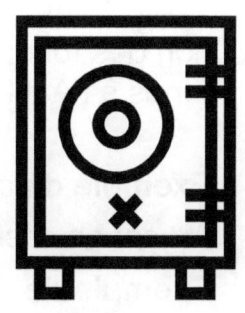

LA COMPTABILITÉ: PRÉSENTATION

Le Code des Obligations art. 957ss sur le Droit comptable (ecol2.com/u/drtcompta) donne le cadre à la tenue d'une comptabilité en Suisse. La comptabilité a pour but d'enregistrer les flux (réels ou monétaires) concernant l'entreprise, afin de pouvoir déterminer à tout moment sa situation, en particulier au niveau financier. L'objectif de l'entreprise est, en effet, de produire des biens afin de les revendre. Ces informations sont indispensables à la bonne gestion d'une entreprise. De plus, d'autres agents économiques sont intéressées par la comptabilité : les créanciers, les propriétaires d'une entreprise ne participant pas à la gestion, l'administration fiscale (les impôts), les employés ou plus généralement, pour les sociétés cotées, le grand public.

La situation de l'entreprise est présentée sous forme d'un tableau ou d'une liste divisée en deux parties nommé documents comptables. Ces documents sont dressés au moins une fois par année en général le 31 décembre (défini alors comme la fin d'un exercice comptable), après avoir procédé aux travaux d'inventaires

Inventaire

Au démarrage d'une activité, il est nécessaire de faire le compte de ce que l'on possède; cette activité s'appèle l'inventaire. Dans une entreprise, il est également utile de faire des inventaires en fin de chaque exercice comptable (période pendant laquelle l'entreprise exerce une activité). Ces inventaires permettent "d'ajuster" le bilan à la valeur de ses actifs (les biens qu'elle possède), comme nous le verrons un peu plus loin.

Exemple d'inventaire

Nous possédons les biens suivants : scooter pour 2'500.- ; argent sur compte bancaire 565.- ; argent dans le portemonnaie 35.-

Documents comptables: bilan et compte de résultat (perte et profit)

Hormis l'inventaire, deux documents comptables permettent de traiter les données essentielles de l'entreprise : le bilan et les comptes de résultat
Le bilan permet de déterminer la situation de l'entreprise à un moment donné (son patrimoine). L'on présente dans ce document la manière dont l'entreprise a été financée (provenance des fonds) ainsi que la manière dont les fonds ont été employés (utilisa-

tion des fonds). La provenance des fonds correspondant au Passif et l'utilisation des fonds à l'Actif.

Exemple d'actifs

Argent en cash 35.-; argent sur compte bancaire 565.-; Véhicule 2'500.-

Exemple de passifs

Fonds propre 2'350.-; emprunt à un ami de 750.-

Nous constatons qu'à la fin d'un exercice (après clôture), le bilan est "équilibré". En effet, la provenance l'utilisation de fonds étant par définition égale aux montants à disposition de l'entreprise (provenance des fonds). Nous aborderons dans le chapitre suivant le compte de résultat qui fait ressortir un profit (ou bénéfice) ou une perte liée au fonctionnement de l'entreprise.

La production de ces documents est un obligation légale des entreprises, établie par le code de obligation (CO, ecol2.com/u/CO), art. 957ss, notamment pour les personnes morales et les entreprises individuelles ou sociétés de personnes qui ont réalisé un chiffre d'affaires supérieur à 500'000 lors du dernier exercice. Les livres et les pièces comptables doivent être conservés pendant dix ans. Etablis en anglais ou dans une langue nationale, la structure de ces document est abordée au chapitre suivant.

Structure des comptes (généralités)

Un compte comprend deux colonnes. Par convention, on appelle la colonne de gauche le débit et la colonne de droite le crédit. Le solde à nouveau (sàn ou solde initial Si) représente la position initiale du compte au début de l'exercice.

D+	CAISSE	C-	D-	EMPRUNT	C+
Si	35.-			750.-	Si

121. LE BILAN, PHOTOGRAPHIE DE LA SITUATION

Le bilan représente la situation patrimoniale d'une entreprise à un moment donné. Il s'agit d'une vision statique de l'entreprise. Par définition, la colonne de gauche du bilan s'appelle l'ACTIF et on y inscrit ce que possède l'entreprise; la colonne de droite du bilan s'appelle le PASSIF et on y inscrit d'où vient l'argent à disposition de l'entreprise.

ACTIFS	BILAN EN CHF AU 1ER JANVIER 20__	PASSIFS
CE QUE POSSEDE L'ENTREPRISE	CE DOIT L'ENTREPRISE	
Total des actifs	**Total des passifs**	

Les actifs sont classés selon qu'ils sont circulants ou immobilisés.
Le passif comprend les dettes (fonds étrangers) et les capitaux propres de l'entreprise. Les dettes peuvent être à court terme ou à long terme.

Le bilan doit être ordonné. Les actifs circulants sont classés selon leur degré de liquidité et les fonds étrangers sont selon leur degré d'échéance ou exigibilité. La fortune ou le découvert indique la différence entre les actifs et les dettes. Enfin les numéros des comptes nous renseignent sur leur provenance : entre 1000 et 1999 il s'agit de compte actif et entre 2000 et 2999 de compte passif. Les comptes actifs circulants s'arrêtent à 1399 et dès 1400 commencent les comptes actifs immobilisés.

LES COMPTES (PRÉCISIONS)

Dans la pratique, il serait très lourd de dresser un nouveau bilan à chaque fois que la situation de l'entreprise change. C'est la raison pour laquelle, on note ces changements non pas directement dans le bilan mais dans des comptes. Ces comptes nous donneront ensuite les informations nécessaires pour dresser un bilan.

Le solde initial d'un compte d'actif est porté au débit. Toute augmentation est portée au débit du compte (+), toute diminution au crédit du compte (-). En revanche, la position initiale d'un compte passif est porté au crédit. Toute augmentation de ce type de compte est portée au crédit (+), toute diminution portée au débit du compte (-).

Le solde pour balance (spb) ou solde final (Sf) se place du côté de la plus petite somme des éléments de chaque colonne. Ce représentera le solde à nouveau (sàn) ou solde initial (Si) de l'exercice suivant. Cette opération s'appelle la clôture du compte.

Chaque compte est enregistré dans le Grand-Livre (General Ledger), qui se présente de la manière suivante (extrait), ici avec un retrait de 300.- au bancomat (voir chapitre suivant pour plus de détails sur le fonctionnement des comptes du GL).

D+	1000 CAISSE		C-
Si	1'000.-	1'300.-	Sf
1)	300.-		
1'300.-		**1'300.-**	

D-	2000 EMPRUNT		C+
		500.-	Si
	//		

D+	1020 BANQUE		C-
Si	1'000.-	300.-	(1
		700.-	Sf
1'000.-		**1'000.-**	

D-	2800 CAPITAL		C+
		1'500.-	Si
	//		

Enfin, pour qu'un bilan soit clair, lisible et inter-comparable, on ne peut pas noter en vrac tout ce que l'entreprise possède, ni d'où proviennent ses fonds.

Pour faciliter les regroupements et pour décider une fois pour toutes des noms des comptes, les entreprises établissent un "plan comptable". Il s'agit d'une liste de différents types d'actif, regroupés par catégorie, et qui répertorie tous les comptes que l'entreprise utilise ainsi que leurs définitions. Nous pouvons désormais améliorer la qualité de l'information présentée, en indiquant uniquement les comptes du plan comptable, défini de manière univoque (voir volume 0, éléments de référence).

Par exemple

5 billets de 200.- / 2 billets de 100.- / 2 billets de 50.- / 4 billets de 20.- / 5 billets de 10.- / 14 pièces de 5.- seront regroupés dans le compte Caisse pour une valeur de 1'500.- De la même manière, 1 écran d'ordinateur d'une valeur de 300.- / 1 clavier d'ordinateur d'une valeur de 50.- / 1 souris d'une valeur de 50.- / 1 ordinateur à 600.- seront regroupés dans le compte Informatique pour une valeur totale de 1'000.-

ORDONNER UN BILAN

Pour que le bilan soit lisible et comparable, il est utile, voire nécessaire de faire figurer les comptes dans un ordre bien précis. On regroupe des comptes similaires sous des titres appelé rubriques du bilan. Ces rubriques sont les suivantes:

Actifs circulants : Représentent les actifs qui ne vont pas rester durablement dans l'entreprise et utilisable qu'une seule fois

Actifs immobilisés : Représentent les actifs qui vont rester durablement dans l'entreprise et que l'on peut réutiliser

Fonds étrangers : Ces dettes à court et long terme représentent les fonds prêtés par des entités extérieures à l'entreprise

Fonds propres : Représentent les fonds appartenant à l'entreprise et apportés pour sa création ou sa croissance

ACTIFS	BILAN EN CHF AU 31 DÉCEMBRE 20__	PASSIFS
Actifs circulants	**Fonds étrangers / dettes à court terme**	
Caisse	3'500.-	Fournisseur	2'000.-
Poste	4'500.-	Autres dettes	5'000.-
Créances clients	890.-	**Fonds étrangers / dettes à long terme**	
Stock	1'000.-	Emprunt à LT	58'000.-
Actifs immobilisés	Dette hypothécaire	--.-
Machines et appareils	5'000.-	**Fonds propres**	
Informatique	10'250.-	Capital	11'036.-
Véhicules	25'896.-		
Brevets	25'000.-		
Total des actifs	76'036.-	**Total des passifs**	76'036.-

APRÈS UNE CLÔTURE UN BILAN EST ÉQUILIBRÉ, GRÂCE À L'ÉGALITÉ

FONDS PROPRES = TOTAL DES ACTIFS - FONDS ÉTRANGERS

122. COMPTABILISATION DES ACTIVITÉS

La comptabilité observe les flux économiques. Ces flux modifient la situation de l'entreprise. Il est donc nécessaire de les enregistrer dans les comptes adéquats.

NOTIONS FONDAMENTALES

* Les comptes enregistrent toutes les opérations comptables résultant de l'activité de l'entreprise
* Toute écriture est double, c'est à dire qu'elle est passée simultanément au débit d'un compte et au crédit d'un autre compte
* Le total des enregistrements passés au débit des comptes est toujours égal au total des enregistrements passés au crédit des comptes

LE DÉBIT DU COMPTE CORRESPOND À L'EMPLOI DU FLUX ET LE CRÉDIT CORRESPONDANT À LA SOURCE DU FLUX

Exemples

Apport d'un propriétaire par dépôt à la banque, achat d'un véhicule à crédit, retrait de la banque pour mettre dans la caisse. Toutes ces opérations ne changent pas la fortune de l'entreprise qui est enregistrée dans le compte Capital.
A noter que l'utilisation de l'informatique permet de connaître en tout temps le solde des comptes.

LE JOURNAL

Les écritures comptables ne sont pas directement inscrites dans le Grand Livre, on les note généralement en premier lieu dans le Journal. Il répertorie les enregistrements chronologiquement, ce qui est plus pratique pour surveiller les transactions. Voici comment se présentent généralement les comptes:

#	Date	Libellé	Débit	Crédit	Solde

Il existe une règle que l'on nomme la croix comptable qui nous donne cette information sur le fonctionnement des comptes :

	Débit	Crédit
Actif	+	—
Passif	—	+

Exemple

Nous retirons 300.- d'argent liquide au bancomat. Cette opération aura une influence sur deux comptes: le compte caisse qui va augmenter. En effet nous avons alors 300.- de plus en liquide. Le compte banque va diminuer. En effet nous avons alors 300.- de moins sur notre compte bancaire.

Nous savons que: le compte caisse est un compte actif et que le compte banque est également un compte actif. Ainsi, le compte de la **caisse** évoluera de la manière suivante:

#	Date	Libellé	Débit	Crédit	Solde
1	01/11/—	Retrait au bancomat > caisse	300.-	–	(Si + 300.-)

Le compte bancaire évoluera lui de la manière suivante:

#	Date	Libellé	Débit	Crédit	Solde
1	01/11/__	Retrait au bancomat	–	300.-	(Si - 300.-)

Ecriture que nous simplifierons, notamment en éliminant les éléments qui apparaissent à plusieurs reprises, soit:

#	Date	Compte		Libellé	Somme	
		débité	crédité		débitée	créditée
1	01/11/—	Caisse	Banque	Retrait au bancomat	300.-	300.-

LE GRAND LIVRE

Le Grand Livre recense l'ensemble des comptes que l'entreprise doit tenir pendant son activité. Il permet d'avoir une vision globale de l'ensemble des comptes de l'entreprise. À la fin de l'exercice comptable, il faut clôturer le compte en y inscrivant le spb ou Sf. Celui-ci se porte au crédit si le compte est actif et au débit si le compte est passif. Les comptes en T sont une représentation de ces comptes avec dans la colonne de gauche les débits et dans la colonne de droite les crédits.

La clôture d'un compte du Grand-Livre

Pour connaître la valeur d'un compte, il faut le clôturer. Prenons un exemple, nous voulons savoir quelle est la valeur du compte caisse, c'est-à-dire de combien d'argent liquide dispose l'entreprise. Nous allons donc clôturer le compte caisse.

D+	1000 CAISSE		C-	D+	1000 CAISSE		C-
Si	1'000.-	(Si+300.-)	Sf	Si	1'000.-	1'300.-	Sf
1)	300.-			1)	300.-		
	1'300.-	**1'300.-**			**1'300.-**	**1'300.-**	

Il y a cinq étapes pour la clôture d'un compte :
1. On calcule la somme de tous les montants au débit
2. On calcule la somme de tous les montants au crédit
3. On regarde laquelle de ces deux sommes est la plus grande et on lui soustrait la somme la plus petite
4. On inscrit le résultat obtenu au point 3 dans la colonne qui avait la somme la plus petite
5. On calcule le total des montants inscrits au débit et le total des montants inscrits au crédit, y compris le solde final

La clôture d'un bilan s'effectue en **reportant les différents soldes finaux Sf** des comptes du Grand-Livre.

123. PARTICULARITÉS

SE MÉFIER DU COMPTE BANQUE

Un compte bancaire peut se trouver à l'actif du bilan ce qui signifie que la banque garde de l'argent qui nous appartient et qu'on lui a prêté (il nous rapporte des intérêts-produits, ce qui sous-entend que la Banque nous paie pour ce prêt). Mais ce même compte peut se retrouver au passif si nous avons une dette envers la banque et donc que l'on doit de l'argent à la Banque

Pour ne plus se faire piéger par cette particularité bancaire, se souvenir que, lorsque l'on débite (à gauche) le compte banque cela va correspondre à un dépôt d'argent et, lorsque l'on crédite (à droite) le compte banque, cela correspond à un retrait.

DISTINGUER LES DETTES FOURNISSEURS DES AUTRES DETTES

Les dettes fournisseurs concernent l'entreprise qui nous livre des marchandises ou toute matière première que l'on va revendre, avec ou sans transformation. Ainsi, si je vends des pommes, l'entreprise qui nous livre les pommes sera notre fournisseur. Une entreprise peut avoir un fournisseur ou plusieurs (ex : Migros, Coop, Ikea, etc...). Ainsi, si le propriétaire d'une entreprise de matériels électroniques s'achète à crédit un nouveau bureau, l'opération concernant cet achat sera comptabilisé, sauf indication contraire, en utilisant le compte autres dettes (nous n'avons a priori pas l'intention de revendre le bureau).

Dettes fournisseurs : Marchandises ou matières premières destinées à être revendue

Autres dettes : Pour tous les autres achats effectués à crédit

ACHAT ET VENTES À CRÉDIT

Liquidités

Payer comptant, cash, en liquide, en espèces signifie une seule et même chose: prendre de l'argent dans la caisse afin de payer quelqu'un.

Créances et créanciers

Acheter ou vendre à crédit signifie que le payement s'effectuera plus tard; il existera donc dans l'intervalle une dette (achat à crédit) ou une créance (vente à crédit). Les personnes dépositaire de créances envers l'entreprise sont aussi appelé débiteurs; un fournisseur ou tout propriétaire d'une dette que nous avons envers lui est aussi appelé créanciers.

Par ailleurs, lorsqu'on journalise une opération au journal et que cette opération concerne le paiement d'une facture, on indique toujours le numéro de la facture et le nom, soit du débiteur, soit du créancier, afin de facilement retrouver le payement si besoin est. A noter que le numéro dans la colonne de gauche correspond au numéro de la pièce comptable (preuve de l'opération réalisée).

Exemples

#	Date	Compte		Libellé	Somme	
		débité	crédité		débitée	créditée
2	05/11/__	Mobilier	A. dettes	N/ achat d'un bureau, facture no… du magasin 2M	1'300.-	1'300.-
3	05/11/__	Créances	Vente	N/ vente au client C, facture no…	2'000.-	2'000.-
4	19/11/__	A. dettes	Banque	N/ payement, facture no… au fournisseur F	1'300.-	1'300.-
5	20/11/__	Banque	Créances	Reception payement du client C, facture no…	2'000.-	2'000.-

Exercices interactifs sous ecol2.com/u/exobilan1, exobilan2 ou exobilan3.

CAPITAL: LE 1ER INVESTISSEMENT

Le propriétaire ou actionnaire d'une entreprise utilise les comptes "fonds propres" lorsqu'il souhaite augmenter son engagement dans l'entreprise, cela s'appelle un investissement ou un apport (par exemple lors d'une augmentation de capital). A l'inverse, il peut retirer de l'argent de son capital (plus rare) cela s'appelle le désinvestissement.

124. CLÔTURE D'UN BILAN

Partons de la situation initiale, par exemple au moment de la création d'une entreprise.

ACTIFS		BILAN EN CHF AU 1ER JANVIER 20__	PASSIFS	
Banque	25'000	Capital		25'000
Total des actifs	**25'000**	**Total des passifs**		**25'000**

Soit les activités présentée plus haut: retrait de 300.- au bancomat, achat d'un meuble à crédit chez 2M pour 1'300.-, vente à crédit pour 2'000.- au client C, notre payement à 2M par virement bancaire et la réception du payement de C sur notre compte bancaire. Nous avons déjà étudiez les écritures de ces opérations au journal; étudions à présent ce qui se passe dans les comptes du bilan au Grand-Livre (nous laissons de côté le compte vente pour le moment).

D+	1020 BANQUE		C-		D-	2800 CAPITAL		C+
Si	25'000.-	300.-	(1				25'000.-	Si
5)	2'000.-	1'300.-	(4					

D+	1000 CAISSE		C-		D-	2100 AUTRES DETTES		C+
Si	0.-				4)	1'300.-	0.-	Si
1)	300.-						1'300.-	(2

D+	1500 MEUBLES		C-		D+	1100 CRÉANCES		C-
Si	0.-				Si	0.-	2'000.-	(5
2)	1'300.-				3)	2'000.-		

Puis nous clôturons ces comptes.

D+	1020 BANQUE		C-
Si	25'000.-	300.-	(1
5)	2'000.-	1'300.-	(4
		25'400.-	Sf
	27'000.-	**27'000.-**	

D-	2800 CAPITAL		C+
		25'000.-	Si
	//		

D+	1000 CAISSE		C-
Si	0.-	300.-	Sf
1)	300.-		
	300.-	**300.-**	

D-	2100 AUTRES DETTES		C+
4)	1'300.-	0.-	Si
Sf	0.-	1'300.-	(2
	1'300.-	**1'300.-**	

D+	1500 MOBILIER		C-
Si	0.-	1'300.-	Sf
2)	1'300.-		
	1'300.-	**1'300.-**	

D+	1100 CRÉANCES		C-
Si	0.-	2'000.-	(5
3)	2'000.-	0.-	Sf
	2'000.-	**2'000.-**	

Soit le bilan correspondant:

ACTIFS	BILAN EN CHF AU 31 NOVEMBRE 20__		PASSIFS
Actifs circulants		**Fonds étrangers / dettes à court terme**	
Caisse	300.-	Autres dettes	0.-
Banque	24'400.-	**Fonds propres**	
Créances	0.-	Capital	25'000.-
Actifs immobilisés			
Mobilier	1'300.-		
Total des actifs	25'000.-	**Total des passifs**	25'000.-

PLAN COMPTABLE

Détails en annexes

1000 Caisse	(CSE)		2000 Dettes fournisseurs	(DFO)

1000 Caisse (CSE)
1010 Poste (POS)
1020 Banque - c/c (BQE)
1050 Placements (PLM)
1100 Créances clients (CCL)
1120 Créances douteuses (CDO)
1120 Provisions et autres débiteurs (PAD)
1150 Impôt préalable (TVA) (IPR)
1170 Impôts payés d'avance (IPA)
1200 Stock (STO)
1300 Actifs transitoires (ATR)
1310 Produit à recevoir (PAR)
1500 Machines (MAC)
1510 Mobilier (MOB)
1520 Matériel informatique (TIT)
1530 Véhicules (VEH)
1600 Immeubles (IMO)
1700 Immobilisations incorporelles (IMI)

2000 Dettes fournisseurs (DFO)
2100 Autres dettes à court terme avec intérêts (ADI)
2200 TVA due / dettes AFC (TVA)
2300 Passifs transitoires (PTR)
2400 Dettes à long terme (DLT)
2800 Capital (CAP)
2850 Privé (PRV)
2900 Réserves légales et résultats reportés (RRR)
2999 Différence de change (capital) (DDC)

4200 Achat de marchandise (ADM)

4700 Prestations de tiers (services) (PDT)
4800 Déductions obtenues /achat (DOA)

4900 DS et autres charges liées aux prestations (DSC)

5200 Salaires et charges sociales (SAL)
6000 Loyer et charges de locaux (LOY)
6100 Entretien, réparations, remplacements (ERR)
6200 Charges de véhicules (CVH)
6300 Assurances (ASS)
6400 Charges d'énergie et déchets (CED)
6500 Charges d'administration (CAD)
6600 Marketing et publicité (MKT)
6700 Autres charges d'exploitation (ACE)
6800 Résultat financier et intérêts (RFI)
6900 Amortissements (AMO)
8900 Charges d'impôt (CDI)
9000 Marge brut (MAB)
9400 Résultat de l'exercice (REX)

3200 Ventes de marchandises (VDM)
3400 Honoraires (HON)
3700 Prestations propres (PPR)
3800 Déductions accordées /ventes (DAV)
3820 Pertes sur créances (PSC)
3900 AS et autres revenus liées aux prestations (ASR)

7000 Résultats annexes (RAA)
7400 Résultat des placements financiers (RPF)
8200 Résultat exceptionnel (RXC)

13. COMPTES DE GESTION

Nous avons vu au chapitre précédent que pour comptabilisé une opération financière, on procédait en trois étapes: i) existe-t-il un flux monétaire (compte de liquidité)? ii) Sinon, est-on en présence d'une facture (reçue ou envoyée); iii) Quels sont alors les comptes touchés? iv) Quel est la nature de ces comptes et si sa valeur augmente ou diminue. Les comptes de gestion répondent aux même règles, ils concerneront cependant non pas le patrimoine (éléments temporairement gardé au sein de la structure), mais l'accroissement ou diminution de richesse (élément acquis ou consommé de manière définitive dans une période donnée); leurs valeurs sont remises à zéro chaque année en transférant cet accroissement ou cette diminution au patrimoine. Les comptes de gestions comprennent deux types de comptes.

131. COMPTES DE CHARGES ET PRODUITS

LES CHARGES

Elles font diminuer la fortune nette. Il existe des charges de marchandises (achat), de personnel (salaires), charges diverses (loyer, assurance,…) ou exceptionnelles. Il s'agit des coûts que l'entreprise doit soutenir pour financer son activité. Elles augmentent au débit et diminuent au crédit du compte. Exemples : i) paiement en espèce d'une facture d'électricité; ii) paiement des salaires par la banque; iii) règlement du loyer par virement bancaire.

LES PRODUITS

Ils font augmenter la fortune nette. Il y a des produits de marchandises (ventes), des prestations de service (honoraire), divers (comme les intérêts bancaire). Les produits augmentent au crédit et diminuent au débit du compte. Exemples : i) vente de marchandises; ii) enregistrement d'un intérêt en notre faveur; iii) facturation de travaux réalisés.

132. CALCUL DU RÉSULTAT

La clôture des comptes de gestion suit le même processus que la clôture des comptes d'actifs et passifs, les soldes ne seront cependant pas directement virés au bilan, mais au compte de résultat ou de "pertes et profit" (PP). On procédera donc par étape.

CLÔTURER LES COMPTES DE GESTION

Ce solde, à la place de s'appeler solde final (SF) ou pour balance (SpB) comme pour le bilan, s'appellera virement au résultat (V/R).

D+	SALAIRES		C-
1)	3'000.-	3'800.-	V/R
2)	1'200.-		
3)	600.-		
	2'540.-	**2'540.-**	

ETABLIR LE COMPTE DE RÉSULTAT

Le compte de résultat est aux charges et aux produits ce que le bilan est aux actifs et aux passifs. Les charges sont reprises dans la colonne de gauche (augmentent au débit du compte) alors que les produits (augmentent au crédit) sont inscrits dans la colonne de droite.

CHARGES	COMPTE DE RESULTAT EN CHF DU 1ER JANVIER AU 31 DÉCEMBRE 20__		PRODUITS
Salaires	2'000.-	Honoraires	5'000.-
Loyer	500.-		
Intérêt-charges	40.-		
Total des charges	**2'540.-**	**Total des produits**	**5'000.-**

A partir du compte de résultat, on détermine le résultat d'exploitation de l'entreprise (bénéfice ou perte). Si les produits ont été supérieurs aux charges on parlera de bénéfice. Dans le cas contraire, c'est-à-dire que les charges ont été supérieures aux produits, on parlera de perte. Concrètement, pour déterminer le résultat de l'entreprise, on va clôturer le compte de résultat comme n'importe quel autre compte.

COMPTES DE RÉSULTAT

---- --------------- --| ------------------

Charges |

---- --------------- --| Produits

Bénéfices |

COMPTES DE RÉSULTAT

---- --------------- --| ------------------

| Produits

Charges | -------------------

| **Pertes**

Exemple 1

CHARGES	COMPTE DE RESULTAT EN CHF DU 1ER JANVIER AU 31 DÉCEMBRE 20__		PRODUITS
Salaires	2'000.-	Honoraires	5'000.-
Loyer	500.-		
Intérêt-charges	40.-		
Bénéfice	2'460.-		
Total	**5'000.-**	**Total**	**5'000.-**

Exercices interactifs sous ecol2.com/u/exores1, exores2 ou exores3.

Exemple 2

CHARGES	COMPTE DE RESULTAT EN CHF DU 1ER JANVIER AU 31 DÉCEMBRE 20__		PRODUITS
Salaires	1'000.-	Honoraires	1'000.-
Loyer	300.-		
Intérêt-charges	20.-		
		Perte	320.-
Total	**1'320.-**	**Total**	**1'320.-**

Le bénéfice ou la perte nette d'exploitation est ensuite viré ensuite au bilan, soit dans le compte 2800 Capital ou 2850 Privé, selon la situation propre à l'entreprise

VIRER LE RÉSULTAT AU BILAN

1. Le virement du résultat se fait en diagonale, ainsi le bénéfice est viré au crédit du compte capital alors que la perte est virée au débit du compte capital; bien souvent, on utilisera cependant un compte indépendant appelé Résultats cumulés

2. Le compte capital n'est clôturé qu'après y avoir viré le résultat (bénéfice ou perte)

3. On utilisera parfois, notamment dans des très petites entreprises (TPE) ou entreprise individuelle, un compte intermédiaire appelé compte privé

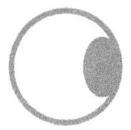

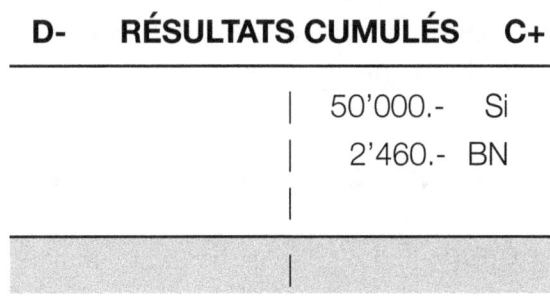

D-	RÉSULTATS CUMULÉS	C+
	50'000.-	Si
	2'460.-	BN

Exemple avec la vidéo sous ecol2.com/u/vrob.

133. SOCIÉTÉS DE PERSONNE ET COMPTE PRIVÉ

Une société en raison individuelle (personne morale) ne peut exister qu'à travers une personne physique, son propriétaire. Il en résulte que le comptable enregistre souvent (mais cela n'est pas obligatoire) les prélèvements personnels du propriétaire et ses avances à l'entreprise dans un compte dit Privé. Lors des clôtures, il est ainsi plus facile de comparer les prélèvements du propriétaire et le bénéfice de l'exercice.

En pratique on transférera le résultat du compte de pertes et profits aux fonds propre (résultat de l'exercice), puis, la situation évaluée en comparant la variation du compte privé avec le résultat de l'exercice et les pertes ou gains cumulés des années précédentes. Si le solde du compte Privé est au crédit (solde positif), le propriétaire pourra soit, retirer tout ou partie du montant en espèces (à condition que la trésorerie le permette), affecter tout ou partie du montant à la création d'un fonds de réserve ou simplement augmenter son apport en capital dans la société. Si le solde en revanche est débiteur (négatif), le propriétaire pourra soit compenser la perte par un apport, soit décidé de diminuer son apport en capital dans la société. Dans tous les cas, le solde du compte privé sera transmis au capital afin que le solde du compte privé soit nul. Voici en résumé les comparaisons réalisées:

D-	PRIVÉ	C+
Dépenses		Salaires
Pertes		Intérêt du capital
		Bénéfice

Les **intérêts** sur le capital investi se justifient par le fait que le capital propre du propriétaire est à comparer à un prêt. En contrepartie, il demande une rémunération, c'est-à-dire un intérêt qui vient augmenter ses avoirs.

PRINCIPALES ÉCRITURES LIÉES AU COMPTE PRIVÉ

Le prélèvement du propriétaire

Lorsque le propriétaire prélève de l'argent pour son propre compte, nous avons vu ci-dessus que le compte privé était débité. La contrepartie de cette écriture se trouvera dans un compte actif (généralement caisse, poste ou banque).

Le propriétaire retire 400.- pour ses besoins propres de la caisse de l'entreprise.

#	Date	Compte		Libellé	Somme	
		débité	crédité		débitée	créditée
6	21/11/ —	Privé	Caisse	Retrait en liquide du propriétaire	400.-	400.-

Le salaire du propriétaire

Le salaire du propriétaire représente un revenu pour ce dernier mais il s'agit d'une charge pour l'entreprise (comme n'importe quel autre salaire). On débitera donc le compte salaire (augmentation de la charge salariale pour l'entreprise) et on créditera le compte privé (augmentation du revenu du propriétaire).

Comptabilisation d'un salaire de 3'000.- pour le propriétaire de l'entreprise.

#	Date	Compte		Libellé	Somme	
		débité	crédité		débitée	créditée
7	25/11/ —	Salaire	Privé	Salaire du propriétaire	3'000.-	3'000.-

L'intérêt sur le capital

Comme le salaire, l'intérêt sur le capital représente un revenu pour le propriétaire. Il s'agira donc de créditer le compte privé. Cet intérêt payé au propriétaire représente également une charge pour l'entreprise: le compte intérêt-charge sera donc débité.

Comptabilisation d'un intérêt de 4% sur le capital investi par le propriétaire de l'entreprise. (le capital s'élève à 100'000.-).

#	Date	Compte		Libellé	Somme	
		débité	crédité		débitée	créditée
8	1/12/__	Intérêt-charge	Privé	Intérêt sur le capital investi par le propriétaire	4'000.-	4'000.-

Revenu fiscal

Le **revenu** taxé sera ainsi composé de l'ensemble des revenus du propriétaire, soit d'un salaire (rémunération du travail), d'un intérêt (rémunération du capital) et, si l'entreprise se porte bien, d'un profit ou bénéfice (rémunération du risque encouru).

CLÔTURE DES COMPTES ET VARIATION DE FORTUNE

Comme nous l'avons vu précédemment, la procédure de clôture va quelque peu changer avec la prise en compte du compte privé. Pour des raisons pédagogiques, le bénéfice ou la perte, sera ici être viré au compte privé et non pas au fonds propres.

CHARGES	COMPTE DE RESULTAT EN CHF DU 1ER JANVIER AU 31 DÉCEMBRE 20__		PRODUITS
Salaires	3'000.-	Honoraires	15'000.-
Loyer	1'000.-		
Intérêt-charges	4'000.-		
Bénéfice	7'000.-		
Total	15'000.-	Total	15'000.-

D-	PRIVÉ	C+	D-	CAPITAL	C+
Retrait 5'000.-	500.-Salaire		Sf 29'500.-	25'500.-	Si
Variation de for-	2'000.-Intérêt			4'000.-	Vf
tune 4'000.-	7'000.-Bénéf.				
9'500.-	**9'500.-**		**29'500.-**	**29'500.-**	

Le solde du compte privé, c'est-à-dire la part du revenu que le propriétaire a décidé de ne pas retirer est automatiquement réinvestie dans l'entreprise et vient donc augmenter le capital. Ce solde est appelé variation de fortune.

Plus d'explications et comparaison des méthodes avec et sans compte privé, en images sous ecol2.com/u/cmcp.

Balance de vérification

La balance de vérification est un outil qui permet de vérifier et de contrôler toutes les opérations comptables. Elle se présente sous la forme d'un grand tableau qui reprend, en permanence, pour tous les comptes utilisés :

- Le total des opérations passées au débit du compte
- Le total des opérations au crédit
- Ainsi que les soldes

Etant donné que toute écriture comptable est passée simultanément au débit d'un compte et au crédit d'un autre compte, lorsque l'on additionne les débits et crédits de tous les comptes du Grand Livre, la somme des débits doit être égale à la somme des crédits. Si c'est le cas, la balance est équilibrée. Cette condition doit être rencontrée avant de produire les états financiers (Bilan et Compte de Résultat). Si la balance de vérification n'est pas équilibrée, il y a une erreur dans les comptes. Le comptable doit alors retrouver cette erreur ou ces erreurs, ce qui peut être parfois très long et pénible.

Avec les logiciels comptables, la balance de vérification peut être établie à tout moment, cela permet de faire rapidement un point de la situation financière de l'entreprise.

Exemple de balance de vérification

Comptes	Totaux		Soldes	
	Débit	Crédit	Débit	Crédit
Caisse	48'881.50	40'000.00	8'881.50	
Banque	39'755.95	30'239.10	9'516.85	
Mobilier	13'590.00	1'500.00	12'090.00	
Informatique	20'000.00	10'000.00	10'000.00	
Créanciers		6'568.20		6'568.20
Honoraires		194'247.00		194'247.00
Salaires	150'450.75		150'450.75	
Loyer	7'089.00		7'089.00	
Electricité	1'200.00		1'200.00	
Matériel de bureau	866.25		866.25	
Téléphone	720.85		720.85	
TOTAUX	**282'554.30**	**282554.30**	**200'815.20**	**200'815.20**

CAISSE		BANQUE	
Bal. 48'881.50	Bal. 40'000.00	Bal. 39'755.95	
			Bal. 30'239.10

134. COMPLÉMENTS

ELÉMENTS DES PIÈCES COMPTABLES

Une pièce comptable est un enregistrement d'une transaction réalisée entre un vendeur et un offrant. La pièce comptable est le document qui justifie l'écriture comptable.

Créancier et débiteur

Le créancier est la personne à qui l'on doit de l'argent, qui a prêté de l'argent. Le débiteur est la personne qui doit rembourser l'emprunt.
Exemple : Damien a prêté de l'argent à Jérôme. Jérôme est le débiteur de Damien. Damien à une créance contre Jérôme.

L'escompte

L'escompte est une réduction offerte par le fournisseur ou par le vendeur d'un bien en échange d'un paiement rapide. Par exemple, un fournisseur peut nous proposer un escompte de 5% sur une marchandise si on paie dans un délai de 10 jours. Dans un compte Caisse, l'escompte est comptabilisé lorsque le paiement est réalisé, pas avant. On note le prix payé, déduction faite de l'escompte. Dans le compte Créances ou Dettes, l'escompte est également comptabilisé lorsque la facture est réglée.

DOCUMENTS DE PAIEMENT

Dorénavant beaucoup de paiements se réalisent de manière électronique, via e-banking ou sur Postfinance. Toutefois d'autres moyens de payement sont encore couramment utilisés.

Les bulletins de versement postaux

Il existe les bulletins de versement rouge (BV) qui permettent, sur le bulletin une communication personnelle ainsi que les bulletins de versement orange (BVR) qui sont utilisés par les entreprises, et compte souvent un numéro de référence. Ceux-ci sont déjà remplis et il s'agit simplement d'ajouter la somme à régler. En échange du paiement, la Poste remet un récépissé qu'il faut conserver en guise de preuve du règlement. Le paiement peut se faire au guichet postal ou via Internet. Le débiteur n'est pas obligé de posséder un compte.

Le chèque

Le titulaire d'un compte remplit le chèque (montant, date, numéro de la carte, signature). Il remet le chèque au bénéficiaire qui contrôle la validité de la carte et la signature). Le bénéficiaire se rend ensuite dans un office de Poste ou à une banque pour encaisser la somme et celle-ci est portée au débit du compte du titulaire. Le débiteur et le créancier doivent donc avoir un compte pour réaliser cette opération.

Le mandat de paiement

Le débiteur remplit un bulletin de paiement pour le destinataire. La taxe est payée par le débiteur. Le créancier reçoit la somme en espèce dans un office de Poste. Le créancier ne possède pas forcément de compte.

OPÉRATIONS DE SAISIE COMPTABLE PARTICULIÈRE

L'extourne

Opération qui consiste à inverser une écriture comptable déjà passée. Exemple: pour un virement de 1'500.- à la banque, il a été passé par erreur l'écriture Poste à Caisse 1000.-

Il y a bien entendu erreur car il aurait fallu débiter le compte Banque. L'écriture corrective se passe alors ainsi :
1. On passe d'abord une contre-écriture pour annuler celle qui est erronée, soit Caisse à Poste avec comme libellé Extourne pour 1'000.-
2. On rectifie ensuite en passant l'écriture correcte :
Banque à Caisse avec le libellé habituel pour 1'500.-

L'amortissement

Correspond à un enregistrement d'une charge pour la perte de valeur d'une immobilisation.

Exemple: Une entreprise achète un ordinateur à 3'500.-. Il s'agit d'une immobilisation corporelle qui se déprécie. En effet si, l'année suivante, l'entreprise ne pourrait plus le revendre au même prix, cette perte de valeur de l'ordinateur est inscrite dans le compte 6900 Amortissement et au crédit de la même valeur au compte correspondant à l'immobilisation (dans ce cas le compte 1520 Matériel informatique).

14. SUIVI D'ACTIVITÉS COMMERCIALES

Jusqu'à présent, nous nous sommes intéressés à des entreprises qui offraient uniquement des prestations. Nous intéresserons ici aux entreprises qui achètent et vendent des biens sans transformations (comme par exemple les librairies, les boutiques de vêtements ou les supermarchés), appelées aussi entreprises commerciales.

141. LES MARCHANDISES

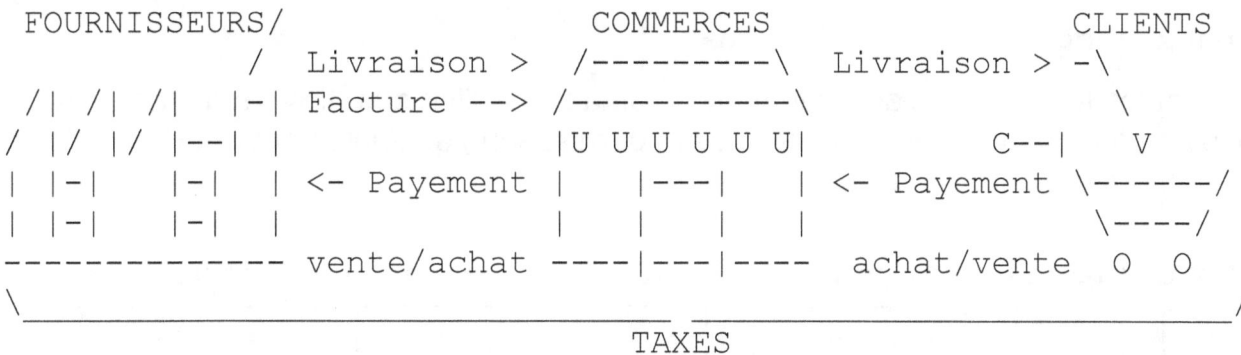

```
FOURNISSEURS/                   COMMERCES                  CLIENTS
            / Livraison >  /---------\  Livraison > -\
 /| /| /|   |-| Facture --> /-----------\              \
/ |/ |/ |--| |             |U U U U U U|       C--|    V
|  |-|   |-| |  <- Payement |    |---|    |  <- Payement \------/
|  |-|   |-| |              |    |   |    |               \----/
------------- vente/achat ----|---|---- achat/vente  O  O
 _____   _____/
                         TAXES
```

Le coût (d'achat) des marchandises vendues est enregistré dans un compte de charge. La vente de marchandises constitue un produit. L'ensemble des ventes, après déductions des rabais, remises, escomptes et retours s'appelle le chiffre d'affaire net (CAN). Ce qui au niveau comptable s'écrit:

CHARGES	COMPTE DE RESULTAT EN CHF AU 31 DÉCEMBRE 20__		PRODUITS
4200 Achat de marchandises	800.-	CAN	1'000.-
Marge brute (MB)	200.-		
Total	1'000.-	Total	1'000.-

ACHAT DE MARCHANDISES

Au comptant

Lorsque les marchandises sont achetées au comptant, l'écriture est très simple, par exemple un achat au comptant de 500.- :

#	Date	Compte débité	Compte crédité	Libellé	Somme débitée	Somme créditée
1	15/1/__	ADM	Caisse	N/ achat de marchandises comptant	500.-	500.-

Achat à crédit

Souvent les fournisseurs accordent un crédit à leurs clients au travers de factures. Dans ce cas, on utilise un compte passif (fournisseurs) spécialement dédié aux dettes de l'entreprise auprès des fournisseurs.

Achat de marchandises pour 800.-, montant à payer dans les 30 jours.

#	Date	Compte débité	Compte crédité	Libellé	Somme débitée	Somme créditée
1	15/1/__	ADM	Fournisseurs	N/ achat de marchandises à crédit	800.-	800.-

Retours de marchandises

Si la marchandise envoyée par le fournisseur n'est pas conforme aux attentes, il est possible de la retourner. Dans ce cas, on passera une écriture correctrice, soit Fourniseurs à Achats de marchandises pour le montant de la marchandise retournée.

Nous retournons pour 500.- de marchandises à un fournisseur.

#	Date	Compte débité	Compte crédité	Libellé	Somme débitée	Somme créditée
2	15/1/__	Fournisseurs	ADM	N/ achat de marchandises à crédit	500.-	500.-

Le compte d'achat de marchandises du Grand-Livre évoluera donc de cette manière:

D+	4200 ACHAT MARCHANDISES	C-
Achat		Retour de marchandises
		V/R (virement au résultat)

Escomptes et rabais obtenus

Afin d'encourager les clients à payer rapidement, les fournisseurs accordent parfois un escompte à leurs clients. Il s'agit d'un montant qui sera déduit du prix de vente en cas de paiement anticipé.

Achat de marchandise à crédit pour 800.- payable dans les 60 jours, un escompte de 2 % est accordé en cas de paiement dans les 10 jours.

#	Date	Compte		Libellé	Somme	
		débité	crédité		débitée	créditée
1	15/1/__	Achat marchandises	Fournisseurs	N/ achat de marchandises à crédit	800.-	800.-

Suite de l'opération 1, paiement par virement bancaire dans les 10 jours.

#	Date	Compte		Libellé	Somme	
		débité	crédité		débitée	créditée
3	18/1/__	Fournisseurs	-	N/ payement de la dette	800.-	-
		-	Déductions obtenues	2% d'escompte sur achat	-	16.-
		-	Banque	N/ paiement du solde par virement bancaire	-	784.-

L'escompte ne sera comptabilisé que lors du paiement anticipé de la dette auprès du fournisseur. Cette réduction représente une charge négative (un produit) pour l'entreprise. Si par contre le paiement n'avait pas été effectué dans le délai de l'escompte, l'écriture aurait simplement été la suivante :

#	Date	Compte		Libellé	Somme	
		débité	crédité		débitée	créditée
3	18/1/__	Fournisseurs	Banque	N/ payement de la dette par virement	800.-	800.-

Frais d'achat

L'achat de marchandises génère souvent d'autres charges. Par exemple, des frais de transports, des frais d'assurances, des droits de douanes. Ils sont comptabilisés dans le compte de charges « frais d'achat » dont les signes de fonctionnement sont +/-.

Nous payons 300.- de droits de douane au comptant.

#	Date	Compte		Libellé	Somme	
		débité	crédité		débitée	créditée
4	18/1/__	Frais d'achat	Caisse	N/ payement au comptant de droits de douane	300.-	300.-

VENTE DE MARCHANDISES

Au comptant

Lorsque les marchandises sont vendues au comptant, l'écriture est très simple,

par exemple pour vente au comptant de 200.-

#	Date	Compte		Libellé	Somme	
		débité	crédité		débitée	créditée
5	21/1/__	Caisse	VDM	N/ vente au comptant de trois pantalons	200.-	200.-

Vente à crédit

Souvent l'entreprise fait crédit à ses clients qui pourront payer leur marchandise sur la base d'une facture. Dans ce cas, l'entreprise dispose d'une créance envers ses clients (les clients lui doivent de l'argent).

Vente de marchandises à crédit pour 300.-

#	Date	Compte		Libellé	Somme	
		débité	crédité		débitée	créditée
6	20/1/__	Créances	VDM	N/ vente de chemises à crédit	300.-	300.-

Retours de marchandises

Tout comme nous pouvons renvoyer de la marchandise non-conforme à un fournisseur, un client peut en faire de même avec la marchandise que nous lui avons envoyé. On passer alors l'opération correctrice Ventes de marchandises à Créances clients

Par exemple pour un retour marchandise de 100.-

#	Date	Compte		Libellé	Somme	
		débité	crédité		débitée	créditée
7	20/1/__	VDM	Créances	N/ vente de chemises à crédit	300.-	300.-

Le compte ventes de marchandises du Grand-Livre évoluera donc de la manière suivante:

D-	3200 VENTES DE MARCHANDISES	C+
Retour de marchandises client		Ventes
V/R (virement au résultat)		

Les escomptes et rabais accordés

Comme indiqué précédemment, afin d'encourager leurs clients à payer rapidement, les entreprises accordent souvent un escompte: un montant qui sera déduit du prix de vente en cas de paiement rapide.

Vente de marchandise à crédit pour un montant de 1'000.- payable à 60 jours, un escompte de 2 % est accordé en cas de paiement dans les 10 jours.

#	Date	Compte débité	crédité	Libellé	Somme débitée	créditée
6	20/1/__	Créances	VDM	N/ vente de marchandises à crédit (fact. F)	1'000.-	1'000.-

L'escompte ne sera comptabilisé que lors du paiement anticipé du client.

#	Date	Compte débité	crédité	Libellé	Somme débitée	créditée
8	25/1/__	Banque	-	Payement facture F par virement bancaire	980.-	-
		Déductions accordées	-	2% d'escompte	20.-	-
		-	Créances	Paiement du solde dû	-	1'000.-

Si par contre le paiement n'avait pas été effectué dans le délai de l'escompte, l'écriture aurait simplement été la suivante :

#	Date	Compte débité	Compte crédité	Libellé	Somme débitée	Somme créditée
8	25/1/__	Banque	Créances	Payement de la facture F par virement bancaire	1'000.-	1'000.-

Frais de vente

Lorsque l'entreprise vend des marchandises, des frais à sa charge peuvent également survenir, notamment des frais d'expéditions et des frais d'emballage. Dans ce cas, le compte Fret et ports est débité.

Exemple: achat au comptant pour 400.- d'emballages pour des produits destinés à la vente

#	Date	Compte débité	Compte crédité	Libellé	Somme débitée	Somme créditée
9	22/1/__	Fret et ports	Caisse	N/ achat d'emballage au comptant	400.-	400.-

Prélèvements du propriétaire

Si l'entreprise appartient à son propriétaire, ce dernier peut potentiellement décider de prélever dans le stock de marchandises pour ses propres besoins. Dans ce cas, un compte de produit spécial existe, le compte prestations propres

Le patron de l'entreprise prend pour 150.- de marchandises dans les stocks.

#	Date	Compte débité	Compte crédité	Libellé	Somme débitée	Somme créditée
10	28/1/__	Privé	Préstations à soi-même	Prélèvement de marchandise dans le stock par P	150.-	150.-

LES COMMISSIONS

Les vendeurs de l'entreprise reçoivent évidemment un salaire fixe. Ajouté à leur salaire fixe, ils peuvent recevoir des commissions en fonction du volume des ventes qu'ils auront effectuées. Dans ce cas, un compte de charges de personnelles, Primes occasionnelles, est débité. Une personne externe à l'entreprise qui amène un client à acheter un ou plusieurs produits peut également, dans certains cas, toucher des commissions; dans ce cas, un compte de charges pour prestations est utilisé: le compte Prestations de tiers. Cette distinction est habituellement présenté dans les règles internes de comptabilité d'une entreprise. Exemples:

Nous payons au comptant 49.- de commission à un vendeur de l'entreprise.

#	Date	Compte débité	Compte crédité	Libellé	Somme débitée	Somme créditée
11	30/1/__	Primes	Caisse	N/ paiement de commissions à … (vendeur de l'entreprise)	49.-	49.-

Nous payons au comptant pour 100.- de commission pour la prestation d'un intermédiaire externe à l'entreprise.

#	Date	Compte débité	Compte crédité	Libellé	Somme débitée	Somme créditée
12	30/1/__	Prestation de tiers	Caisse	N/ paiement de commissions à … (intermédiaire)	100.-	100.-

LES STOCKS

En fin d'exercice ou de manière régulière, l'inventaire des marchandises nous permet de déterminer la variation de stock. L'inventaire figure à l'actif du bilan dans le compte Stock de marchandises. Le compte de variation de stock VS se présentera alors de la manière suivante:

D	4900 VARIATION DE STOCK	C
Diminution du stock		Augmentation du stock

Comptabilisation d'une diminution de stock

Une diminution de stock correspondra à une charge puisque de la marchandise a été consommée.

Exemple: le 31 janvier, nous constatons une diminution de stock de 400.-

#	Date	Compte		Libellé	Somme	
		débité	crédité		débitée	créditée
13	31/01/__	Variation de stock	Stock	Diminution du stock de marchandises suite à l'inventaire	400.-	400.-

Comptabilisation d'une augmentation de stock

Une augmentation de stock correspondra à un produit.

Exemple: le 31 janvier, suite à l'inventaire des stocks, nous constatons une augmentation de stock de 800.-

#	Date	Compte		Libellé	Somme	
		débité	crédité		débitée	créditée
13	31/12/__	Stock	Variation de stock	Augmentation du stock de marchandises suite à l'inventaire	800.-	800.-

Lors d'une diminution de stock, le prix de revient d'achat des marchandises vendues (PRAMV) se calcule en additionnant les achats effectués avec la diminution du stock. A l'opposé, pour une augmentation de stock, le PRAMV se calcule en soustrayant aux achats effectués l'augmentation de stock. Il s'agit alors, comme nous le verrons au chapitre suivant, d'une diminution des charges de premier degré pour l'entreprise.

Exercices interactifs sous ecol2.com/u/exocom1 ou exocom2.

✓ 142. COMPTE DE RÉSULTAT À DEUX DEGRÉS

261

Dans ce sous-chapitre, nous aborderons les questions de marge et de prix de revient d'achat des marchandises vendues (PRAMV), à savoir combien nous coûtent l'achat des marchandises vendues. Cette information est importante ne serait-ce que pour fixer le prix de vente… Dans le compte de résultat 1er degré, on placera toutes les charges (comptes 4000) et produits (comptes 3000) liés à l'activité commerciale de l'entreprise (déductions accordées, achats de marchandises, frais d'achat, variation de stock, vente de marchandises, déductions obtenues). Dans le compte de résultat 2e degré, on ajoutera les autres charges (comptes 5000 et 6000) et éventuels produits (comptes 7000 et 8000) qui ne sont pas liés à la vente et à l'achat de marchandises (salaires, loyer, intérêts charges, intérêts-produits, ACE, électricité, etc.).

TABLEAU DE BORD DES VENTES

Le chiffre d'affaire net (CAN)

Le chiffre d'affaire net est le montant que l'entreprise a réellement ou va réellement encaisser suite à son activité. Il s'agit du chiffre d'affaire brut (CAB) auquel on retranche les Déductions accordées et les Pertes sur clients.

```
    +     Ventes de marchandises
    -     Déductions accordées
    -     Pertes sur clients
    -     Fret & Ports
    -     Commissions envers des tiers
    -     Frais d'encaissement
    -----------------------------------
          C A N
    ===================================
```

Le prix de revient des marchandises achetées (PRAMA)

Il s'agit du montant total que l'entreprise a dû débourser pour se procurer la marchandise destinée à la vente. Evidemment, la plus grosse dépense est représentée par le solde du compte Achat de marchandises mais il y a également les frais accessoires qui rentrent dans le calcul.

```
+     Achats de marchandises
+     Frais d'achat
-     Déductions obtenues
------------------------------------
      P R A M A
====================================
```

Le prix de revient des marchandises vendues (PRAMV)

Il s'agit du montant total que l'entreprise a dû débourser pour se procurer la marchandise qu'elle a effectivement vendue. Il y a une subtile nuance entre le PRAMV et le PRAMA. En effet, le PRAMA prend en compte la dépense pour acheter toutes les marchandises (y compris celle qui seront stockées). Alors que le PRAMV ne comptabilise que la dépense liée aux marchandises qui ont réellement été vendues. Pour trouver le PRAMV il suffit donc de prendre le PRAMA et de le corriger de la variation de stock.

```
+     P R A M A
+     Augmentation de stock
-     Diminution de stock
------------------------------------
      P R A M V
====================================
```

Calcul de la marge brute

```
+     C A N
-     P R A M V
------------------------------------
      M B (marge brute)
====================================
```

PERTES SUR CRÉANCES

Il arrive parfois que certains débiteurs ne remboursent pas les créances qu'ils doivent. Ceci peut arriver lorsque, par exemple, ils font faillite. Dans ce cas, il faut considérer la créance comme perdue et comptabiliser une Perte sur créances. Les pertes sur créances sont au 1er degré car elles sont directement liées à l'activité commerciale.

PRESTATIONS À SOI-MÊME

Le compte 3700 Prestations à soi-même est un compte dans lequel on peut enregistrer les prélèvements de marchandises effectués par le propriétaire de l'entreprise. Il s'agit en réalité d'une vente effectuée par l'entreprise au patron. Elles viennent donc augmenter le CAN de l'entreprise.

CLÔTURE DU COMPTE DE RÉSULTAT À DEUX DEGRÉS

COMPTE DE RESULTAT À DEUX DEGRÉS EN CHF
AU 31 DÉCEMBRE 20__

CHARGES	PRODUITS
3800 Déductions accordées	3200 Ventes de marchandises
3820 Pertes sur créances	3900 Variation de stock (augmentation)
3840 Frets et ports	
4200 Achats de marchandises	4800 Déductions obtenues
4230 Frais d'achat	
4900 Variation de stock (diminution)	
Marge brute / bénéfice brut	Marge brute / perte brute

CHARGES	PRODUITS
Total _____	**Total** _____
Marge brute / perte brute	Marge brute / bénéfice brut
5000 Salaires et charges sociales	7400 Intérêts-produit
6000 Loyers et charges de locaux	8200 Résultat exceptionnel
6500 Charges d'administration	
6700 Autres charges d'exploitations (ACE)	
6900 Amortissements	
7410 Intérêts-charges	
8900 Impôts	

La suite de la clôture se déroule exactement de la même manière que celle présentée dans le chapitre précédent (clôtures). Le résultat est viré au compte de Résultat reportés ou passe par le compte Privé. Cela permet de dresser le bilan final. La démarche est illustrée par la vidéo disponible sous ecol2.com/u/cdcr.

143. DÉTERMINER LES PRIX DE VENTE

Fixer les prix de vente (schéma des prix) est une action centrale pour toute les entreprises. Il faut tenir compte de ses coûts d'approvisionnement en marchandises et ses frais de fonctionnement, mais également des marges qu'elle souhaite réaliser; marges qui influenceront de manière prépondérante les bénéfices futurs.

Prix de vente brut		PVB	276.30
./.	Frais directs de vente facturés aux clients	@ 5% du PVB	13.80
./.	Déductions accordées aux clients (escompte, rabais, remises, ...)	(estimation)	
=	Prix de vente net	PVN	262.50
./.	Bénéfice net, objectif par rapport au PVN	@ 20% x PVN	52.50
=	Prix de revient	PR	210.--
./.	Autres charges d'exploitation, fonction du PR (frais généraux, ...)	@ 60% du PR	126.--
=	Prix de revient d'achat	PRA / PRAMA	84.--
./.	Frais directs d'achat, souvent fonction du PAB (frais de transport, douane, ...)	@ 10% x PAB	8.--
=	Prix d'achat net		76.--
+	Déductions obtenues des fournisseurs (rabais, remises, escomptes, ...)	@ 5% x PAB	4.--
Prix d'achat brut		PAB	80.--

A noter que le prix de vente brut (et le prix d'achat brut) représente le prix "catalogue" ou le prix "affiché"; le prix d'achat net est le montant effectivement payé au fournisseur pour la marchandise achetée; le prix de revient d'achat représente le coût de la marchandise achetée et livrée; le prix de revient représente le coût de la marchandise, toutes charges comprises, y compris les frais généraux tels que salaires, publicité, etc. et enfin le prix de vente net est le montant effectivement encaissé pour la vente de la marchandise. Toutes ces informations sont habituellement regroupées dans un tableau de bord des ventes.

Cette même échelle de prix peut se dessiner de la manière suivante:

ACHAT	INTERNE	VENTE
PAB (TTC)	PRA (TTC)	PVN (TTC)
% Rabais (TTC)	% TVA	+ Escomptes (TTC)
----------------------	------------	--------------------
PAC (TTC)	PRA (HT)	PVC (TTC)
% Escomptes (TTC)	+ BB (HT)	% Rabais (TTC)
----------------------	------------	--------------------
PAN (TTC)	PVN (HT)	PVB (TTC)
+ Frais d'achat (TTC)	+ TVA	
----------------------	------------	
PRA (TTC)	PVN (TTC)	

144. PROVISION ET PERTES SUR CRÉANCES

Les ventes à crédit enregistrées dans le compte Créances clients, compte général, peuvent entraîner des pertes, lorsqu'un client est devenu totalement ou partiellement insolvable. Du point de vue comptable, il est possible de faire supporter par "anticipation" la perte sur un ou plusieurs exercices en constituant une "Provision" avant la réalisation de la perte effective. On doit alors créer une provision en ouvrant un compte Provision pour pertes sur créances (Ducroire).

Le principe de la "Provision" est utilisable par analogie pour la constitution d'autres provisions. Exemple: provision pour pertes de changes, provision pour litiges, provision pour réparations d'immeuble, etc.

Bien que leurs soldes soient normalement au crédit, les comptes 1120 Créances douteuses et 1130 Provision sont des compte d'actif. Dans la perspective, en particulier, du bilan analytique, on portera ces comptes en avant-colonne des Créances et Notes de crédit reçues:

226

```
Créances clients et notes de crédit
% Créances douteuses
% Provision
```

FRAIS DE POURSUITES

Les frais de poursuites sont avancés par l'entreprise qui entreprend les poursuites et sont ajoutés au montant dû par le client. Si le client redevient solvable, ils seront remboursés par ce dernier et dans le cas contraire, ils s'ajouteront à la perte subie. L'écriture comptable du payement sera: 1100 Créances clients ou 1120 Créances douteuses à Liquidités

Les taux appliqués sur les provisions sont donnés par l'autorité fiscale, afin d'éviter que les bénéfices soient réduits de manière artificielle en constituant de trop grosses provisions et de ce fait payer moins d'impôts.
* Une provision égale à 5% des créances clients suisses
* Une provision égale à 10% des clients étrangers (factures libellées en monnaie de référence) + 5% pour les factures libellées en monnaies étrangères.

RÉÉVALUATION DES PROVISIONS

Les provisions doivent être adaptées à la fin de chaque exercice comptable, en fonction du risque existant, de l'importance et de la qualité des clients.

Pertes sans compte de Provision

Enregistrer les clients douteux et les pertes sur clients, y compris les frais de poursuites à l'aide du compte de charges 1120 Créances douteuses à 1100 Créances clients; puis 3820 Pertes s/créances à Créances douteuses. Dans le cas de récupération d'une créance amortie ou de la vente d'un acte de défaut de biens à une entreprise tierce, l'écriture sera: Banque à Pertes s/créances ou si la perte concerne un exercice précédent, Banque à 8200 Résultat exceptionnel.

Pertes en utilisant le Ducroire

Plusieurs cas peuvent se présenter:
1. **Création d'une provision** ou augmentation de la provision en passant l'écriture
   Pertes sur créances à Ducroire
2. **Transfert d'une créance** client au compte Créances douteuses
   Créances douteuses à Créances clients
3. **Enregistrement d'une perte** sur créances, y compris frais de poursuites
   Pertes sur créances à Créances clients
4. Utilisation d'une provision pour **amortir la perte** sur plusieurs exercices
   Ducroire à Pertes s/créances
5. **Ajustement de la provision** lors de la clôture des comptes
   En cas d'augmentation, voire point 1, en cas de diminution, on passera l'écriture
   Ducroire à Pertes s/créances

15. TAXE SUR LA VALEUR AJOUTÉE

151. GÉNÉRALITÉS

Il existe deux type d'impôts: i) les impôts **directs**, prélevés sur le revenu et la fortune des personnes physiques et morales, versés directement au fisc cantonal et fédéral; ii) les impôts **indirects**, payés par le consommateur à l'achat et pour lequel le fournisseur est chargé de prélever l'impôt.

Il existe différents taux de TVA selon les prestations taxées, le taux à:

7.7% : majorité des prestations.

2.5% : produits de première nécessité (aliments, boissons, médicaments, journaux). A noter que les restaurants, cafés et bars, bien que servant des biens de première nécessité facturent la TVA à 7.7%. En effet, on considère que le besoin d'aller au restaurant ne représente pas une nécessité.

3.7% : nuitées dans le secteur de l'hébergement ainsi que les petits-déjeuners associés.

QUI DOIT PAYER LA TVA ?

Il existe quatre catégories de personnes aux yeux de l'Administration Fédérale des Contribution (AFC), les personnes :

Assujetties

Cette catégorie comprend les personnes qui doivent facturer la TVA et la reverser à l'AFC. Elle comprend toute personne qui exerce de manière indépendante une activité commerciale et dépasse des recettes annuelles supérieures à 100'000.- ou qui acquiert au cours d'une année pour plus de 10'000.- de prestations d'entreprises ayant leur siège à l'étranger.

Non assujetties

Certaines personnes bien que remplissant les conditions d'assujettissement ne sont pas soumis à la TVA, il s'agit: des horticulteurs, sylviculteurs, les marchands de bétail et des centres collecteurs de lait. N'étant pas assujetties, cette catégorie ne peut pas déduire l'impôt préalable.

Exclues

Certaines activités ou prestations ne sont pas soumises à la TVA, notamment l'envoi de lettres de moins de 1kg, les soins médicaux, les prestations sociales et culturelles, les prestations de formation et enseignement, les opérations d'assurances et sur le marché monétaire, la vente d'immeubles, les jeux de hasard et d'argent soumis à un impôt spécial, la livraison de timbres. Les activités exclues de la TVA n'ont pas droit à la déduction de l'impôt préalable.

Exonérés

Certaines opérations réalisées avec l'étranger ne sont pas soumise à la TVA afin de rendre l'économie suisse la plus attractive possible, en particulier: les exportations de biens, les prestations de transports trans-frontaliers, les services fournis à des personnes dont le siège social ou le domicile est à l'étranger.

PRÉLÈVEMENT DE LA TVA PAR L'AFC

Dans le prélèvement de la TVA par l'AFC, les entreprises ont un rôle déterminant. En effet, il s'agit d'une taxe payée par les consommateurs qui est prélevée par les entreprises pour être ensuite versée par ces dernières à l'AFC. Les entreprises servent donc d'intermédiaire entre les consommateurs et l'AFC.

Cependant, les entreprises ne doivent pas payer la TVA sur leurs achats. Elles vont donc pouvoir récupérer auprès de l'AFC tous les montants de TVA qu'elles ont payées. Voici un schéma qui résume les flux financiers générés par des achats et ventes de marchandises soumises à la TVA.

1. La TVA est ajoutée par les entreprises assujetties aux prix de vente
2. Les clients payent le prix (HT ou hors taxes) des marchandises ou des services, plus la TVA (TTC ou toutes taxes comprises)
3. L'entreprise reçoit un montant d'argent correspondant au prix HT, plus la TVA
4. L'entreprise reverse alors de manière régulière à l'Etat la différence entre la taxe perçue et celle payée.

✓ 152. CALCULS TVA

227 La base pour les calculs liés à la TVA est de bien comprendre les pourcentages que représentent les différents montants (montant HT, montant de TVA, montant TTC). Voici la correspondance entre montant et pourcentage :

	TVA à 7.7%	TVA à 3.7%	TVA à 2.5%
Montant HT	100.00	100.00	100.00
TVA	7.70	3.70	2.50
Montant TTC	107.70	103.70	102.50

AJOUT DE LA TVA À UN PRIX HORS TAXE (HT)

Lorsque l'on connait le prix HT d'un bien et le taux de TVA appliqué, on peut aisément déterminer le montant de TVA et le prix TTC à l'aide de la règle de trois.

Exemple de détermination du montant de TVA

Pour cet exemple, prenons l'achat d'un bien au prix HT de 100.- soumis à une TVA à 7.7% et déterminons le montant de TVA à payer.

```
100.-   =>    100%
  x    =>    7.7%
  x    = 7.7 * 100 / 100 = 7.70
```

Le montant de TVA facturé sera de 7 francs et 70 centimes.

Exemple de détermination du montant TTC

Pour cet exemple, prenons l'achat d'un bien au prix HT de 200.- soumis à une TVA à 7.7% et déterminons le montant TTC à payer.

```
200.-   => 100.0%
  x    => 107.7%
  x    = 107.7 * 200 / 100 = 215.40
```

Le montant TTC facturé sera de 215 francs et 40 centimes.

EXTRACTION DE LA TVA D'UN PRIX HORS TAXE (TTC)

Lorsque l'on connait le prix TTC d'un bien et le taux de TVA appliqué, on peut aisément déterminer le montant de TVA et le prix HT à l'aide de la règle de trois.

Exemple de détermination du montant de TVA

Pour cet exemple, prenons l'achat d'un bien au prix TTC de 335.- soumis à une TVA à 7.7% et déterminons le montant de TVA payé.

```
335.-   => 107.7%
  x     =>   7.7%
  x   = 7.7 * 324 / 107.7 = 23.95
```

Le montant de TVA payé est de 23 francs et 95 centimes (arrondi au 5 cts)

Exemple de détermination du montant TTC

Pour cet exemple, prenons l'achat d'un bien au prix TTC de 432.- soumis à une TVA à 7.7% et déterminons le montant HT payé.

```
432.-   => 107.7%
  x     => 100.0%
  x   = 432 * 100 / 107.7 = 401.10
```

Le montant HT payé est de 401 francs et 10 centimes.

153. COMPTABILISATION TVA

Comptabiliser la TVA dans une entreprise n'est pas chose aisée. En effet, il faut tenir compte de l'impôt préalable (TVA payée que l'entreprise pourra déduire) et de la TVA payée par le client que l'entreprise devra reverser à l'Administration Fédérale des Contribution (AFC).

Il y a 4 grandes étapes dans la comptabilisation de la TVA :
1. L'achat de marchandises soumises
2. La vente de marchandises soumises
3. Le bouclement périodique
4. Le paiement du montant du à l'AFC

Il existe deux manières de comptabiliser la TVA : la méthode au brut et au net. Dans la méthode au brut, la TVA n'est prise en compte que lors du bouclement. Dans la méthode au net elle est prise en compte à toutes les étapes de la comptabilisation.

CAS PRATIQUE AVEC UNE TVA À 7.7%

Fabricant	Distributeur	Client	
	2'000.-	5'385.-	Achat HT
	160.-	Le client final achète le produit ou le service au distributeur y compris l'ensemble de la TVA. Il ne verse cependant rien à l'AFC directement.	TVA sur l'achat (à récupérer)
2'000.-	5'000.-		Vente HT
154.-	385.-		TVA sur la vente (à payer)
154.-	231.- = (385 - 154)		Versement à l'AFC

Ce tableau illustre la **notion de valeur ajoutée**: la richesse créée par chaque entreprise. La TVA s'applique précisément à cette valeur ajoutée. Ainsi, le fabricant / fournisseur, qui élabore le produit, crée 2'000.- de valeur et reversera à l'Etat 7.7% de la valeur créée (soit 154.-). Le distributeur ajoute ensuite 3'000.- de valeur au produit et reverse à l'Etat 231.- de TVA. La TVA de 385.- est in fine entièrement supportée par le consommateur final qui payera, en fin de compte, la totalité de la taxe afférente au produit qu'il achète.

154. LA TVA AU NET

ACHAT ET LA VENTE DE MARCHANDISES

Contrairement à la méthode au brut, dans laquelle la TVA est comptabilisée uniquement en fin de période, dans la méthode au net la
TVA est enregistrée à chaque opération. Nous allons parcourir les différentes opérations avec comptabilisation de la TVA.

Achat de marchandises, d'un actif ou paiement d'une charge soumis à la TVA

Lors de l'achat de marchandises soumises à la TVA, nous allons devoir distinguer le prix de la marchandise de la TVA que nous payons. Le prix de la marchandise sera enregistré comme d'habitude dans le compte achat de marchandises alors que le montant de la TVA sera inscrit dans un compte d'impôt préalable. On utilisera le compte impôt préalable sur marchandises lors de l'achat de marchandises destinées à la vente et le compte impôt préalable sur investissement et ACE lors du paiement d'une charge ou de l'achat d'un actif. Etant donné qu'il s'agit d'une créance que l'on a envers l'AFC, les comptes d'impôts préalables sont des comptes actifs.

Achetons pour 2'160.- de marchandises à crédit, TVA de 7.7% inclue.

| # | Date | Compte | | Libellé | Somme | |
		débité	crédité		débitée	créditée
14	15/2/__	ADM 7.7%	-	ADM à crédit (2'160 x 100 / **107.7**)	2'005.55	-
		IP /M	-	TVA à récupérer (2'005.55 x 7.7)	154.45	-
		-	Fournisseurs	Dette envers le fournisseur F	-	2'160.-

Achetons pour 107.70 d'encre d'imprimante au comptant, TVA de 7.7% inclue.

#	Date	Compte débité	Compte crédité	Libellé	Somme débitée	Somme créditée
15	15/2/__	Frais d'adminis tration	-	Achat d'encre au comptant	100.—	-
		IP /ACE	-	TVA à récupérer	7.70	-
		-	Caisse	Paiement au comptant	-	107.70

Vente de marchandises

Lors de la vente de marchandises soumises à la TVA, nous allons devoir distinguer le prix de la marchandise de la TVA que nous encaissons pour le compte de l'AFC. Le prix de la marchandise sera enregistré comme d'habitude dans le compte vente de marchandises alors que le montant de la TVA sera inscrit dans un compte nommé TVA due. Etant donné qu'il s'agit d'une dette que nous avons envers l'AFC, le compte TVA due est un passif.

Vendons pour 3'240.- de marchandises à crédit, TVA de 7.7% inclue.

#	Date	Compte débité	Compte crédité	Libellé	Somme débitée	Somme créditée
16	21/2/__	Clients	-	Créance client	3'240.-	-
		-	TVA due	TVA due (3'240 x 7.7 / 107.7)	-	231.65
		-	VDM	Vente marchandises (3'240 - 231.65)	-	3'008.35

DÉDUCTIONS

Déductions obtenues

Lorsque l'on obtient une déduction de la part d'un fournisseur, le montant total de la facture diminue. Mais avec la diminution de ce montant brut, il y a également une diminution du montant de TVA. L'impôt préalable devra donc être réduit en conséquence.

Si nous reprenons l'exemple présenté au point 2 et que nous imaginons que le fournisseur nous accorde un escompte de 5% sur le prix HT, voici ce que cela signifie du point de vue de la TVA (ici à 7.7%).

	taux	Montants	
	%	Avant déduction	Après déduction
Rabais		0%	5%
Montant HT	100.—	2'000.—	1'900.—
TVA	7.70	154.—	146.30
Montant TTC	107.70	2'154.—	2'046.30

On constate que le montant passé dans le compte Impôt préalable sur marchandises est erroné par rapport à la réalité. On a, en effet, surestimé la TVA de 7.70. Nous allons donc devoir corriger ce montant en diminuant le compte Impôt préalable sur marchandises de 7.70 au moment ou nous bénéficions de l'escompte.
La réduction du montant de TVA correspond à la réduction du montant HT. On peut donc simplement prendre le 5% du montant de TVA avant rabais.

Suite de l'exemple présenté plus haut, nous payons notre facture au comptant en bénéficiant d'un rabais de 5%

#	Date	Compte débité	Compte crédité	Libellé	Somme débitée	Somme créditée
17	22/2/__	Fournisseurs	-	N/ payement de la dette auprès du fournisseur alpha	2'160.-	-
		-	DOA	Déduction obtenue sur le montant HT (2'000 * 5 / 100)	-	100.-
		-	IP	Réduction de l'impôt préalable (160 * 5 / 100)	-	8.-
		-	Caisse	Paiement au comptant (2'160 * 95 / 100)	-	2'052.-

Déductions accordées

De façon similaire aux déductions obtenues, lorsque l'on accorde un escompte à un client, cela vient diminuer la TVA que nous lui facturons. Il s'agira donc de diminuer le compte TVA due du montant correspondant à la réduction de la TVA facturée.

Si nous reprenons l'exemple présenté plus haut et que nous imaginons que nous accordons un escompte de 10% sur le prix HT à notre client, voici ce que cela signifie du point de vue de la TVA (ici à 7.7%).

	taux %	Montants Avant déduction	Montants Après déduction
Rabais		0%	10%
Montant HT	100.—	3'000.—	2'700.—
TVA	7.70	231.—	207.90
Montant TTC	107.70	3'231.—	2'907.90

Le montant de TVA due a donc été surestimé de 23 francs et 10 centimes (231 - 207.90). Lors du paiement du client, il s'agira donc d'en tenir compte.

Suite de l'exemple présenté plus haut, le client nous paye la facture (TVA de 7.7% inclue) par virement bancaire en bénéficiant d'un rabais de 10%.

#	Date	Compte débité	Compte crédité	Libellé	Somme débitée	Somme créditée
18	3/3/__	Banque	-	Paiement par virement bancaire (3'231 x 90 / 100)	2'907.90	-
		DAV	-	Déduction accordée sur le montant HT (3'000 x 10 / 100)	300.-	-
		TVA due	-	Réduction de l'impôt préalable (231 x 10 / 100)	23.10	-
		-	Créances	Remboursement de la créance client	-	3'231.-

Exercices interactifs sous ecol2.com/u/exotva1, exotva2 ou exotva3.

BOUCLEMENT DES COMPTES

Périodiquement, l'entreprise va devoir déterminer le montant qu'elle doit à l'AFC. Comme nous l'avons vu précédemment, la TVA due vient augmenter notre dette envers l'AFC alors que l'impôt préalable vient la diminuer. Nous allons utiliser le compte passif Dette AFC pour récapituler le montant dû. Il s'agira de virer les soldes des comptes Impôt préalable sur marchandises et Impôt préalable sur ACE au compte "TVA due". Puis nous allons virer le solde du compte TVA due au compte "Dette AFC". Nous allons utiliser toutes les écritures passées dans ce chapitre pour illustrer cette clôture (voir les six écritures passées plus haut).

Le plus simple pour comprendre le processus de virement des soldes est de travailler sur le grand-livre. Nous allons donc ouvrir au grand-livre les comptes de TVA et reporter les écritures passées au journal. Nous allons, dans une première étape, virer les soldes des comptes d'impôt préalables au compte "TVA due". Puis nous allons virer le solde du compte "TVA due" au compte "dette AFC".

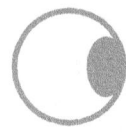

D+ 1150 IMPÔT PRÉALABLE /M C-		D+ 1160 IMPÔT PRÉALABLE /ACE C-	
1) 160.- |	8.- (5	2) 8.- |	8.-Sf (ipa)
|	152.-Sf (ipm)	|	
|		|	
160.- |	**160.-**	**8.-** |	**8.-**

D- 2200 TVA DUE C+		D- DETTES AFC C+	
6) 24.- |	240.- (3	|	72.-(9 Sf (tva)
7) Sf (ipm) 152.- |	16.- (4	|	
8) Sf (ipa) 8.- |		|	
Sf (tva due) 72.- |		|	
256.- |	**256.-**	**72.-** |	**72.-**

Evidemment, les écritures de clôtures (Sf) doivent se passer au journal… ce qui s'effectue en reprenant les montants spécifiés ci-dessus.

#	Date	Compte		Libellé	Somme	
		débité	crédité		débitée	créditée
19	30/3/__	TVA due	IP /M	Virement du solde du compte IP s/ march. Au compte TVA due	152.-	152.-
		TVA due	IP /ACE	Virement du solde du compte IP s/ march. Au compte TVA due	8.-	8.-
		TVA due	Dette AFC	Virement du solde du compte TVA due au compte dette AFC	72.-	72.-

Paiement à l'Administration Fiscale

Finalement, l'entreprise effectue le paiement du solde de la dette AFC. Ce paiement sera effectué par un compte de liquidité (caisse, poste, banque). L'écriture sera alors simplement la suivante :

#	Date	Compte		Libellé	Somme	
		débité	crédité		débitée	créditée
20	31/3/__	Dette AFC	Banque	Paiement de la dette auprès de l'AFC par virement bancaire	72.-	72.-

V2. DOCUMENTS CLÉS

21. FONDEMENTS DE LA COMPTABILITÉ

211. DÉMARCHE

EXIGENCES ET DE PRÉSENTATION DES COMPTES

Obligation de tenir et de présenter des comptes

Selon l'art 957 CO, doivent tenir une comptabilité et présenter des comptes:

1. Les entreprises individuelles et les sociétés de personnes qui ont réalisé un chiffre d'affaires supérieur à 500'000.- lors du dernier exercice
2. Les personnes morales

Les entreprises suivantes ne tiennent qu'une comptabilité des recettes et des dépenses ainsi que du patrimoine:

1. Les entreprises individuelles et les sociétés de personnes qui ont réalisé un chiffre d'affaires inférieur à 500'000.- lors du dernier exercice;
2. Les associations et les fondations qui n'ont pas l'obligation de requérir leur inscription au registre du commerce

Les articles 957 et 958 du CO donnent des lignes directives pour divers éléments.

Principes de régularité de la comptabilité

- Enregistrement intégral, fidèle et systématique des transactions et des autres faits nécessaires
- Justification de chaque enregistrement par une pièce comptable
- Adaptation à la nature et à la taille de l'entreprise
- Traçabilité des enregistrements comptables

Règles fondamentales

* Continuité de l'exploitation
* Délimitation périodique et rattachement des charges aux produits

Principes d'établissement des comptes

* Clarté et intelligibilité intégralité
* Fiabilité
* Importance relative et évaluation prudente
* Permanence de la présentation et des méthodes d'évaluation
* Régularité de la présentation des comptes

MESURE ET EXPRESSION DES FAITS COMPTABLES

Les art. 960ss CO (ecol2.com/u/CO) permettent d'établir des hypothèses de travail utiles pour le respect des éléments ci-dessus, notamment...

Le principe du coût historique

Ce principe vise à indiquer le moment de la mesure, c'est à dire, dans la plupart des cas, l'enregistrement à la date d'acquisition du moyen de l'activité.

Les frais d'établissement

Les frais d'établissement peuvent être immobilisés s'ils sont amortis sur une durée de 5 ans.

La constitution de la réserve générale (réserve légale)

Soit,

* 5% des bénéfices à la réserve légale aussi longtemps que celle-ci n'a pas atteint 20% du capital de la société,
* 10% de tout dividende excédent 5% du capital aussi longtemps que la réserve n'a pas atteint 50% du capital.

212. NORMES

FIXÉES PAR LE CODE DES OBLIGATIONS

Il s'agit des normes comptables qui s'appliquent aux sociétés selon les articles 662 et suivants du Code des Obligations. Leur objectif est de permettre au lecteur des états financiers de "se rendre compte aussi exactement que possible" de la situation économique de l'entreprise. Dans cette optique, les originaux du bilan et du compte de résultat sont à conserver pendant 10 ans (art. 962 CO). Les autres livres de compte, tels que inventaire, pièces comptables, journaux, extraits de comptes et correspondances, sont également à archiver pendant 10 ans. Toutefois, c'est suffisant si ces documents sont disponibles en format électronique et s'ils sont accessibles.

Des normes spécifiques sont mentionnées dans le code des obligations ou dans le code civil pour les sociétés suivantes:
- Sociétés anonymes (art. 620ss CO, ecol2.com/u/CO)
- Sociétés à responsabilité limitée (art. 772ss CO, ecol2.com/u/CO)
- Sociétés en nom collectif (art. 552ss CO, ecol2.com/u/CO)
- Sociétés en commandite (art. 594ss CO, ecol2.com/u/CO)
- Coopératives (art. 828ss CO, ecol2.com/u/CO)
- Sociétés en commandite par actions (art. 764ss CO, ecol2.com/u/CO)
- Associations (art. 60ss CC, ecol2.com/u/CC)
- Fondations (art. 80ss CC, ecol2.com/u/CC)

RECOMMANDATIONS POUR LA PRÉSENTATION DES COMPTES RPC

Les Swiss GAAP RPC, ou Recommandations pour la Présentation des Comptes en Suisse, se focalisent sur la présentation des comptes des petites et moyennes entités, ainsi que des groupes à rayonnement national, des organisations à but non lucratif et les caisses de pension. Les RPC leur permettent de disposer d'une structure de présentation des comptes qui donne une image fidèle du patrimoine, de la situation financière et des résultats (true and fair view).

Les petites entités ont la possibilité de prendre en considération uniquement le cadre conceptuel et les RPC fondamentales (RPC 1 à 6), dès lors qu'elles ne dépassent pas, au cours de deux exercices successifs, deux des critères suivants :
- Total du bilan : CHF 10 millions,
- Chiffre d'affaires : CHF 20 millions,
- Effectif : 50 emplois à plein temps en moyenne annuelle.

Il existe en outre des RPC spécifiques à certaines branches, telles que par exemple la Swiss GAAP RPC 14 "Comptes consolidés des compagnies d'assurance" ou la

Swiss GAAP RPC 21 "Etablissement des comptes des organisations sociales d'utilité publique à but non lucratif".

STANDARDS DE PRÉSENTATION DES COMPTES IFRS

Acronyme de International Financial Reporting Standards en anglais, l'objectif de ces normes est d'offrir aux actionnaires, financiers et investisseurs :
* Une présentation homogène des comptes dans les différents pays
* Des bilans et des comptes de résultats qui traduisent au mieux et de la manière la plus complète la situation économique réelle d'une entreprise
* Une meilleure identification de la performance ou contre-performance du management

Ces normes sont plus largement utilisées par les grandes entreprises et les entités présentes sur les marchés des capitaux internationaux. Les entreprises cotées en bourse en Suisse et dans l'Union européenne doivent impérativement les appliquer depuis le 1er janvier 2005.

Il existe une versions simplifiée à l'intention des PME non cotées en bourse, aux entreprises de taille moyenne et à toutes les autres entreprises qui visent la transparence avec les banques, leurs actionnaires et les autres destinataires des états financiers.

GENERALLY ACCEPTED ACCOUNTING PRINCIPLES US GAAP

Les normes comptables américaines sont désignées sous le nom de Generally Accepted Accounting Principles. Elles constituent une vaste collection de règles détaillées sur des questions particulières. Une grande majorité des entreprises en mains privées s'y soumettent volontairement afin de ne pas souffrir d'une appréciation négative des investisseurs ou autres milieux intéressés. Les entreprises cotées sur le SIX Swiss Exchange sont autorisées à se baser sur les US GAAP au lieu des IFRS pour l'établissement de leurs comptes annuels.

22. PIÈCES COMPTABLES

Lors de la comptabilisation, il est utile de procéder de manière très structurée, afin d'éviter le risque d'erreurs. Autant que possible se poser les questions suivantes dans l'ordre: i) des liquidités sont elles impliquées? Si oui, en + ou en - pour la société? Sinon ii) A-t-on reçu une facture? Si oui, nous aurons une dette; Sinon iii) Est-ce une facture envoyée? Si oui, nous posséderons une créance envers un tiers, appelé débiteur. Dans le cas où l'opération ne peut pas être résolue à l'aide de ce raisonnement, ou si vous avez une hésitation, tenter de retrouver le cas qui correspond à l'un des cas suivant.

221. COMPTABILISATION

La comptabilité représente au niveau purement technique à mesurer des niveaux, des entrées et sorties. Un cas similaire que tous le monde connaît bien est un système de baignoire: des flux, entrent, stationnent et sortent d'un bassin; l'eau étant la mesure dans un cas, l'argent dans l'autre. Pour mesurer et expliquer les niveaux atteints on pourra procéder selon deux méthodes qui présente l'avantage, comme en comptabilité à double entrée, de s'auto-contrôler, on: i) mesure le niveau en début et en fin de période, la différence donne la variation; ii) totalise à l'aide de compteur, les quantités débitée à l'entrée et à la sortie, la différence donnera également la variation. De manière conceptuelle cela se traduit par la formule suivante:

Niveau actuel Na = situation de départ Nd + entrée - sortie

Imaginons que i) tout est à 0; ii) l'on apporte 10 mesures; iii) fait sortir 9; iv) puis rentrer à nouveau 5. Selon l'égalité ci-dessus:

```
i)    Nd = Na = 0
ii)   Na = 0 + 10 = 10
iii)  Na = 10 - 9 = 1
iv)   Na = 1 + 5 = 6
```

233

La somme des entrées (produits) est de 15 (10+5), la somme des sorties de 9, soit un niveau (solde) final de 6; ceci correspondrait certainement à la mesure du niveau du bassin (bilan final). En terme comptable ces égalités s'expriment de la manière suivante:

	Mesures non consommées	Sortie	Entrée	Mesures consommées
Début	0	–	–	0
i) à iv)	0	9	15	0
Fin	6	–	–	6
	Actifs	Charges	Produits	Passifs

MOMENT DE LA COMPTABILISATION

Prenons par exemple une entreprise qui fournit une prestation P, payable à crédit. L'opération se déroulera en trois étapes: i) la **commande**; ii) quelques temps plus tard, la **livraison**; iii) habituellement 30 jours plus tard, le **payement**. Schématiquement, cela se présente de la manière suivante:

```
COMMANDE   LIVRAISON   ENCAISSEMENT
----|-----------|------------|------------> temps
      Facture
```

L'enregistrement au niveau comptable se fera le plus couramment au moment de l'exécution, c'est-à-dire à la livraison de la chose commandée; généralement la facture accompagne la prestation ou la suit de quelques jours.

Il arrive parfois, que la comptabilisation se fasse au moment des encaissements (on parle alors de "comptabilité cash".

Opération déjà comptabilisée

Cela signifie la plupart du temps que nous avons reçu ou envoyé une facture et que la facture a déjà été saisie dans le système; nous procédons soit à son payement ou observons la réception d'un payement contre cette facture.

222. ACHAT ET VENTES D'ACTIFS

Tous les achats doivent figurer dans les comptes à leur prix de net ou revient (incl. les frais divers). C'est pourquoi, il convient de bien savoir comptabiliser les frais ainsi que les réductions de prix telles qu'escomptes, rabais, remises mais également les retours.

ACHATS ET VENTES D'ACTIF

Achat d'un véhicule payable à 10 jours avec x% d'escompte ou à 30 jours net, frais de douane inclus: **Véhicules à Autres dettes**

Il s'agit désormais d'une facture comptabilisée.

Règlement, par virement, d'une facture (avec escompte) déjà comptabilisée

A. Comptabilisation de l'escompte: **Autres dettes à Véhicules** pour x% de l'achat
B. Paiement du solde par virement: **Autres dettes à Liquidités** de (1-x%) de l'achat

Les rabais, remises et retours se comptabilisent comme les escomptes.

Vente de mobilier payable à 10 jours avec x% d'escompte ou à 30 jours net, frais de transport non inclus: **Créances à Mobilier**.

Il s'agit désormais d'une facture comptabilisée. Si rien n'est convenu, les frais sont à la charge de l'acheteur. C'est pourquoi nous ne comptabilisons pas les frais de transport. La mention "franco domicile" signifie que le transport est à la charge du vendeur.

Réception du montant de la créance (avec escompte) déjà comptabilisée

A. Comptabilisation de l'escompte: **Mobilier à Créances** pour x% du prix de vente
B. Règlement du solde par virement: **Liquidités à Créances** pour (1-x%) du prix de vente

FRAIS OU INTÉRÊTS BANCAIRES

Pour les frais: **Créance à Charges payées d'avance**, pour les intérêts en

Faveur de l'institution bancaire (débités de notre compte)

Frais bancaire ou charges financières à Banque.

Notre faveur

Banque à Produit sur avoir

223. COMPTES CLIENTS, FOURNISSEURS ET PRIVÉ

CLIENTS

Tenir les comptes clients c'est
* Enregistrer les opérations de facturation et d'encaissement des opérations de vente par client, y compris le suivi des déductions accordées, frais de livraison et retours de marchandises
* Suivre les impayés, provisionner les risques liés aux ventes (non payement, fluctuation des taux change, facturer les rappels et poursuites)
* Comptabiliser la TVA et préparer les décomptes
* Ventiler les revenus par type de produit, régions, etc.

Ces taches sont relativement complexes et nécessite un parfaite maîtrise de comptes d'actifs (+ -) et de produits (- +). Pour plus de détails sur ces opérations se référer aux écritures correspondantes.

FOURNISSEURS

Tenir les comptes fournisseurs c'est
* Connaître parfaitement les processus d'achat, les droits et obligations de l'acheteur et du vendeur
* Suivre les acomptes, lettre de crédit et fluctuations sur le marché des devises
* Distinguer les charges d'exploitation des immobilisations
* Contrôler la conformité des factures et respecter les obligations liées aux délais de paiement ou faire face aux litiges éventuels
* Comptabiliser la TVA et préparer les décomptes
* Analyser les sources principales de coûts

Ces taches sont relativement complexes et nécessite un parfaite maîtrise de comptes de passifs (- +) et de charges (+ -). Pour plus de détails sur ces opérations se référer aux écritures correspondantes.

PRIVÉ

Dans ce compte figurent i) au débit: tous les prélèvements faits par le propriétaire + éventuellement la perte d'exploitation; ii) au crédit: le salaire du propriétaire, les intérêts sur le capital + éventuellement le bénéfice d'exploitation

Prélèvements du propriétaire

A. En espèces: **Privé à Liquidités**
B. D'un actif: **Privé à Type de l'actif**
C. De marchandises du stock, pour une entreprise…
   - assujettie à la TVA: **Privé à Prestations à soi-même**
   - non assujettie à la TVA: **Privé à Achats marchandises**

Salaire en faveur du propriétaire

Salaire à Privé

Le propriétaire n'a droit à un salaire que s'il travaille dans l'entreprise.

Intérêts en faveur du propriétaire

Charges financières à Privé

Le montant est égal au montant du capital en début d'exercice x taux d'intérêt.

Bénéfice d'exploitation

Résultat de l'exercice à Privé

Revenu global du propriétaire = salaire du propriétaire + intérêts sur les fonds propres + bénéfice d'exploitation

Perte d'exploitation

Privé à Résultat de l'exercice

224. ACTIVITÉS COMMERCIALES

ACHATS ET VENTES DE MARCHANDISES

Au comptant : **Achats de marchandises à Liquidités**.

À crédit: **Achats de marchandises à Dettes fournisseurs**.

Les frais d'achats (douane, frais de transport, etc.): **Frais d'achat à Liquidités**.

Pour le reste, deux cas se présentent habituellement:

A. Les rabais, remises et escomptes accordés par les fournisseurs: **Dettes fournisseurs à Déductions obtenues**

B. Les retours aux fournisseurs de marchandises non conformes: **Dettes fournisseurs à Achats de marchandises**

Au comptant   : **Liquidité à Ventes de marchandises**.

À crédit   : **Créances clients à Ventes de marchandises**.

Les opérations liées aux ventes de marchandises

A. Rabais, remises et escomptes accordés: **Déductions accordées à Créances**

B. Retours de marchandises non conformes de la part de nos clients: **Ventes de marchandises à Créances clients**

Cas particuliers

Les emballages

Cas 1, les emballages sont pris à notre charge (achetés par l'entreprise et non facturés aux clients) => une seule opération: **Frais d'expédition à Liquidités**

Cas 2, les emballages sont à la charge des clients (achetés par notre entreprise puis facturés aux clients) => deux opérations: i) Achat des emballages, **Frais d'expédition à Liquidités**; ii) Facturation de ces emballages aux clients, **Créances clients à Ventes de marchandises**

Frais d'expédition

Cas 1 , les frais d'expédition sont à notre charge (payés par l'entreprise et non facturés aux clients) => une seule opération: **Frais d'expédition à Liquidités**

Cas 2, les frais d'expédition sont à la charge des clients (payés par notre entreprise puis facturés aux clients) => deux opérations: i) paiement des frais d'expédition, **Frais d'expédition à Liquidités**; ii) **Facturation de ces frais d'expédition**, Créances clients à Ventes de marchandises

Les commissions sur les ventes

Cas 1: la personne fait partie de nos employés —> **Salaires à Liquidités**

Cas 2: elle ne fait pas partie des employés —> **Commission à des tiers à Liquidités**

23. DÉCOMPTES DE SALAIRES

244 Dans les premiers chapitres, nous effectuions la comptabilisation du salaire de la manière suivante : salaire à liquidités. Cette écriture est en fait extrêmement simplifiée, elle tient uniquement compte du salaire net (le montant versé aux employées).

Le réalité est plus complexe, puisque l'on doit tenir compte des charges sociales. Pour passer du salaire brut (montant total payé par l'employeur) au salaire net (montant perçu par l'employé), différents montants doivent être déduis. La majorité de ces retenues représentent le paiement de primes d'assurances sociales, imposé par la lois.

231. SYSTÈME DES PILIERS

La sécurité sociale fait partie des éléments fondamentaux de l'Etat Suisse. Le système des trois piliers, qui est l'un des aspects de cette sécurité et qui est inscrit dans la Constitution fédérale, garantit votre prévoyance personnelle et professionnelle ainsi que celle de vos proches en cas de vieillesse, d'invalidité et de décès.

Prévoyance	1er pilier	2ème pilier	3ème pilier
Description	Étatique	Professionnelle	Individuelle
But	Couvrir les besoins vitaux	Maintenir le niveau de vie	Complément individuel
Assurances	AVS/AI/APG Prestations complément. PC	LPP/LAA obligatoire et sur obligataire	liée 3a ou libre 3b

Liens utiles

- Office fédéral des assurances sociales (www.ofas.admin.ch)
- Association Suisse d'Assurances (www.svv.ch/fr)

- Département fédéral de l'intérieur (www.dfi.admin.ch)
- Glossaire d'assurance (AFA)
- FAQ sur les assurances (ecol2.com/qr/)

Présentation vidéo sous youtu.be/m_X86HyfQsl.

PRESTATIONS COMPLÉMENTAIRES

Les prestations complémentaires (PC) sont accordées lorsque les rentes et autres revenus ne couvrent pas les besoins vitaux. Elles sont assimilées à un droit et ne sauraient être confondues avec des prestations de l'assistance publique ou privée.

Les prestations complémentaires sont versées par les cantons et représentent:
- La prestation complémentaire annuelle, versée mensuellement
- Le remboursement des frais de maladie et d'invalidité

Droit

Ont droit aux prestations complémentaires les personnes qui respectent les trois conditions suivantes
- Droit à une rente de l'AVS*, à une rente de l'AI*, à une allocation pour impotent de l'AI* (après 18 ans), ou touchent une indemnité journalière de l'AI*
- Domicilié et réside en Suisse,
- Nationalité suisse ou, si étrangères, ont habité en Suisse de manière ininterrompue durant dix ans. Pour les réfugiés et les apatrides, ce délai est de cinq ans (les personnes qui n'ont pas droit à une rente parce qu'elles n'ont pas cotisé à l'AVS* ou à l'AI*, ou n'y ont cotisé que trop peu de temps, peuvent néanmoins revendiquer des PC sous certaines conditions)

* Ces termes seront étudiés plus loin dans le document.

232. RETENUES SUR SALAIRES

L'AVS/AI/APG, respectivement assurance vieillesse et survivants (AVS), assurance invalidité (AI) et assurance perte de gain (APG), sont des assurances sociales obligatoires pour tous, elles composent ce qu'on appèle le premier pilier. L'AVS verse des rentes de vieillesse et des prestations aux survivants, l'AI alloue des prestations aux invalides en incapacité de travail continue et de longue durée alors que l'APG couvre la perte de salaire aux personnes qui servent dans l'armée, la protection civile ou accomplissent un service civil, ainsi que des allocations de maternité.

LE PREMIER PILIER (AVS/AI/APG)

Assurance vieillesse et survivants (AVS)

L'AVS (assurance vieillesse et survivants) garantir le minimum vital en cas de perte de revenu liée à la vieillesse (âge de la retraite, hommes dès 65 ans, femmes dès 64 ans) ou au décès. Elle est perçue par la caisse de compensation qui, d'un autre côté, verse les prestations. Tous les employeurs et personnes de condition indépendante sont tenus, légalement, de s'affilier à une caisse de compensation. Le personnel de la Confédération travaillant à l'étranger y est également soumis.

Salaire soumis à cotisations

Les éléments suivants font partie du salaire déterminant sur lequel des cotisations doivent être acquittées:

- Salaires mensuels fixes
- Participation et intéressement au chiffre d'affaires
- Indemnités de vacances et de jours fériés
- 13e salaire
- Indemnités pour heures supplémentaires
- Gratifications, primes de fidélité et provisions
- Salaires en nature
- Allocations pour perte de gain en faveur des personnes servant dans l'armée, au service civil, ainsi qu'indemnités journalières AI versées par la caisse de compensation
- Allocations de maternité
- Prestations de l'employeur pour perte de gain en cas d'accident ou de maladie, pour autant qu'elles dépassent les indemnités d'une assurance
- Indemnités pour le déplacement de l'employé de son domicile au lieu de travail
- Indemnités pour la nourriture courante prise au lieu de domicile ou au lieu de travail habituel

Exonération du salaire soumis à cotisations

Les indemnités suivantes ne font pas partie du salaire soumis à cotisations:
* Allocations familiales
* Indemnités journalières des assurances-maladie et accidents
* Indemnités pour le linge, les habits et les instruments de travail

Note sur les parts par les cotisants

Les cotisations AVS/AI/APG (voir également détails plus loin) de l'employé représentent le 10.25% (8.4% AVS + 1.4% AI + 0.45% APG) du salaire brut et sont à la charge de l'employeur et de l'employé à parts égales (chacun 5.125 %). L'employeur doit déterminer le salaire brut qui se compose de divers éléments présentés plus haute, retenir la part de 5.125 % et la verser avec la sienne à la caisse de compensation. L'employeur est responsable du paiement de la cotisation totale. Cette cotisation est due non seulement pour les employés occupés à temps plein, mais aussi pour ceux occupés à temps partiel, les extra et les membres de la famille travaillant dans l'exploitation

A partir du 1er janvier suivant le 17e anniversaire, les apprentis sont soumis à cotisations sur le salaire brut total (salaire en espèces et salaire en nature). Si l'apprentissage se fait dans la propre exploitation familiale, seul le salaire en espèces est assujetti aux cotisations. Cette réglementation est valable jusqu'au 31 décembre suivant le 20e anniversaire.

Prestations

La personne qui souhaite toucher une prestation fera valoir son droit généralement auprès de la caisse de compensation qui a perçu les dernières cotisations. Si une rente est déjà versée pour le partenaire, la caisse de compensation qui la verse est compétente. Les montants versés à la retraite, 64 ans pour les femmes, 65 ans pour les hommes (des versements anticipés sont possible, mais pas avant 58 ans) sont fonction des cotisations: pour une personne ayant perçu un revenu annuel moyen de 84'600.- ou plus, la rente est plafonnée à 2'350.- par mois (pour autant que les cotisations aient été versées sans interruption entre 20 ans et l'âge de la retraite); ce montant représente donc un maximum. La loi prévoit par ailleurs que

- la rente maximale ne peut être supérieure au double de la rente minimale
- les rentes du couple doivent être inférieures ou égales à 150% des rentes d'un célibataire, soit 3'525.- par mois au maximum
- les retraités ayant des enfants mineurs ou de moins de 25 ans, en formation, reçoivent une rente complémentaire entre 470.- et 940.- par mois et par enfant

Assurance invalidité (AI)

Les personnes qui, par suite d'une atteinte à leur santé, sont totalement ou partiellement empêchés de travailler ont droit aux prestations de l'AI. Leur problème de santé doit cependant présenter un caractère permanent ou du moins stable. Les jeunes assurés reçoivent eux aussi des prestations de l'AI lorsqu'il est rendu vraisemblable que leurs problèmes de santé les désavantageront dans leur activité lucrative. Peu importe que l'atteinte à la santé soit physique ou psychique ou qu'elle provienne d'une infirmité congénitale, d'une maladie ou d'un accident.

Prestations

Les prestations de l'AI se composent de:
- Mesures de réadaptation, accordées en priorité aux mesures de réadaptation d'ordre professionnel ou école spéciale pour les assurés de moins de 18 ans ainsi qu'aux indemnités journalières pendant les mesures de réadaptation
- Moyens auxiliaires, comme le financement de prothèses, moyens auxiliaires au poste de travail, véhicules à moteur etc.
- Rentes calculées selon le degré d'invalidité établi (rente entière pour un degré d'invalidité de 70 % au moins)

L'AI ne verse plus de prestations dès l'instant où le bénéficiaire a atteint l'âge AVS.

Assurance perte de gain (APG)

Toutes les personnes servant dans l'armée, la protection civile ou accomplissant un service civil touchent une allocation pour perte de gain. Ces prestations sont versées sur la base du revenu réalisé avant le service et sur lequel des cotisations AVS/AI/APG ont été versées. Habituellement, on y intègre aussi l'assurance maternité.

Les montants-limites sont les suivants:

```
Montant        minimal     maximal
Employés        2'310        7'350 par mois
Indépendant    27'720      88'200 par an
```

Les allocations sont calculées et versées par la caisse de compensation dès réception de la demande APG remise par l'entreprise. Ce formulaire sera complété par l'ayant droit avec les indications le concernant personnellement et signé. L'employé transmettra la demande à son employeur qui confirmera le salaire. L'employeur adresse ensuite la demande APG à la caisse de compensation.

L'allocation APG revient à l'employeur qui a versé le salaire pendant la durée du service. Si l'allocation est plus élevée que le versement du salaire, l'employé reçoit la différence. Pour les assurés sans employeur, l'allocation est versée directement à l'ayant droit.

ASSURANCE MATERNITÉ (AMAT)

Droit

Ont droit cette l'allocation cantonale, les mères qui ont été assurées à l'AVS pendant les neuf mois ayant immédiatement précédé la naissance de l'enfant, et qui ont exercé une activité lucrative durant au moins cinq mois pendant cette période. Le droit est accordé aux femmes qui, lors de la naissance de leur enfant:

- sont employées.
- exercent une activité lucrative indépendante.
- travaillent dans l'établissement du partenaire ou familial et touchent un salaire en espèces.

Prestations

L'allocation se monte à 80% du revenu moyen de l'activité réalisé avant l'accouchement, mais au plus 196.– par jour. Le droit aux prestations s'ouvre le jour de la naissance de l'enfant et s'éteint au plus tard après 98 jours (exception faite de Genève, voir ci-dessous). Si la mère reprend son activité plus tôt, le droit sera remplacé par le versement du salaire.

Le 1er juillet 2005, une nouvelle loi cantonale instituait une assurance en cas de maternité et d'adoption spécifique pour Genève. Cette dernière complète le régime fédéral et maintient un régime d'allocations plus généreux quant à leur durée, soit 16 semaines (112 jours).

Lorsque l'employeur continue de verser le salaire pendant la durée du droit, la caisse de compensation verse l'allocation de maternité à l'employeur.

Demande

L'employée remplit le formulaire de demande d'allocation de maternité, y joint une copie de l'acte de naissance et les transmet à son employeur. Celui-ci complète le formulaire et le fait suivre à la caisse de compensation. Les personnes de condition indépendante envoient le formulaire directement à leur caisse de compensation.

ASSURANCE CHÔMAGE (AC)

Comme l'AVS, l'assurance-chômage (AC) est une assurance sociale obligatoire. Elle accorde des prestations en cas de chômage, des indemnités en cas d'intempéries, des indemnités en cas de réduction de l'horaire de travail et des indemnités en cas d'insolvabilité de l'employeur.

Obligation

L'employeur est tenu de déduire du salaire de chaque employé la part de cotisation et de la verser avec la sienne à la caisse de compensation AVS compétente. Les personnes à l'âge de la retraite (dès 65 ans pour les hommes, dès 64 ans pour les femmes) ne sont plus assujetties à cotisation.

Cotisations

Le taux de cotisation AC est fixé à 2.2% jusqu'à un salaire annuel de 148'200.- (12'350.- par mois). Une cotisation de solidarité de 1% est perçue sur les salaires dès 12'350.- par mois. La moitié de cette cotisation peut être déduite du salaire de l'employé. L'employeur verse les cotisations AC en même temps que les cotisations AVS à la caisse de compensation.

Prestations

Les prestations en cas de chômage doivent être revendiquées à la caisse d'assurance chômage du canton de domicile de l'ayant droit.

LOI SUR LA PRÉVOYANCE PROFESSIONNELLE (LPP)

Le 2e pilier doit permettre, ensemble avec les prestations de l'AVS/AI, de maintenir le niveau de vie actuel. Les dispositions de la Loi fédérale sur la prévoyance professionnelle, survivants et invalidité (LPP) font foi pour la prévoyance professionnelle.

Personnes assurer

Chaque employeur est tenu d'assurer ses employés auprès d'une caisse de pension, dès qu'ils gagnent plus de 1'762.50 par mois (21'150.- par année). Si un contrat de travail limité à une période maximale de trois mois a été convenu, l'employé ne doit pas être assuré. Il y a toutefois obligation d'assurer lorsqu'un contrat de travail limité de un à trois mois est prolongé (l'obligation d'assurer prend effet dès le jour auquel la prolongation est convenue).

Comme pour l'AVS, l'obligation d'assurer commence le 1er janvier suivant le 17e anniversaire et se termine à la fin du mois du 65e anniversaire pour les hommes et du 64e anniversaire pour les femmes. Dans la prévoyance professionnelle, on distinguera encore deux catégories d'âge:
- Jusqu'au 31 décembre suivant le 24e anniversaire, seules les prestations en cas d'invalidité et de décès sont assurées
- Dès le 1er janvier suivant le 24e anniversaire, les prestations de vieillesse sont aussi financées et capitalisées, en plus des prestations d'invalidité et de décès.

Salaire assuré

Dans la prévoyance obligatoire selon la LPP, seule une partie du salaire est assurée: le salaire "coordonné" ou le salaire "assuré". Pour le calcul du salaire assuré, le montant de coordination (24'675.-, soit 2'056.25 par mois) est déduit du salaire brut AVS.

Cotisations

L'employeur prend à sa charge au moins la moitié des cotisations. Le montant (taux) des cotisations dépend de l'âge et du plan sélectionné à la caisse de compensation.

A titre d'exemple, ci-après un exemple de plan de cotisation LPP*

```
Salaire assuré = salaire brut AVS % déduction de coordination
```

Plan	Base	Top
Déduction de coordination	2'056.25	2'056.25
Salaire mensuel maximal assuré	4'972.50	68'152.50

Âge / Contrat	Fixe	Progressif
18-24	14%	-
25-34	14%	11%
35-44	14%	14%
45-54	14%	19%
55-64/65	14%	22%

Source: gastrosocial.ch

Maladie et accident

En cas d'incapacité de travail, suite à une maladie ou un accident, l'obligation de cotiser est maintenue dès le début de l'incapacité de travail pendant trois mois sur la base du salaire assuré jusqu'ici. S'il y a des fluctuations des salaires, on tiendra compte du salaire moyen des six derniers mois. Après cette période d'attente, la prévoyance est maintenue par la caisse de pension sans paiement de cotisations, jusqu'au moment où l'employé sera apte au travail.

Maternité

L'employée reste assurée sur la base du salaire brut réalisé le dernier mois avant l'accouchement. En cas de salaire variable, le salaire moyen des six derniers mois fait foi.

Rachat d'années de cotisations manquantes

En effectuant un versement facultatif à la caisse de pension, les assurés peuvent augmenter leur avoir sur le compte de vieillesse ainsi que les prestations à l'âge de la retraite. En outre, le montant payé peut être porté en déduction du revenu sur la déclaration d'impôt.

Indemnités de vacances, gratifications, provisions

Tout élément de salaire supplémentaire sera ajouté au salaire brut du mois concerné. La cotisation est calculée en fonction du montant total.

Prestation

Retrait du capital pour la propriété du logement

Chaque personne assurée qui a au moins 20'000.- sur son compte de vieillesse peut tous les cinq ans retirer ou mettre en gage un montant jusqu'à hauteur de la prestation de libre passage (avoir de vieillesse) pour la propriété d'un logement servant à son propre usage. Après 50 ans, le montant disponible est limité.

Prestations en cas de sortie

En cas de changement de place de travail et caisse de pension, la prestation de libre passage sera virée à la nouvelle caisse de pension. L'employé communique par écrit auprès de quelle caisse de pension il est nouvellement assuré. Si l'assuré débute une activité lucrative indépendante ou s'il quitte définitivement la Suisse, un paiement de la prestation de libre passage est possible. Un tel versement est cependant limité si l'employé s'établit dans un Etat membre de l'Union Européenne ou de L'Association européenne de libre-échange (AELE).

ASSURANCE ACCIDENTS NON PROFESSIONNELS (AANP)

Chaque employeur a l'obligation légale, vis-à-vis de ses employés, de les assurer pour les risques d'accident.

Obligation d'assurer

Tous les employés doivent être assurés pour les accidents professionnels (AP). Les employés ne sont assurés pour les accidents non professionnels (ANP) que si la durée de travail est supérieure à 8 heures par semaine. L'employeur qui conclut une assurance insuffisante supporte les conséquences légales.

La prime de l'assurance-accidents non professionnels (ANP) peut être déduite du salaire de l'employé.

Prestations

En plus des frais de guérison, l'assurance-accidents verse une indemnité journalière de 80% du salaire brut dès le troisième jour après l'accident. Pendant les deux premiers jours après l'accident, l'employeur versera habituellement entre 80 et 100% du salaire brut.

233. CHARGES SOCIALES PAYÉES PAR L'EMPLOYEUR

L'employeur qui emploie une personne doit aussi payer une part des cotisations aux assurances sociales de ses employés. Cela signifie que pour chaque assurance pour laquelle un montant est prélevé auprès de l'employé, l'employeur devra également mettre au moins le même montant de sa poche.

Attention, le fait que l'employeur paye des charges sociales ne veut pas dire qu'il est assuré auprès des différentes caisses. Cela veut simplement dire que l'employeur participe aux frais de ses employés. Ainsi, les employeurs ne cotisent pas à la caisse d'assurance chômage. Lorsqu'ils se retrouvent au chômage ils ne touchent donc pas d'allocation chômage.

Il est très important de noter que le coût mensuel du travail d'un employé n'est pas égal à son salaire brut, en effet, le coût du travail comprend les salaires mensuels bruts versés aux salariés et l'ensemble des cotisations sociales versées par l'employeur.

CAISSE D'ALLOCATIONS FAMILIALES (CAF OU ALFA)

Les allocations familiales (allocations pour enfants, allocations de formation professionnelle, allocations de naissance et allocations d'adoption) sont réglementées par la Loi fédérale sur les allocations familiales (LAFam) et par les lois cantonales. Les allocations doivent permettre aux parents de couvrir, au moins en partie, les coûts occasionnés pour l'entretien de leurs enfants.

Tous les employeurs, toutes les personnes de condition indépendante et toutes les personnes sans activité lucrative qui doivent verser des cotisations AVS ont l'obligation de s'affilier à une caisse d'allocations familiales.

Le rôle fondamental des ALFA se résume ainsi:
* Encaissement des cotisations auprès des l'employeurs et des personnes de condition indépendante
* Versement des allocations familiales aux ayants droit par l'intermédiaire de l'employeur ou portées au crédit du compte de l'indépendant.

Obligation

Les taux de cotisations diffèrent d'un canton à l'autre. Les cotisations sont à la charge entière des employeurs, des personnes de condition indépendante et des personnes sans activité lucrative (exception: canton du Valais). Toutes les personnes de condition indépendante et tous les employeurs occupant du personnel soumis à l'AVS sont tenus de payer des cotisations ALFA, y compris pour les employés sans charge d'enfant.

Prestations

Selon la Loi fédérale sur les allocations familiales, les montants minimaux suivants sont dus par enfant et par mois:
- Allocation familiale, 200.- par enfant jusqu'au 16e anniversaire; en cas d'incapacité de gain de l'enfant, les allocations sont versées jusqu'au 20e anniversaire
- Allocation de formation professionnelle 250.- par enfant dès le 16e anniversaire, jusqu'à la fin de la formation, mais au maximum jusqu'au 25e anniversaire
- Les cantons peuvent fixer des allocations familiales plus élevées ainsi que des allocations de naissance et des allocations d'adoption, par le biais de leur règlement sur les allocations familiales

Dans le but d'une harmonisation, la loi stipule cependant que:
- Seules des allocations pleines sont octroyées
- Ont droit aux allocations les personnes qui versent des cotisations AVS sur un revenu d'au moins 7'020.- par année
- En cas d'incapacité de travail (p.ex. maladie ou accident), les allocations seront payées, dès le début de l'empêchement de travailler, pendant le mois courant et les trois mois suivants (également après la fin du droit au salaire)
- En cas de vacances non payées, les allocations familiales sont versées le mois courant et pendant les trois mois suivants
- Les allocations pour les enfants à l'étranger ne sont versées que dans les Etats de l'UE, de l'AELE ainsi que dans la Serbie, le Monténégro et la Bosnie-Herzégovine
- Les personnes sans activité lucrative ont droit aux allocations familiales si leur revenu annuel imposable ne dépasse pas une fois et demie le montant d'une rente de vieillesse maximale de l'AVS (42'120.- par année) et pour autant qu'elles ne touchent pas des prestations complémentaires à l'AVS/AI
- Les cantons financent les allocations pour les personnes sans activité lucrative.

Registre fédéral des allocations familiales

Le registre central permet d'empêcher le cumul d'allocations. La loi prévoit que les employeurs et les personnes de condition indépendante sont tenus d'annoncer toute modification à leur caisse dans un délai de 10 jours ouvrés. La caisse déclare au registre les demandes d'allocations et les modifications du droit.

Genève fait partie des rares cantons ou les allocations familiales ne sont pas versées par l'employeur mais directement par la caisse d'allocation familiale.

ASSURANCE ACCIDENTS PROFESSIONNELS (AAP)

La prime de l'assurance-accidents professionnels obligatoire (AAP, soumis à la loi fédérale du 20 mars 1981 sur l'assurance-accidents LAA) est à la charge de l'employeur. L'employeur doit verser à l'employé qui subit un accident professionnel, la différence jusqu'à concurrence de 100% du salaire brut pendant la durée fixée à l'art. 324a CO (ecol2.com/u/CO).

Un accident qui se produit sur le trajet de travail est aussi réputé accident professionnel.

A noter que l'employeur paie l'intégralité des primes d'assurances accidents (AAP + AANP) en début d'année et prélève chaque mois l'AANP sur le salaires de ses employés.

234. ASSURANCES SOCIALES ET FICHE DE SALAIRE

TAUX DES ASSURANCES SOCIALES[2]

Pour chaque assurance sociale, il y a un taux de cotisation qui est calculé sur la base du salaire brut (ou du salaire coordonné pour la LPP). Ce taux est fixé par la loi. Voici les taux actuellement en vigueur dans le canton de Genève (AM, ALFA).

```
AVS   :   4.20%
AI    :   0.70%
APG   :   0.225%
AC    :   1.10% jusqu'à 148'200.-
          0.5% pour la tranche dépassant 148'200.-
LPP   :   25-34    35-44   45-54   55-64/65
exemple   7%        10%     15%     18%     (progressifs / caisses)
AMal:     0.041%
ALFA  :   2.45% (entièrement à la charge de l'employeur)
LAA   :   AAP et AANP dépendent de la police d'assurance

Contribution aux frais d'administration (FA):
selon volume de salaire brut, 1e palier à 0.2% (vol. < 2.5mio)
```

[2] **Sources**   :   Office fédéral des assurances sociales (OFAS)
                     Fédération des Entreprises Romandes (FER)

FICHE DE SALAIRE (HORS LPP, Y.C. IS)

Décompte de salaire   **11 / 20__**   Genève, le 25 novembre 20__

	Employeur	Travailleur	
Prénom, NOM	ECOLEDECOM	PROFESSIO Nel	Impôt à la source
Rue	1 rte de Base	2 rte du Succès	Salaire horaire: 30.-/h.
NPA, localité	1201 Genève	3001 Berne	Nb d'heures: 100h.

Salaire	Taux	Par heure	Sur la période
Salaire du travail		30.00	3'000.00
Supplément vacances (arrondi à l'entier)	8.33%	2.50	250.00
Salaire brut		**32.50**	**3'250.00**

AVS/AI/APG/AC/AMal   6.266%

Cotisations de l'employeur	Taux	Par heure	Sur la période
AVS/AI/APG	5.125%	1.67	166.56
AC	1.10%	0.36	35.75
AC solidarité	0.50%	–	0.00
ALFA (Genève)	2.45%	0.80	79.63
Frais administratifs	0.20%	0.06	6.50
AMal	0.041%	0.01	1.33
AAP (prime moyenne)	0.80%	0.26	26.00
Total des cotisations de l'employeur	**9.716%**	**3.15**	**315.75**
Dépenses réelles de l'employeur		**35.66**	**3'565.77**

Cotisations de l'employé-e	Taux	Par heure	Sur la période
AVS/AI/APG	5.125%	1.67	166.56
AC	1.10%	0.36	35.75
AC solidarité	0.50%	–	0.00
AMal	0.041%	0.01	1.33
AANP (prime moyenne)	1.30%	0.42	42.25
Impôt à la source (IS)	10.00%	3.25	325.00
Total des cotisations de l'employé-e	**18.066%**	**5.70**	**570.90**
Salaire net		**26.80**	**2'679.10**

203.65

Prestations aux destinataires (arrondi aux 5 cts)	Par heure	Sur la période
Cotisations à la caisse de compensation	7.40	738.80
Cotisations à la caisse d'allocations familiales (arrondi au dixième)	0.80	79.65
Assurance accident	0.70	68.25
Impôt à la source IS au fisc (exemple)	3.25	325.00

235. COMPTABILISATION DES SALAIRES

Afin de se rapprocher de la réalité, nous complèterons le plan comptable avec les comptes suivants:

5200 Salaires de base
5210 Salaires variables et com-
      missions
5220 Primes occasionnelles
5230 Avantages accessoires
5240 Honoraires et indemnités du
      CA
**5270 AVS, AI, APG, assurance-
      chômage**

5271 Caisse AF (ALFA)
5272 Prévoyance professionnelle
5273 Assurance accidents
5274 Autres assurances
5275 Impôts à la source (IS,
      payé par employeur)
5278 Caisse professionnelle
5279 Arrondis sur charges so-
      ciales

COMPTABILISATION DE LA PART EMPLOYÉ

Dans le principe, le salaire brut sera toujours indiqué dans le compte salaire. Le salaire net, quant à lui représentera les liquidités équivalentes au paiement du salaire. La différence entre les deux montant sera ventilée dans différents comptes enregistrant les dettes aux assurances sociales (2150)

Exemple (avec cotisation LPP et montant de coordination donnés, sans IS):

#	Date	Compte débité	Compte crédité	Libellé	Somme débitée	Somme créditée
25	25/11/__	Salaires	-	Salaire brut	3'250.-	-
		-	Dettes aux ass. soc.	AVS/AI/APG/AC/LAMal 3'250 x 6.266%	-	203.65
		-	Dettes aux ass. soc.	LPP 7% x 1'193.75 (3'250-2'056.25)	-	83.55
		-	AA	AANP 1.3% x 3'250	-	42.25
		-	Liquidités	N/ versement salaire net (sans impôts à la source)	-	2'920.55

COMPTABILISATION DE LA PART EMPLOYEUR

Comptabilisation de la part employeur du salaire

De manière générale, les assurances sociales auxquels l'employeur doit cotiser sont comptabilisées dans les comptes charges sociales correspondants aux charges patronales qui s'ajoute aux salaires et dans un compte de dettes envers assurances sociales (2150).

Exemple (taux de cotisation LPP et montant de coordination donnés):

#	Date	Compte débité	Compte crédité	Libellé	Somme débitée	Somme créditée
26	25/11/__	Salaires	-	Part patronale des cotisations sociales	366.85	-
		-	Dettes aux ass. soc.	AVS/AI/APG/AC/LAMal 3'250 x 6.266%	-	203.65
		-	Dettes aux ass. soc.	ALFA 2.45% x 3'250	-	79.65
		-	Dettes aux ass. soc.	LPP 7% x 1'193.75 (3'250-2'056.25)	-	83.55
		-	AA	AANP 0.8% x 3'250	-	26.—

Paiement des primes AAP et AANP

Le paiement des primes concernant les assurances accidents professionnels et non professionnels se fait en début de chaque année sur la base d'une estimation des salaires. Ces primes sont enregistrées dans le compte "Assurance accidents".

Exemple:

#	Date	Compte débité	Compte crédité	Libellé	Somme débitée	Somme créditée
1	5/1/__	AA	Liquidités	Paiement des primes AAP et AANP	68.25	68.25

PAIEMENT DES COTISATIONS

Au débit, le compte de dettes envers assurances sociales (2150) doit solder la somme des parts employeur et employé ,due aux différentes caisses.

#	Date	Compte		Libellé	Somme	
		débité	crédité		débitée	créditée
27	28/11/__	Dettes aux ass. soc.	Liquidités	Paiement des parts employés et employeur	654.05	654.05

236. AUTRES OPÉRATIONS

AVANCE SUR SALAIRE

Il est possible que l'employeur accorde une avance à l'employé. Lorsqu'un employeur avance une partie du salaire à son employé, il considère cette avance comme une créance de l'employé envers l'entreprise (1300, salaires et charges payées d'avance). A la fin du mois, il déduira sur la fiche de salaire de l'employé l'avance faite.

#	Date	Compte		Libellé	Somme	
		débité	crédité		débitée	créditée
28	3/12/__	Salaires payées d'avance	Liquidités	Avance de salaire à l'employé E	1'000.-	1'000.-

RETENUES POUR POURSUITES

Il peut également arriver qu'un employé soit en défaut de paiement et qu'il soit mis en poursuite par un tiers. Dans ce cas, l'employeur est dans l'obligation de prélever chaque mois un montant déterminé sur le salaire de l'employé poursuivi. La partie du salaire sera prélevé à la Poste/Banque et reversé à l'Office des Poursuites. Dans la comptabilité cependant, cela n'a que peu d'incidence car cela représente un salaire à payer par l'entreprise, peu importe à qui il est versé et pour quelle raison…

#	Date	Compte		Libellé	Somme	
		débité	crédité		débitée	créditée
29	5/12/__	Salaire	Liquidités	Retenue sur salaire	500.-	500.-

24. CLÔTURE ET BOUCLEMENT

241. TRAVAUX PRÉPARATOIRES

✓ BALANCE DE VÉRIFICATION DES SOLDES

234 Rappelons que chaque opération comptable est passée simultanément au débit d'un compte et au crédit d'un autre compte. Ainsi, la somme des opérations passées au débit est égale à la somme des opérations passées au crédit. La balance de vérification des soldes reproduit l'état de l'exercice à partir du grand livre en regroupant tous les totaux des soldes créditeurs et débiteurs: elle permet permet de dresser un "tableau de clôture", outil de contrôle et support à l'audit de l'entreprise.
Exemple:

	Montants		Soldes	
	débités	crédités	débit	crédit
Achat march.	1'800'000.-	10'000.-	1'790'000.-	
Banque	60'000.-	55'000.-	5'000.-	
Capital		100'000.-		100'000.-
Clients	20'000.-	13'000.-	7'000.-	
Fournisseurs	30'000.-	45'000.-		15'000.-
Frais bancaires	40'000.-		40'000.-	
Honoraires	100'000.-		100'000.-	
Immeubles	228'000.-		228'000.-	
Matériel	45'000.-		45'000.-	
Stock	30'000.-		30'000.-	
Vente de P1	50'000.-	1'600'000.-		1'550'000.-
Vente de P2	20'000.-	600'000.-		580'000.-
Totaux	2'423'000.-	2'423'000.-	455'000.-	2'245'000.-

✓ LES COMPTES TRANSITOIRES

238 Pour aborder la question des comptes transitoires, nous étudierons, en autre, le fonctionnement d'une entreprise de fabrication de T-shirt. Comme pour toute personne (physique ou morale), un des principes fondamentaux est la séparation des périodes, qui implique que tous les flux financiers soient recensés durant un exercice

comptable. Il n'est donc théoriquement pas possible d'enregistrer un flux financier qui ne concerne pas la période traitée. Pour la plupart des opérations, cela ne pose aucun problème; cependant, il existe des situations pour lesquelles cette concordance temporelle n'a pas lieu: nécessitant ainsi des écritures d'ajustement aussi appelées écritures de bouclement.

Voici quelques exemples de telles opérations:
1. Pour des raisons pratique, le payement du loyer, dû pour le mois à venir, s'effectue le 28 décembre (charge payée d'avance)
2. Nous devrions recevoir une commission, fixée par contrat, sur les ventes de t-shirt réalisées durant l'année, mais n'avons pas encore envoyé de facture (produits à recevoir)
3. Une boutique souhaite recevoir un lot de t-shirt, livrable en janvier; au vue de la taille de la commande, et afin que nous puissions passer la commande, le payement d'un acompte est versé en décembre (produit reçu d'avance)
4. La facture des contrôleurs aux comptes couvrant l'année ne sera reçue que plus tard, une fois les vérifications effectuées (charge à payer)

Dans ces trois cas, un ajustement est nécessaire afin que le flux financier soit correctement enregistré, et que la comptabilité reflette bien la réalité de charges et produits réalisés durant l'année (ce qui permet notamment de pouvoir comparer les exercices).

Si nous ne procédions à aucun ajustement, voici ce qu'il se passerait:
1. Le solde de nos comptes de liquidité ne correspondrait pas avec le solde réel; si nous passions l'écriture "loyer à compte de liquidité" au moment du paiement nous ne présenterions pas les loyer dus durant l'année
2. Le revenu supplémentaire ne serait tout simplement pas comptabilisé
3. Le solde de nos comptes de liquidité ne correspondrait pas avec le solde réel; si nous passions l'écriture "compte de liquidité à vente de marchandises" au moment de l'encaissement, nous surévaluerions par ailleurs les ventes de l'année
4. Nos charges pour l'année courante seraient sous-évaluées

Pour régler ces problèmes, nous allons créer deux comptes: les actifs et passifs "transitoires", respectivement des créances et des dettes. Etudions leurs fonctionnement...

Actifs transitoires (ATR)

Charges payées d'avance (CPA)

Regardons en détail les écritures pour le payement en décembre du loyer de janvier. Il s'agit d'une charge payée d'avance que nous allons enregistrer comme nous l'aurions fait s'il s'agissait d'un paiement de loyer normal:

#	Date	Compte		Libellé	Somme	
		débité	crédité		débitée	créditée
30	28/12/__	Loyer	Liquidités	N/ payement du loyer de janvier	2'500.-	2'500.-

Le 31 décembre, nous corrigeons cette écriture au moyen du compte "actifs transitoires", ce qui nous permet d'annuler l'enregistrement du loyer qui ne concerne pas l'exercice en cours:

D+		6000 LOYERS			C-
28/12/__ N/ payement	1'500		1'500	31/12/__ Ecriture transitoire	
Solde pour balance	**0**				
	1'500		**1'500**		

L'écriture pour cette opération étant:

#	Date	Compte		Libellé	Somme	
		débité	crédité		débitée	créditée
31	31/12/__	ATR / CPA	Loyer	Ecriture d'ajustement pour N/ payement du loyer de janvier	1'500.-	1'500.-

Imaginons un compte de résultat pour le mois de décembre, sans cette dernière écriture mais qui inclue un payement du loyer au 1er décembre, cela pourrait donner ceci:

CHARGES	COMPTE DE RESULTAT EN CHF DU 1ER AU 31 DÉCEMBRE 20__		PRODUITS
Salaires	2'000.-	Honoraires	5'000.-
Loyer (décembre + janvier)	3'000.-	**Pertes**	**40.-**
Intérêt-charges	40.-		
Total des charges	**5'040.-**	**Total des produits**	**5'040.-**

On observe une perte, alors qu'en réalité, nous devrions avoir un bénéfice de 1'460.-

CHARGES	COMPTE DE RESULTAT EN CHF DU 1ER AU 31 DÉCEMBRE 20__		PRODUITS
Salaires	2'000.-	Honoraires	5'000.-
Loyer du mois	1'500.-		
Intérêt-charges	40.-		
Bénéfice	1'460.-		
Total des charges	**5'000.-**	**Total des produits**	**5'000.-**

Produits à recevoir (PAR)

Regardons en détail les écritures pour lorsque nous n'avons pas encore envoyé la facture pour une commission sur les ventes réalisées durant l'année. Il s'agit d'un produit à recevoir, car, si le calcul précis de la commission sur les ventes annuelles ne peut pas se faire avant que l'exercice soit terminé, mais il concerne bien l'année écoulée. Nous aurions normalement dû avoir une créance et allons donc utiliser un actif transitoire.

Nous allons passer l'écriture transitoire pour comptabiliser le produit lié à la commission:

#	Date	Compte débité	Compte crédité	Libellé	Somme débitée	Somme créditée
32	31/12/__	ATR / PAR	Honoraires	Commission selon contrat CCC	12'500.-	12'500.-

Selon le montant de la commission, on se rend bien compte de son importance pour le calcul du résultat.

Passifs transitoires (PTR)

Produit reçu d'avance (PRA)

Regardons en détail les écritures pour lorsqu'une commande est livrable en début d'année prochaine, payement d'un acompte dans l'année en cours, visible sur les décomptes postaux ou bancaires. Il s'agit d'un produit reçu d'avance car la vente n'est effective qu'au moment de la livraison: le payement ne concerne donc pas l'année en cours. Dans un premier temps, nous allons enregistrer l'encaissement du montant de la vente comme nous l'aurions fait s'il s'agissait d'une transaction classique:

#	Date	Compte débité	Compte crédité	Libellé	Somme débitée	Somme créditée
33	31/12/__	Liquidités	Ventes	N/ vente de marchandise, livrable en début d'année	4'990.-	4'990.-

Cette écriture est ensuite "corrigée" au moyen du compte "passifs transitoires". Nous avons en effet, de manière contractuelle, une dette envers la boutique. Cette opération permet en outre de supprimer l'enregistrement de la vente de marchandises:

D+		6000 LOYERS		C-
31/12/__ Payement reçu	4'990		4'990	31/12/__ N/ vente, liv. déb. an
Solde pour balance	**0**			
	4'990		**4'990**	

L'écriture pour cette opération étant:

#	Date	Compte		Libellé	Somme	
		débité	crédité		débitée	créditée
34	31/12/__	Ventes	PTR / PRA	Ecriture d'ajustement pour avance reçue	4'990.-	4'990.-

Selon le montant de l'acompte, on se rend bien compte de son importance pour le calcul du résultat.

Charge à payer (CAP)

Regardons en détail les écritures pour une facture couvrant une période se terminant en fin d'exercice n'est reçue qu'en début d'exercice suivant (charge prévisible à payer). Dans le cas de la fiduciaire qui contrôle nos comptes, il s'agit bien d'une dette envers un prestataire sur l'année en cours et allons donc utiliser un passif transitoire.

#	Date	Compte		Libellé	Somme	
		débité	crédité		débitée	créditée
35	31/12/__	ACE	PTR / CAP	Contrat avec les contrôleurs aux comptes	5'000.-	5'000.-

Dans les présentés ici, la somme des produits et/ou des charges ne varient pas énormément; suffisamment cependant pour faire passer le résultat de l'exercice d'une perte à un bénéfice. Si l'un des montants venait à varier, son impact serait donc majeurs sur la perception de la rentabilité de l'entreprise, cela de manière presque aléatoire si l'on ne tiens pas compte des ajustements ou écritures de bouclement.

Dans la partie suivante, nous verrons comment les écritures d'ajustement sont extournées afin de produire un bilan d'ouverture représentatif de ce que possède ou doit réellement l'entreprise.

Opérations à passer durant l'année N+1

Durant l'exercice comptable, il s'agit d'extourner les opérations transitoires réalisées durant l'année précédente. On reprendra donc de manière systématique les écritures concernant les comptes transitoires. On aura ainsi fait transiter un flux financier d'une année sur l'autre.

Extournes

| # | Date | Compte | | Libellé | Somme | |
		débité	crédité		débitée	créditée
1	1/1/__	Loyer	ATR	Extourne CPA écriture 26	1'500.-	1'500.-
2	5/1/__	Honoraires	ATR	Extourne PAR écriture 27	12'500.-	12'500.-
3	15/1/__	PTR	Ventes	Extourne PRA écriture 29	4'990.-	4'990.-
4	30/1/__	PTR	ACE	Extourne CAP écriture 30	5'000.-	5'000.-

Les opération liées à ces transactions surviendront durant l'année. Il s'agira alors de les comptabiliser tout à fait normalement. Par exemple pour les comptes "à recevoir" PAR et "à payer" CAP: la commission est réglée, suite à l'envoi de notre facture du 5/1/__ (écriture #2), puis nous payons quelques jours après, la fiduciaire qui contrôle nos comptes (écriture #4).

| # | Date | Compte | | Libellé | Somme | |
		débité	crédité		débitée	créditée
5	4/2/__	Liquidités	Honoraires	Contrat avec les contrôleurs aux comptes	12'500.-	12'500.-
6	15/2/__	ACE	Liquidités	Contrat avec les contrôleurs aux comptes	5'000.-	5'000.-

242. AMORTISSEMENTS

L'amortissement représente la perte de valeur d'un actif au cours du temps. Il y a deux raisons pour lesquelles cette perte de valeur survient.

* L'usure de l'actif, par exemple une voiture s'use aux grès des kilomètres; dans le cas d'un accident qui détruit un véhicule, certes d'usure un peu extrême, le véhicule devra être totalement amorti…

* L'obsolescence; un actif va perdre de la valeur car de nouvelles technologies apparaissent et rendre les anciens moins attractifs, même s'il n'ont jamais été utilisés.

```
Valeur comptable d'un bien (amortissement sur 3 périodes)
Périodes        1               2               3               4
        |-------|
        |       |       |-------|
        |       |       |       |       |-------|
        |-------|       |-------|       |-------|       |---0---|
```

CALCULS LIÉS À L'AMORTISSEMENT

Nous allons ici illustré nos propos au travers d'une petite entreprise de services de graphisme (société en nom propre). Pour calculer l'amortissement d'un bien en fin d'année, il y a deux possibilités:

Taux d'amortissement donné

```
Amortissement = valeur d'acquisition x taux d'amortissement
```

Exemple : on achète une machine d'imprimerie en début d'année; machine qui selon le vendeur perd environ 10% de sa valeur chaque année (le taux d'amortissement est donc de 10%). L'amortissement à comptabilisé à la fin de l'année sera donc le prix de la machine x 10%.

Durée de vie présumée de l'actif connu

```
Amortissement = Valeur d'acquisition / Nombre d'années corres-
                pondant à la durée de vie présumée du bien
```

Exemple : on achète un ordinateur de dessin assisté par ordinateur (DAO); notre expérience montre que sa durée de vie est d'environ trois ans. L'amortissement à comptabilisé à la fin de l'année sera donc de le prix de la machine / trois.

L'AMORTISSEMENT DANS LA COMPTABILITÉ

Selon l'art 960 al. 2 du code des obligations, "La valeur de tous les éléments de l'actif ne peut y figurer pour un chiffre dépassant celui qu'ils représentent pour l'entreprise à la date du bilan". Lorsqu'un actif perd de sa valeur, il est donc nécessaire de corriger la valeur de cet actif afin que le bilan de l'entreprise reste conforme à la réalité. Etant donné qu'il y a une perte de valeur pour l'entreprise, il s'agira d'enregistrer la charge correspondante. Afin de se rapprocher de la réalité, nous compléterons le plan comptable avec les comptes suivants:

```
6900  Dépréciations sur titres        6930  Amo. informatique
6910  Amo. sur machines               6940  Amo. sur véhicules
6920  Amo. mobilier et installa-      6950  Amo. sur bâtiments
      tions                           6960  Autres amortissement
```

Il existe deux manières de comptabiliser un amortissement: de manière direct ou indirect. Nous commencerons par étudier le premier.

L'amortissement direct

La journalisation d'un amortissement selon la méthode directe est relativement aisée. En effet, il suffit de comptabiliser la charge d'amortissement et de diminuer la valeur de l'actif correspondant.

Exemple: En fin d'année comptable, nous amortissons les véhicules de l'entreprise pour 10'000.-

#	Date	Compte débité	Compte crédité	Libellé	Somme débitée	Somme créditée
36	20/12/__	6940	Véhicule	Amortissement des véhicules	10'000.-	10'000.-

L'amortissement indirect

Pour l'amortissement indirect, nous gardons la valeur d'acquisition dans le bilan. On utilisera des comptes d'actif d'amortissement cumulé (AC) dit "négatif" car ils diminuent la valeur des actifs auxquels ils se rapportent.

Il existe différents comptes actifs négatifs pour corriger le bilan:

```
1509  AC /machines             1609  AC /immeuble
1519  AC /mobilier             1709  AC /brevets
1529  AC /informatique         1779  AC /goodwill
1539  AC /véhicules            1809  AC /charges activées
                                     (expl: frais de fondation)
```

Voici un exemple de bilan avec des comptes d'amortissement cumulé:

ACTIFS	BILAN* EN CHF AU 31 DÉCEMBRE 20__		PASSIFS
Actifs circulants		**Fonds étrangers / dettes à court terme**	
Liquidités	13'556.-	Fournisseurs	2'000.-
Créances	890.-	Autres dettes CT	25'000.-
Stock	1'000.-	Dettes à LT	130'000.-
Actifs immobilisés		**Fonds propres**	
Mobilier	5'000.-	Capital	14'592.-
Matériel informatique	10'250.-		
Véhicules	25'896.-		
% AC /véhicule	10'000.-		
Immeubles	120'000.-		
% AC /immeubles	20'000.-		
Total des actifs	**171'592.-**	**Total des passifs**	**171'592.-**

* Avant opérations de clôture (voir chapitre suivant)

Selon ce bilan la valeur d'acquisition des véhicules est de 25'896.- et la valeur résiduelle de 15'896.- (25'896 - 10'000). Pour les immeubles, le bilan indique une valeur d'acquisition de 120'000.- et une valeur résiduelle de 100'000.- (120'000 - 20'000).

Pour le compte de charge qui enregistre l'amortissement, il n'y a aucune différence par rapport à la méthode directe, soit selon l'exemple précédent:

#	Date	Compte		Libellé	Somme	
		débité	crédité		débitée	créditée
30	20/12/__	6940	1539	Amortissement des véhicules	10'000.-	10'000.-

LES DIFFÉRENTES MÉTHODES POUR AMORTIR

Il existe deux manière d'amortir les actifs: l'amortissement linéaire (ou constant) et l'amortissement dégressif.

L'amortissement linéaire

Dans la méthode de l'amortissement linéaire, la valeur de l'amortissement comptabilisée chaque année est identique. Par exemple si l'entreprise possède un ordinateur d'une valeur de 2'000.- et que les règles comptable (interne) précise qu'il faut l'amortir sur 5 ans, la valeur de l'amortissement est de 400.- et chaque année, on diminuera la valeur comptable de cet ordinateur de 400.-. La base de calcul pour l'amortissement linéaire est donc la valeur d'acquisition.

Exemple pour une armoire ayant une valeur d'acquisition de 2'000.- amortie à un taux de 20%.

Année	Amortissement	Valeur comptable résiduelle
N	2'000 x 20 / 100 = 400.-	1'600.-
N+1	2'000 x 20 / 100 = 400.-	1'200.-
N+2	2'000 x 20 / 100 = 400.-	800.-
N+3	2'000 x 20 / 100 = 400.-	400.-
N+4	2'000 x 20 / 100 = 400.-	0.-

L'amortissement dégressif

Dans le cas de l'amortissement dégressif, on ne va pas comptabiliser un montant identique chaque année, mais se baser sur la valeur comptable résiduelle pour calculer la valeur de l'amortissement. La démarche est un peu plus complexe, mais présente une valeur comptable résiduelle plus réaliste que la méthode linéaire.

Exemple: le 30 juin, nous faisons l'acquisition d'une machine pour 3'000.- HT. Les frais de livraison ainsi que les frais de mise en service s'élèvent à 250.- HT. La machine est mise en service le 15 juillet et sa durée de vie est estimée à 5 ans.

Etape 1: calcul de la base amortissable

La base amortissable est la somme des montants payés (TTC si la TVA n'est pas récupérable), soit ici 2'500.- (2'000 + 2 x 250).

Etape 2: calcul du taux d'amortissement dégressif

Le taux d'amortissement dans le cadre d'un amortissement dégressif se calcule de la manière suivante: taux appliqué = coefficient dégressif / durée vie estimée

Le coefficient dégressif est donné et variable selon les durées d'amortissement, soit:

```
1.25 pour des amo. de 2 à 4 ans
1.75 pour des amo. de 5 à 6 ans —> 1.75 / 5 ans = 0.35 = 35%
2.25 pour des amo. de + de 6 ans
```

Etape 3: amortissement lors de la première année

Le début de la première annuité correspond au premier jour du mois de l'acquisition. Dans le cas présent, la machine est acquise au cours du mois de juillet, la première annuité est donc calculée à partir du 1er juillet (milieu d'année). Soit

```
3'500.- x 35% / 2 = 612.50
```

Etape 4: établir le tableau d'amortissement

```
Année   Amortissement                      Valeur résiduelle
N       3'500.-   x 35% =   612.50         2'887.50
N+1     2'887.50  x 35% = 1'010.60         1'876.90
N+2     1'876.90  x 35% =   656.90         1'220.-
N+3     1'220.-   x 35% =   427.-            793.-
N+4       793.-   x 35% =   277.55          515.45
N+5                         515.45            0.-
```

On remarque que l'on amortit un montant important les premières années. La dernière année, le solde de la valeur résiduelle est pris en compte, ici 515.45 en N+5 puisque la première année correspondait en fait à une demi-année.

Rappelons, que la méthode d'amortissement ne peut pas être modifiée en cours de route, pour des questions de simplification, les entreprises choisissent souvent l'une ou l'autre méthode pour amortir leurs actifs. Rappelons également que ces amortissements diminuent le résultat. La vente d'un bien amorti quand a lui permet, parfois de réaliser de plus-value.

VENTE D'UN BIEN AMORTI

Selon la méthode directe

La valeur d'un actif qui figure au bilan est certes censée représenter sa valeur économique, mais lors de la vente, le prix de vente ne concorde souvent pas avec sa valeur comptable. Le compte qui enregistrera cette différence est le compte de produits exceptionnels si le prix de vente est supérieur à la valeur résiduelle. Si le prix de vente est inférieur à la valeur résiduelle, on utilisera le compte de charges exceptionnelles.

Exemple: Un immeuble qui figure dans nos compte pour une valeur de 1'600'000.- est vendu pour 1'800'000.-.

#	Date	Compte		Libellé	Somme	
		débité	crédité		débitée	créditée
$\overline{37}$	21/12/__	Liquidités	-	Payement de la vente de l'immeuble I	1'800'000.-	-
		-	Immeuble	Vente de l'immeuble I	-	1'600'000.-
		-	Résultat exceptionnel	Plus-value réalisée (payement - val. comptable)	-	200'000.-

Selon la méthode indirecte

Dans la méthode indirecte, le souci réside dans le fait que le montant qui figure au bilan pour l'actif est la valeur d'acquisition. Pour trouver la valeur résiduelle, il faut prendre la valeur de l'actif et lui soustraire l'amortissement cumulé correspondant.

Exemple: Un véhicule acquis pour 25'000.- est vendu pour 16'000.-. Il a été amorti pour une valeur de 5'000.-.

#	Date	Compte		Libellé	Somme	
		débité	crédité		débitée	créditée
$\overline{38}$	22/12/__	Liquidités	Véhicule	Payement de la vente du véhicule V, acheté 25k	16'000.-	25'000.-
		AC /véhicule	-	Extourne de l'AC /véhicule	5'000.-	-
		Résultat exceptionnel	-	Moins-value réalisée (payement - val. comptable)	4'000.-	-

243. PRÉSENTATION DES COMPTES ET "CASHFLOW"

LE RAPPORT DE GESTION

Le rapport de gestion fait partie des états financiers annuels. Classé dans l'annexe, il contient notamment les commentaires et analyses de la direction sur les comptes de l'exercice écoulé. Il est, de par les art. 958ss CO (ecol2.com/u/CO), obligatoire pour toute les sociétés sauf les entreprises individuelles et sociétés de personnes (simples, en nom collectif ou en commandite simple).

La structure du rapport de gestion

L' art. 961 CO (ecol2.com/u/CO) fixe le contenu minimum d'un rapport de gestion: situation de la société et nombre d'employé, prévisions d'évolution et évaluation des risques, activités de recherche et développement, état des commandes et délais de paiement aux fournisseurs ainsi que les événements importants de l'exercice. Elles y mentionnent aussi souvent des informations sociales et environnementales: engagements en matière de développement durable, conséquences sociales de leur activité, rémunérations de ses dirigeants, etc.

Autres informations

Les entreprises soumises à la présentation des comptes pour les grandes entreprises doivent également présenter un tableau des flux de trésorerie: les variations des liquidités liées aux activités d'exploitation, d'investissement et de financement doivent être présentées séparément. Nous n'aborderons pas ici les questions de comptes consolidés. Il est cependant important de noter le principe de la prudence (avec en particulier les dispositions relatives aux amortissements, aux corrections de valeur, provisions et réserves latentes) qui restent admis pour autant que les comptes présentent une image fidèle de la situation ("true and fair view").

Résultat à quatre degrés

246

Lors de la clôture des comptes, les produits (comptes 3000) et les charges (comptes 4000) permettent de déterminer le résultat brut sur marchandises ou 1e degré. En y ajoutant les autres éléments liés à l'exploitation principale (compte 5000 et 6000), on met en évidence le résultat net d'exploitation (résultat I ou 2e degré). Le résultat net des activités (résultat II ou 3e degré) inclue le résultat des activités secondaires (hors exploitation, comptes 7000) et permet ainsi de dégager le résultat net des activités (résultat II ou 3e degré). Enfin, les charges et produits extraordinaires (comptes 8000) sont pris en compte, permettant de déterminer le résultat net de l'exercice (résultat III ou 4e degré).

COMPTE DE RESULTAT EN CHF

CHARGES		DU 1ER JANVIER AU 31 DÉCEMBRE 20__	PRODUITS
4200 ADM / PAB	200'000.-	3200 VDM / CAB	500'000.-
4700 Frais d'achat	20'000.-	3800 Déd. accordées	(15'000.-)
4800 Déd. obtenues	(10'000.-)	3900 VS (augmentations)	25'000.-
Charges 1e degré	**210'000.-**	**Produits 1e degré**	**510'000.-**
Marge brute	300'000.-	(MB)	
5200 Salaires	150'000.-	Marge brute	300'000.-
6700 ACE	90'000.-	6800 Autres produits	10'000.-
Charges 2e degré	**450'000.-**	**Produits 2e degré**	**520'000.-**
Marge net d'exploitation	70'000.-	(MN1)	
		Marge net d'exploitation	70'000.-
		7000 Résultats annexes	13'500.-
Charges 3e degré	**450'000.-**	**Produits 3e degré**	**533'500.-**
Marge net opérationnelle	83'500.-	(MN2)	
8200 Charges exceptionnelles	88'000.-	Marge net opérationnelle	83'500.-
Charges 4e degré	**538'000.-**	**Produits 4e degré**	**533'500.-**
	(MN3)	Marge net de l'exercice	4'500.-
Total des charges	**5'000.-**	**Total des produits**	**5'000.-**

Le rapport de révision

Les dispositions légales relatives au contrôle restreint par un réviseur concernant les différentes formes juridiques se rapportent aux art. 729ss CO (ecol2.com/u/CO). Le contenu est toutefois toujours plus ou moins semblable; en voici un exemple:
"En notre qualité d'organe de révision, nous avons contrôlé les comptes annuels (bilan, compte de profits et pertes et annexe). La responsabilité de l'établissement des comptes annuels incombe au conseil d'administration alors que notre mission consiste à contrôler ces comptes. Notre contrôle a été effectué de manière telle que

des anomalies significatives dans les comptes annuels puissent être constatées, notamment par des auditions, des opérations de contrôle analytiques ainsi que des vérifications détaillées des documents disponibles. Les vérifications des flux d'exploitation et du système de contrôle interne ainsi que des auditions et opérations de contrôle destinées à détecter des fraudes ne font pas partie de ce contrôle. Lors de notre contrôle, nous n'avons pas rencontré d'élément nous permettant de conclure que les comptes annuels ainsi que la proposition concernant l'emploi du bénéfice ne sont pas conformes à la loi et aux statuts". (source: Union Suisse des Fiduciaires)

RÉPARTITION DU BÉNÉFICE ET FLUX DE TRÉSORERIE

Nature des flux de trésorerie

252

La loi ne prescrit pas de schéma de structure fixe, mais exige (art. 961b CO, ecol2.com/u/CO) une présentation séparée des flux de trésorerie liés aux activités d'exploitation, d'investissement et de financement.

Flux de trésorerie liés aux activités d'exploitation

Méthode directe

+ encaissements de clients pour la vente de produits finis, de marchandises et de prestations de services (livraisons et prestations)
% encaissements de clients pour la vente de produits finis, de marchandises et de prestations de services (livraisons et prestations)
% paiements aux collaborateurs
+ autres encaissements
% autres paiements

Méthode indirecte

Bénéfice/perte
± amortissements/comptabilisations de plus-values (réévaluations avec effet sur le résultat) de l'actif immobilisé
± pertes/suppression provenant de corrections de valeur
± augmentation/diminution des provisions (incl. impôts différés /bénéfices)
± perte/bénéf. /vente d'immobilisations
± augmentation/diminution des créances résultant de prestations
± augmentation/diminution des stocks
± augmentation/diminution des autres créances et actifs de régularisation
± augmentation/diminution des dettes résultant de prestations
± augmentation/diminution des autres dettes à court terme et des passifs de régularisation

Cash-flow provenant de l'activité d'exploitation

Flux de trésorerie liés aux activités d'investissement

% achat

+ vente d'immobilisations corporelles
% achat

+ vente d'immobilisations financières (y c. prêts, participations, titres, etc.)

% achat

+ vente d'immobilisations incorporelles

Cash-flow provenant de l'activité d'investissement

Flux de trésorerie liés aux activités de financement

+ encaissements issus d'augmentations de capital (y c. agio)

% paiements pour réductions de capital avec libération de fonds

% distribution de bénéfice à des porteurs de parts

± achat/vente de propres actions/ propres parts du capital de l'organisation

+ encaissements issus de la souscription d'emprunts – remboursements d'emprunts

± contraction/remboursements de dettes à court terme

Cash-flow provenant de l'activité de financement

Tableau des flux de trésorerie pour un comité exécutif: cas pratique

En tant que membre d'un comité exécutif, vous obtenez en général des informations détaillées, similaires à celles présentées ci-après.

Variation de la liquidités

Les liquidités ont diminuées de 214.- (341 - 143 - 16, voir lettre K ci-dessous)

Résultat à la fin de l'exercice N

```
Bénéfice cumulé N-1                 693.-
Dividende (5% de 4'000)             200.-   (A)
Tantièmes                            20.-   (A)
Attribution à la réserve légale  80.-
Autres réserves*                    350.-   (I)
                                 -------
Solde reporté sur N                  43.-
Bénéfice cumulé N                   420.-
                                 -------
Résultat à la fin de N              377.-
                                 =======

* 250 + participation Alpha de 100.-
```

ACTIFS — BILAN* EN CHF'000 AU 31 DÉCEMBRE N ET N-1 — PASSIFS

ACTIFS	N	N-1	PASSIFS	N	N-1
Actifs circulants			**Dettes à court terme**		
Liquidités	143.-	341.-	Dettes L&P	1'042	826.-
Placement	230.-	1'890.-	Fournisseurs	141.-	140.-
Créances	2'427.-	2'258.-	Dette bancaire	16.-	-.-
Stock	1'030.-	910.-	Passifs transitoires	88.-	69.-
Actifs transitoires	118.-	190.-	Provisions**	400.-	550.-
Actifs immobilisés			**Fonds étrangers long terme**		
Machines	2'940.-	1'280.-	Prêts à LT	1'171.-	1'654.-
Mobilier	110.-	150.-	Hypothèque	2'300.-	2'100.-
Véhicules	35.-	42.-	Autres dettes LT	260.-	320.-
Immeubles	6'250.-	6'300.-	**Fonds propres**		
Immo. incorporelles	5.-	10.-	Capital	4'000.-	4'000.-
Participation Alpha	150.-	250.-	Réserve légale	900.-	820.-
Participation Beta	-.-	1.-	Autres réserves	2'700.-	2'450.-
			Bénéfice cumulé	420.-	693.-
Total des actifs	13'438.-	13'622.-	**Total des passifs**	13'438.-	13'622.-

* avant répartition du bénéfice   ** dont 150.- de provision pour créances douteuses

Informations complémentaires
(voir également tableau des cash-flow page suivantes)

A. Dividende de 5% et 20.- de tantièmes en N, solde resté dans l'entreprise

B. Acompte de 120.- comptabilisé par erreur à fin N-1 dans dettes L&P; facture définitive comptabilisée en juin N; 360.- avant déduction des acomptes

C. Stock de marchandises systématiquement sous-évalué de 1/3

D. Participation Beta vendue pour 55.-

E. Machines amorties de 20% de la valeur comptable (état à fin N)

F. Mobilier, valeur résiduelle à 15, vendu 13.- (aucun autre achat de mobilier)

G. Camion acheté 21.-, pas de reprise

H. Amo. incorporelles 5.-, bâtiment 280.-

I. Participation Alpha amortie par débit du compte "autres réserves"

J. Augmentation de provision sur débiteurs pas économiquement justifiée

K. "Passifs transitoires" N-1 comprend des provisions de 16.- ayant caractère de fonds propres; provision dissoute en N et passée dans le compte ACE

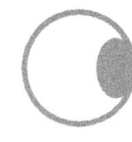

```
Bénéfice de l'exercice              377.-
Augmentation du stock (a)            60.-
Augmentation créances douteuses       0.-
Dissolution provisions              (16.-)   (K)
                                 --------
Bénéfice économique                 421.-
Amortissements machines (b)         735.-    (E)
Amortissements mobiliers (c)         27.-
Amortissements véhicules (d)         28.-    (G)
Amortissements immeubles            280.-    (H)
Amortissements incorporelles          5.-    (H)
Plus-value participation B          (54.-)   (D)
                                 --------
Capacité d'autofinancement        1'442.-
Var. dettes L&P (e)                  96.-    (B)
Var. fournisseurs (f)                 1.-
Var. passifs transitoires (g)        35.-
Var. créances (h)                  (169.-)
Augmentation stock (i)             (180.-)
Var. actifs transitoires(j)          72.-
Var. fournisseurs                   120.-
Var. provisions (impôts)           (150.-)
                                 --------          --------
Cash-flow d'exploitation          (175.-)         1'267.-
                                                  --------

Cash-flow d'exploitation          1'267.-
Vente placements (k)              1'660.-
Vente participation B                55.-    (D)
Vente mobilier                       13.-
Immeubles (l)                      (230.-)
Machines (m)                     (2'395.-)
Véhicules                           (21.-)   (G)
                                 --------          --------
Investissements/Disponibilités    (918.-)            349
                                                  --------

Disponibilités                      349.-
Dividendes                         (200.-)   (A)
Tantième                            (20.-)   (A)
Augmentation de l'hypothèque (n)    200.-
Dim. prêt LT (o)                   (483.-)
Dim. des autres dettes LT (p)       (60.-)
Variation des participations         -.-
                                 --------          --------
Cash-flow financier/Liquidités*   (563.-)          (214.-)
                                                  --------
```

Tableau des flux de trésorerie en partant du résultat

Activités d'investissements

Activités financières

```
(a)  1'030/(2/3)=1'545;  910/(2/3)=1'365
     1'545-1'365=180 -> /3=60
(b)  valeur avant amortissement 2'940/0.8=3'675
     amortissement 0.2x3'675
(c)  150-(110+15)+2(perte sur la vente)
(d)  42+21-35        (e)  1042-826+120       (f)  141-140
(g)  88-69+16        (h)  2'427-2'258        (j)  118-190
(i)  1.030-910=120 -> /(2/3)
(k)  1'890-230       (l)  6'250+280(amortissement)-6'300
(m)  valeur avant amortissement 2'940/0.8 = 3'675
     3'675-1'280
(n)  2'300-2'100     (o)  1'654-1'171        (p)  320-260
```

* Variation de liquidités qui correspond à la variation des comptes de liquidités

Ces niveaux de détails restent interne à la société, ou divulgué lors d'opération de fusion ou acquisition. Elle ne sont souvent dévoilées aux actionnaires que si ils posent des questions spécifiques. Pour une analyse financière externe, classique, se référer aux chapitres y relatifs (notamment dans V3. Risques et opportunités / Analyse quantitative), développé plus loin.

Répartition du bénéfice et augmentation de capital

Lors de la création de l'entreprise ou lors d'une augmentation de capital (AC), il y a seulement trois manières de procéder, de manière: ordinaire (réalisable sous 3 mois), autorisée (délai de 2 ans, le montant est inférieur au capital existant), conditionnelle (permet de convertir des obligations en actions).

On notera qu'une entreprise peut également créer un capital-participations (inférieur au double du capital-actions et dont les détenteurs n'ont pas le droit de vote). On notera également que lors d'une AC, l'entreprise demandera souvent un surplus (prime), qui permettra de couvrir les divers frais (droit de timbre de la Confédération, publicité, commissions, etc.), frais qui seront normalement amorti sur une période de cinq ans.

Lors de la répartition du bénéfice (régie par les art. 671ss CO), une société affectera celui-ci à la constitution de réserves (pour la société), pourra décider de payer des dividendes (aux actionnaires) ainsi qu'attribuer des tantièmes (aux administrateurs). Le tableau répartition suit une logique présentés dans V4. Révision et cas pratiques / Documents clés + cas pratiques.

25. DÉCLARATION D'IMPÔTS

251. GÉNÉRALITÉS

LES GRANDES LIGNES DU SYSTÈME FISCAL SUISSE[3]

Par système fiscal, on entend l'ensemble des impôts perçus dans un pays. Ainsi, en Suisse, chacun des 26 cantons dispose de sa propre loi fiscale et impose de manière différente le revenu, la fortune, les successions, les gains en capital, les gains immobiliers ainsi que d'autres objets fiscaux.

Quant aux quelque 2'400 communes, elles peuvent soit percevoir des impôts communaux comme bon leur semble, soit prélever des suppléments (système dit des "centimes additionnels") par rapport aux barèmes cantonaux. A noter la Confédération impose également le revenu. Toutefois, ses rentrées fiscales proviennent en grande partie d'autres sources, telles que notamment et avant tout la taxe sur la valeur ajoutée (TVA), ainsi que les droits de timbre, les droits de douane et les impôts de consommation spéciaux.

Comment en est-on venu à ce système fiscal ?

Le système fut profondément modifié lors de la fondation de l'État fédéral en 1848. La souveraineté douanière passa entièrement à la Confédération et les cantons se virent contraints – afin de compenser la perte des droits de douane – de tirer leurs principales recettes fiscales des impôts sur la fortune et le revenu.

Cette répartition des sources demeura inchangée jusqu'en 1915, mais, suite à la première guerre mondiale et à ses conséquences financières, la Confédération et les cantons se virent contraints de modifier leur législation et système fiscaux. Il fallut notamment abandonner le principe selon lequel les impôts directs devraient revenir aux cantons et les impôts indirects à la Confédération. Le niveau élevé des frais inhérents à la défense nationale obligea en effet la Confédération à percevoir également des impôts directs.

Grâce à ces recettes supplémentaires, la Confédération est parvenue à ramener son endettement datant de l'époque des deux conflits mondiaux à un niveau supportable. Cependant, dès la fin de la 2ème guerre mondiale, de nouvelles tâches lui ont été as-

---

[3] *Source: admin.ch*

signées, de sorte que la Confédération continue pour l'essentiel de percevoir les impôts fédéraux directs introduits pendant les années de guerre.

Au début de son existence, de 1941 à 1958, l'Impôt fédéral direct (IFD, alors appelé "impôt pour la défense nationale") était composé d'un impôt sur le revenu et d'un impôt complémentaire sur la fortune. En 1959, l'imposition de la fortune des personnes physiques fut abolie; l'impôt sur le capital des personnes morales subit le même sort en 1998. Depuis lors, l'IFD frappe uniquement le revenu des personnes physiques et le bénéfice des personnes morales. Au début, l'impôt cantonal le plus important était l'impôt sur la fortune; ce n'est en effet qu'à titre de complément qu'ils imposaient le revenu du travail. Du système fondé sur l'imposition traditionnelle de la fortune avec un impôt d'appoint sur le produit du travail, les cantons passèrent ensuite progressivement au système de l'impôt général sur le revenu avec un impôt complémentaire sur la fortune.

Si à l'origine, ces impôts étaient proportionnels, avec le temps, la méthode de l'impôt progressif s'est imposée et des déductions sociales furent introduites par égard aux contribuables de condition modeste ou assumant des charges familiales.

Dates récentes importantes

1967   L'impôt anticipé entre en vigueur

1985   Entrée en vigueur de la Loi sur la Prévoyance Professionnelle (LPP)

1995   Passage de l'impôt sur le chiffre d'affaires (ICHA) à la TVA

Objectifs et principes des finances fédérales

Les lignes directrices des finances fédérales adoptées en 1999 par le Conseil fédéral présentent les objectifs, les principes et les instruments de la politique budgétaire de la Confédération. La politique budgétaire a pour but premier de favoriser la stabilité et la croissance économique et, par là même, l'emploi, la prospérité et la cohésion sociale. Ce premier objectif principal comprend les objectifs secondaires suivants:

* La politique des recettes et des dépenses doit être favorable à la croissance.
* Les quotes-parts fiscales de l'Etat doivent figurer parmi les plus basses au sein de l'Organisation de coopération et de développement économique (OCDE).

Un certain nombre de principes complètent la liste des objectifs de la politique budgétaire, on peut notamment citer:

* La charge fiscale doit être répartie de manière équitable sur l'ensemble des contribuables, en conformité avec les principes de proportionnalité (imposition selon la capacité contributive).
* Le système fiscal doit être aménagé de manière à grever le moins possible l'activité économique.
* Le système fiscal doit être aménagé de manière à préserver, voire à renforcer l'attrait de la Suisse en tant que site économique.

- Les impôts doivent exercer une action stabilisatrice sur la conjoncture et le marché de l'emploi (principe de l'efficacité des politiques conjoncturelles).

SOUVERAINETÉ FISCALE

La Confédération, les cantons et les communes prélèvent des impôts relevant de deux catégories: les impôts sur le revenu et la fortune (personnes physiques) respectivement les impôts sur le bénéfice et le capital (personnes morales). En 2010, les recettes fiscales des pouvoirs publics se sont montées à environ 122 milliards de francs, qui se composent comme suit, Confédération: 58MM, Cantons: 40MM, Communes: 24MM

Pour la Confédération, ce sont les impôts de consommation (impôts indirects) qui sont les plus importants au point de vue du rendement, en particulier la TVA et les impôts sur les huiles minérales; ils représentent un peu plus d'tiers (2010: 39 %) des recettes fiscales fédérales.

La situation est diverse pour les cantons et les communes. Leurs sources fiscales les plus importantes sont les impôts sur le revenu et la fortune des personnes physiques ainsi que les impôts sur le bénéfice et le capital des personnes morales. En 2010, ces impôts ont représenté 89,3 % de l'ensemble de leurs recettes fiscales.

265

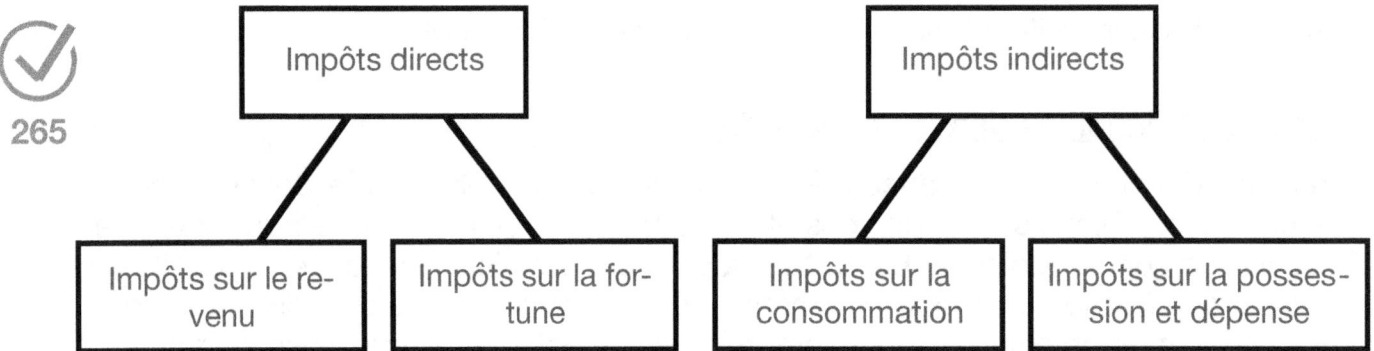

Rappel

Les impôts directs représentent environ 70 % des recettes totales de la Confédération, des cantons et des communes, alors que les impôts indirects représentent environ 30%. En comparaison internationale, la part d'impôts indirects en Suisse est clairement inférieure. Dans les pays voisins, par exemple, la part d'impôts indirects représente de 40 à 50 %. Voir plus bas pour plus de détails.

Principes de souveraineté

Par la souveraineté fiscale, il faut comprendre la possibilité juridique et pratique pour une communauté de prélever des impôts. Cette souveraineté fiscale est répartie en Suisse entre la Confédération, les cantons et les communes.

Concernant l'aménagement des souverainetés fiscales, le droit fiscal suisse doit respecter les principes suivants, inscrits dans la Constitution fédérale:

- Principe de l'égalité de droit (art. 8 Cst.)
- Principe de la liberté économique (art. 27 et art. 94 à 107 Cst.)
- Principe de la garantie de la propriété (art. 26 Cst.)
- Principe de la liberté de conscience et de croyance (art. 15 Cst.)
- Interdiction de la double imposition inter-cantonale (art. 127, al. 3 Cst.)
- Interdiction des avantages fiscaux injustifiés (art. 129, al. 3 Cst.)

Voix du peuple

Outre la particularité qu'en Suisse, les impôts sont prélevés aussi bien par la Confédération que par les cantons et les communes, le système fiscal suisse se caractérise aussi par le fait que c'est au citoyen lui-même de décider quels sont les impôts à prélever. En effet, l'État ne peut lui imposer que les obligations qui sont prévues par la Constitution et par les lois. Or, toute modification constitutionnelle doit automatiquement faire l'objet d'une votation populaire, cela tant au niveau fédéral que dans tous les cantons (référendum obligatoire). Seuls quelques cantons connaissent le référendum obligatoire également pour la révision des lois courantes. Dans les autres cantons, le référendum facultatif s'applique en règle générale. Dans la plupart des cas, le peuple doit également se prononcer lors de la détermination des taux, des barèmes et des coefficients d'impôt.

Au niveau des cantons et des communes, toute modification du barème nécessite une révision de la loi fiscale. Il en va cependant différemment en matière de coefficients d'impôt: c'est habituellement le Parlement (Grand Conseil) qui détermine le multiple annuel6). Dans les communes, cette compétence est réservée à l'Assemblée communale ou au Conseil législatif communal. Ces décisions sont le plus souvent sujettes au référendum facultatif, parfois même obligatoire sur le plan communal.

252. LES DIVERS TYPES D'IMPÔTS

LES IMPÔTS DE LA CONFÉDÉRATION

Impôts sur le revenu et le bénéfice

Impôt fédéral direct

Art. 128 Cst.
Loi fédérale du 14 décembre 1990 sur l'impôt fédéral direct (LIFD)

Cet impôt est perçu annuellement par les cantons, pour la Confédération, puis reversé en partie (83%) du montant des impôts, des amendes et des intérêts perçus. On distinguera l'impôt sur le revenu des personnes physiques et celui qui s'applique aux bénéfices des personnes morales.

Impôt fédéral anticipé

Art. 132, al. 2, Cst.
Loi fédérale du 13 octobre 1965 sur l'impôt anticipé (LIA)

L'impôt anticipé est un impôt perçu à la source par la Confédération sur divers rendements de capitaux mobiliers (notamment sur les intérêts et les dividendes), sur les gains en espèces faits dans les loteries suisses) ainsi que sur certaines prestations d'assurances. Remboursable sous certaines conditions, l'impôt anticipé ne constitue donc pas une charge définitive pour les contribuables domiciliés en Suisse qui satisfont à leurs obligations fiscales. Le droit au remboursement s'éteint si la demande n'est pas présentée dans les trois ans. Le taux de l'impôt se monte à 35 % pour les rendements de capitaux mobiliers et les gains faits dans les loteries, 15 % sur les rentes viagères et les pensions, 8 % pour les autres prestations d'assurances

Autres impôt directs

Les maisons de jeu

Art. 106 Cst.
Loi fédérale du 18 décembre 1998 sur les jeux de hasard et les maisons de jeu (LMJ)

La Confédération a le droit de prélever un impôt sur les recettes des maisons de jeu, utilisé pour alimenter l'AVS/AI. Le taux d'imposition de base est de 40%, jusqu'à concurrence d'un produit brut des jeux de 10 millions. Le taux de l'impôt est ensuite majoré de 0.5% pour chaque million supplémentaire, et cela jusqu'à la limite maximale de 80%.

Taxe d'exemption de l'obligation de servir

Art. 40, al. 2 et art. 59, al. 1 et 3 Cst.
Loi fédérale du 12 juin 1959 sur la taxe d'exemption de l'obligation de servir (LTEO)

Tout Suisse est tenu au service militaire. Celui qui, pour une raison ou une autre, ne remplit pas personnellement son obligation doit payer la taxe. Cette taxe, perçue par les cantons, s'élève à 3% des revenus soumis à la taxe, mais à 400 francs au moins.

Imposition de la consommation

Taxe sur la valeur ajoutée (TVA)

Art. 130 Cst. ; art. 196, ch. 3, al. 2, let. e ainsi que ch. 14, al. 2 et 3 Cst.
Loi fédérale du 12 juin 2009 régissant la Taxe sur la valeur ajoutée (LTVA)

La TVA est un impôt frappant la consommation de biens et de prestations de services sur le territoire national. Cet impôt est prélevé à toutes les étapes de la production, de la distribution et des services lors de l'acquisition de prestations.

Taux normal : l'impôt s'élève à 7.7%.

Taux spécial : le taux est de 3.7 % pour les prestations du secteur de l'hébergement (nuitées avec petit-déjeuner) dans l'hôtellerie et la para-hôtellerie (par exemple la location d'appartements de vacances).

Taux réduit : ce taux s'élève à 2.5 % et est applicable aux catégories de marchandises et prestations de services suivantes:

- les denrées alimentaires (à l'exception des denrées remises dans le cadre de prestations de la restauration)
- le bétail, la volaille, le poisson
- les semences, les plantes vivantes, les fleurs coupées
- les céréales
- les aliments et les engrais pour animaux

- les médicaments
- les journaux, les revues, les livres et autres imprimés sans caractère de publicité
- les prestations de services fournies par les sociétés de radio et de télévision (exception: les prestations de services à caractère commercial, imposables au taux normal)

La perception et l'encaissement de l'impôt sur les acquisitions est du ressort de l'AFC et de l'Administration fédérale des douanes (AFD) lorsqu'il s'agit d'importation.

Droits de timbre fédéraux

Art.132, al. 1 Cst.
Loi fédérale du 27 juin 1973 sur les droits de timbre (LT)

Les droits de timbre sont des impôts prélevés par la Confédération frappant des transactions juridiques déterminées, en particulier l'émission et le commerce de titres.

Impôt sur le tabac

Art. 131, al. 1, let. a Cst.

Loi fédérale du 21 mars 1969 sur l'imposition du tabac (LTab)

Sont soumis à l'impôt les tabacs ainsi que les produits de substitution. La totalité des recettes provenant de l'impôt sur le tabac est affectée au cofinancement de l'AVS/AI.

Impôt sur la bière

Art. 131, al. 1, let. c Cst.

Loi fédérale du 6 octobre 2006 sur l'imposition de la bière (LIB)

Sont assujettis les fabricants suisses (brasseries) pour la bière fabriquée et livrée de manière professionnelle en Suisse de même que la bière importée. La bière dont la teneur en alcool ne dépasse pas 0.5% du volume est exonérée.

Impôt sur les huiles minérales

Art. 131, al. 1, let. e Cst.

Loi fédérale du 21 juin 1996 sur l'imposition des huiles minérales (LimpMin)

Cet impôt de consommation spécial comprend l'huile de pétrole, le gaz de pétrole et les produits résultant de leur transformation ainsi que les carburants. Le taux diffère selon les produits et leur utilisation.

Impôt sur les automobiles

Art. 131, al. 1, let. d Cst.

Loi fédérale du 21 juin 1996 sur l'imposition des véhicules automobiles (LimpAuto)

L'AFD perçoit cet impôt lors de l'importation d'automobiles et lors de leur fabrication en Suisse, il se montant à 4% de leur valeur du biens.

Impôt sur les boissons distillées

Art. 131, al. 1, let. b Cst.

Loi fédérale du 21 juin 1932 sur l'alcool (Lalc)

La production d'eau-de-vie indigène est soumise à l'impôt. Echappe à l'imposition l'usage personnel d'eau-de-vie des producteurs agricoles. En outre, les personnes âgées de 17 ans révolus peuvent importer sans redevance, dans le trafic des voyageurs, deux litres jusqu'à 15% du volume et un litre titrant plus de 15%.

Les boissons spiritueuses indigènes et importées sont soumises à un taux unique d'imposition. Cet impôt s'élève à 29 francs par litre d'alcool pur. L'impôt est réduit de 50% pour les vins de fruits et de baies et les vins faits à partir d'autres matières premières dont la teneur en alcool est inférieure à 22%.

Redevances douanières

Art. 133 Cst.

Loi fédérale du 9 octobre 1986 sur le tarif des douanes (LTaD)

Les taux sont presque exclusivement fondés sur le poids (par ex. X francs par 100 kg brut); appliqués au moment de son arrivée sur le territoire. Avec quelque 8'000 positions, le tarif des douanes sont liés par l'Accord GATT (General Agreement on Tariffs and Trade, en français Accord général sur les tarifs douaniers et le commerce).

LES IMPÔTS DES CANTONS ET DES COMMUNES

Loi fédérale du 14 décembre 1990 sur l'harmonisation des impôts directs des cantons et des communes (LHID).

Comme déjà été mentionné, les cantons et communes sont autorisés à prélever les impôts que la Confédération ne se réserve pas. Soit pour les cantons:

Revenu, fortune et impôts directs
- Impôts sur le revenu et la fortune
- Taxe personnelle ou sur les ménages
- Impôts sur le bénéfice et le capital
- Impôts des successions et donations
- Impôt sur les gains de loterie
- Impôt sur les gains immobiliers
- Impôt foncier
- Droits de mutation
- Impôt cantonal sur les maisons de jeu

Impôts indirects sur les dépenses
- Impôt sur les véhicules à moteur
- Impôt sur les chiens
- Impôt sur les divertissements
- Droits de timbre cantonaux
- Impôt sur les loteries
- Redevance en matière de droits d'eau
- Divers

Et les communes

Revenu, fortune et impôts directs
- Impôts sur le revenu et la fortune
- Taxe personnelle ou sur les ménages
- Impôts sur le bénéfice et le capital
- Impôts des successions et donations
- Impôt sur les gains de loterie
- Impôt sur les gains immobiliers
- Impôt sur les immeubles
- Droits de mutation
- Taxe professionnelle

Impôts indirects sur les dépenses
- Impôt sur les chiens
- Impôt sur les divertissements
- Divers

253. REMPLIR UNE DÉCLARATION

IMPÔT SUR LE REVENU

Remplir une déclaration d'impôt est souvent plus facile qu'on ne le croit. La plupart des cantons romands offrent en outre la possibilité de remplir sa déclaration de manière électronique (Genève, Fribourg, Neuchâtel, Valais, Vaud).

Documents

Ne pas oublier

1. Les documents nécessaires (certificat de salaire, attestations des intérêts du compte bancaire, compte postal, état des dettes et des intérêts passifs)
2. Procéder à la déduction des frais professionnels (frais de déplacement, frais pour les repas hors du domicile ou frais de formation)
3. Introduire les déductions générales (frais pour primes d'assurance-maladie et cotisations au 2ème et 3ème pilier)
4. Faire valoir les déductions sociales (personnelle) prévues par la loi
5. Signer et retourner sa déclaration dans les délais, avec les annexes

Ne sont pas déductibles: les frais de formation qui permettent une claire évolution vers une profession aux responsabilités plus élevées.

Si l'employeur exploite une cantine ou fournit une contribution aux repas, il n'est possible de faire valoir que la moitié des déductions.

TVA

La TVA est perçue selon un système d'auto-taxation qui alimente pour un tiers environ les finances fédérales. L'art. 78 de la loi fédérale régissant la taxe sur la valeur ajoutée (LTVA, ecol2.com/u/LTVA) confère à l'AFC le droit d'effectuer des contrôles et d'appliquer le cas échéant des pénalités.

Durée de conservation des déclarations

La durée durant laquelle les déclarations d'impôts doivent être conservées dépend de l'impôt et du canton. En cas de doute, se renseigner auprès de son administration fiscale cantonale, mais conserver ses documents au moins 10 ans.

26. IMMEUBLES

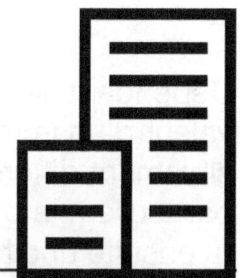

Les opérations sur les immeubles font partie des opérations annexes de beaucoup d'entreprises. Il existe des sociétés pour lesquelles il s'agit des opérations principales, les régies par exemple, mais nous n'allons pas, le domaine étant très spécifique, nous y attarder ici. Nous nous concentrerons sur des l'entreprises dont les activités consistent à acheter et à vendre des marchandises, ou à exercer une activité dans le domaine des services. Ces opérations annexes se retrouveront ainsi dans les comptes de résultat du troisième degré (comptes 7000).

Pour une entreprise commerciale, industrielle ou de service, il peut être intéressant de réaliser des opérations sur des immeubles pour plusieurs raisons:

1. Investissement intéressant lorsque l'entreprise commence à avoir des liquidités excédentaires à placer. L'immobilier est une classe d'actifs attractive car elle permet de dégager un produit assez sûr en cas de mise en location.
2. C'est un actif qui a une valeur assez stable (sauf en cas de crise du secteur immobilier) et qui permet d'espérer une plus-value à la revente.
3. Cela peut permettre à l'entreprise de disposer de ses propres locaux et ainsi éviter de les louer et d'être tributaire du marché de l'immobilier.

On distingue habituellement plusieurs types d'opérations sur les immeubles:

1. La comptabilisation des charges d'immeubles
2. La mise en location (produits d'immeubles)
3. Les hypothèques et annuités hypothécaires
4. L'achat et la vente

QUELQUES MOTS SUR LES HYPOTHÈQUES

Il arrive très fréquemment que pour l'acquisition d'un immeuble, l'entreprise doive procéder à un emprunt. On parle dans ce cas d'emprunt hypothécaire. Sa particularité est qu'il est garanti par le bien immobilier. Cela signifie que si l'emprunteur n'est plus en mesure d'honorer ses engagements (remboursement et paiement des intérêts) le prêteur pourra par voie de poursuites obtenir la saisie de l'immeuble et le remettre en vente.

Même si l'entreprise dispose des fonds propres nécessaires pour acheter un bien immobilier sans recourir à un emprunt hypothécaire, il peut être intéressant de s'endetter malgré tout pour bénéficier d'une optimisation fiscale. En effet, les intérêts sur la dette hypothécaire permettent de diminuer le bénéfice et par conséquence l'impôt sur le bénéfice également.

Cependant, les banques n'autorisent pas un endettement à hauteur de 100% de la valeur d'un immeuble. Pour les entreprises les principes appliqués peuvent être sensiblement différents. A titre d'exemple voici ce qui se passe généralement pour un particulier : la banque demandera de financer le bien à hauteur de 20%, elle accordera ensuite une hypothèque de 1er rang jusqu'à 65% et une hypothèque de 2ème rang à hauteur de 15%.

Une hypothèque de 1er rang sera toujours remboursée en priorité en cas de défaut de paiement. Ainsi le 1er rang est nettement moins risqué pour la banque, car en cas de saisie du bien immobilier, il est très probable que sa valeur de revente soit au moins équivalente au 65% du montant prêté. Cependant les banques exigent que l'hypothèque de 2ème rang soit amortie (remboursée) dans des délais plus courts que le 1er rang. Pour résumer, on peut affirmer que l'hypothèque de 1er rang est peu risquée pour la banque mais a une durée longue alors que l'hypothèque de 2ème rang est plus risquée mais doit être remboursée plus rapidement.

Une hypothèque peut prendre deux formes : dette hypothécaire ou cédule hypothécaire. La différence entre une dette hypothécaire et une cédule hypothécaire est qu'une cédule est un titre. Cela signifie que le droit de gage n'est pas dissociable du titre lui-même.

ASPECTS COMPTABLES

Plusieurs comptes spécifiques à la comptabilisation des opérations sur immeubles sont présents dans le plan comptable. Voici les principaux :
* Immeuble (il s'agit d'un compte actif qui indique la valeur des biens immobiliers)
* Produit d'immeuble (il s'agit d'un compte produit qui enregistre les produits réalisés lors de la mise en location d'un immeuble)
* Charges d'immeuble (il s'agit d'un compte de charges qui répertorie toutes les dépenses liées à la possession d'un bien immobilier)
* Dettes hypothécaires (Il s'agit d'un compte passif qui enregistre le financement d'un immeuble à l'aide d'un emprunt)

Pour refléter la réalité au mieux, nous compléterons donc le plan comptable de la manière suivante:

7500	Produit d'immeubles	7530	Droits, taxes, impôts fonciers
7510	Intérêts hypothécaires d'immeubles locatifs	7540	Charges d'administration
7520	Entretien de l'immeuble		

261. CHARGES ET PRODUITS D'IMMEUBLES

CHARGES

Toutes les charges liées à la possession d'un immeuble seront inscrites dans le compte charges d'immeuble. Cela permet de bien garder les résultats liés à l'immeuble dans le compte de résultat 3ème degré. Par exemple, le salaire versé au concierge de l'immeuble sera débité du compte charges d'immeubles et non pas du compte salaires. Ainsi, dans le compte charge d'immeuble, on inscrira:

* Les frais de réparations et d'entretien de l'immeuble
* L'intérêt de la dette hypothécaire
* Le salaire du concierge
* Les frais de réparations
* L'amortissement de l'immeuble
* L'achat de mazout pour le chauffage
* Les assurances immobilières

Exemple, nous comptabilisons ci-dessous l'achat à crédit de 15'000.- de mazout pour notre immeuble.

| # | Date | Compte | | Libellé | Somme | |
		débité	crédité		débitée	créditée
7	20/2/__	Charges IM	Autres dettes	N/ achat de mazout	15'000.-	15'000.-

PRODUITS

Les immeubles d'une entreprise peuvent être mis en location. Mais il faut également considérer l'utilisation des locaux d'une entreprise comme un rendement locatif pour des raisons légales. En effet, dans l'impôt sur le bénéfice, l'utilisation de l'immeuble à des fins propres doit être prise en considération. Dans ce cas, le montant de la location sera estimé en fonction des prix du marché pour un bien immobilier similaire.

Locations à des tiers

En cas de location de l'immeuble à des tiers, l'écriture comptable est relativement simple. On considérera le produit de la location comme un produit d'immeuble. Ainsi, un compte de liquidités ou de créances sera débité alors que le compte produit d'immeuble sera crédité.

Exemple : La location de l'immeuble est encaissée par virement bancaire pour un montant de 5'000.-.

| # | Date | Compte | | Libellé | Somme | |
		débité	crédité		débitée	créditée
8	28/2/__	Liquidités	Produit d'immeuble	Encaissement loyers pour le mois de mars	5'000.-	5'000.-

Utilisation propre des locaux

Pour le compte de l'entreprise

Lorsque l'entreprise utilise un immeuble pour son propre compte, qu'il s'agisse de locaux administratifs, des bâtiments pour le stockage ou un local de vente, il est nécessaire de considérer la valeur locative comme un produit. Cela reviendra à passer une écriture totalement neutre du point de vue du résultat d'exercice (4ème degré). En effet, on la considérera à la fois comme un charge par l'intermédiaire du compte loyer et un comme un produit au moyen du compte produit d'immeuble.

Exemple: La valeur locative estimée de l'immeuble de l'entreprise est de 7'250.-. L'immeuble est exclusivement utilisé pour le compte de l'entreprise.

| # | Date | Compte | | Libellé | Somme | |
		débité	crédité		débitée	créditée
9	1/3/__	Loyer	Produit d'immeuble	Valeur locative occupé par l'entreprise	7'250.-	7'250.-

Dans ce cas le bénéfice final ne sera pas affecté mais le résultat d'exploitation présenté au compte de résultat du second degré se verra diminué en raison de la charge de loyer enregistrée. De plus, le résultat des activités du troisième degré se verra augmenté. Cela permet de présenter un résultat d'exploitation (deuxième degré) réaliste et si l'entreprise vendait son immeuble pour devenir locataire, le résultat d'exploitation ne serait que peu affecté. En revanche, le résultat des activités du troisième degré le serait.

Pour la conciergerie

Il arrive que l'entreprise loge son concierge dans ses propres locaux. Dans ce cas, il faut comptabiliser cette utilisation. La mise à disposition d'un logement de fonction correspond à une rémunération pour le concierge. Comme nous l'avons vu plus haut, les frais de conciergeries sont considérés comme des charges d'immeubles. De plus on enregistrera le produit d'immeuble comme si le logement était loué à un tiers. De la même manière qu'auparavant, cette écriture n'aura pas d'influence sur le bénéfice.

Exemple: Un logement de fonction est mis à disposition du concierge de l'entreprise. Sa valeur locative est estimée à 1'300.-.

| # | Date | Compte | | Libellé | Somme | |
		débité	crédité		débitée	créditée
10	1/3/__	Charges d'immeuble	Produit d'immeuble	Logement de fonction du concierge	1'300.-	1'300.-

Par le propriétaire à des fins privés.

Le propriétaire de l'entreprise peut décider de se loger dans un immeuble appartenant à son entreprise. Dans ce cas, on considérera cela comme un retrait du propriétaire ; le compte privé sera donc débité. On enregistrera également le produit d'immeuble de la même manière que cela se fait lors d'une mise en location à un tiers.

Exemple: Le propriétaire de l'entreprise se loge dans un immeuble de l'entreprise. La valeur locative de l'appartement est estimée à 2'100.-.

| # | Date | Compte | | Libellé | Somme | |
		débité	crédité		débitée	créditée
11	1/3/__	Privé	Produit d'immeuble	Appartement occupé par le propriétaire de l'entreprise	2'100.-	2'100.-

Cette opération aura une influence sur le résultat d'exercice de l'entreprise. En effet, un produit est enregistré et il viendra augmenter le bénéfice d'exercice. Cette écriture aura donc un impact fiscal et augmentera le montant de l'impôt sur le bénéfice. Cependant elle est totalement neutre du point de vue de la variation de fortune (le solde du compte privé). En effet le montant est débité du compte privé lors de la comptabilisation mais le bénéfice d'exercice sera crédité au compte en fin d'exercice comptable. Ce bénéfice d'exercice comprenant cette opération, la variation de fortune n'en sera pas affectée.

259

262. ANNUITÉS HYPOTHÉCAIRES

Lorsqu'un immeuble est financé au moyen d'un emprunt hypothécaire, un versement annuel devra être fait auprès de la banque. Ce versement s'appelle annuité hypothécaire. Il est généralement composé de deux éléments:
1. Le paiement des intérêts sur la dette hypothécaire
2. Le remboursement d'une partie de la dette hypothécaire

DÉGRESSIVE

Il existe deux types d'annuités hypothécaires: constante et dégressive. Dans l'annuité dégressive, l'emprunteur paye de moins en moins année après année, profitant du fait que la dette hypothécaire diminue.

	n	n+1	n+2	n+3
Montant de l'hypothèque	200'000.-	180'000.-	160'000.-	140'000.-
Remboursement partiel de la dette	20'000.-	20'000.-	20'000.-	20'000.-
Intérêts (5%) de la dette	10'000.-	9'000.-	8'000.-	7'000.-
Annuité hypothécaire	30'000.-	29'000.-	28'000.-	27'000.-

CONSTANTE

Dans l'annuité constante, l'emprunteur garde le montant de l'annuité toujours au même niveau et profite de la baisse du montant des intérêts pour rembourser un montant toujours plus élevé de la dette hypothécaire.

	n	n+1	n+2	n+3
Montant de l'hypothèque	200'000.-	180'000.-	159'000.-	136'950.-
Remboursement partiel de la dette	20'000.-	21'000.-	22'050.-	23'152.5
Intérêts (5%) de la dette	10'000.-	9'000.-	7'950.-	6'847.5
Annuité hypothécaire	30'000.-	30'000.-	30'000.-	30'000.-

Quelle que soit le type d'annuité choisi, la comptabilisation se fera toujours de la même manière et devra tenir compte du fait que ce paiement concerne d'une part le remboursement de la dette hypothécaire et, d'autre part le paiement des intérêts hypothécaires.

Exemple: paiement de l'annuité hypothécaire 29'000.- par virement bancaire. 20'000.- concernent le remboursement de la dette et 9'000.- les intérêts hypothécaires.

| # | Date | Compte | | Libellé | Somme | |
		débité	crédité		débitée	créditée
$\overline{12}$	15/3/__	Hypothèque	-	N/ remboursement partiel du principal de la dette H	20'000.-	-
		Charges d'immeuble	-	N/ payement des intérêts	9'000.-	-
		-	Liquidités	N/ virement	-	29'000.-

☑263. ECRITURES ET DOCUMENTS D'ACHAT / VENTES

254

ECRITURES COMPTABLE

Achat

L'opération d'achat d'immeuble peut être relativement complexe. En effet, on n'achète pas un immeuble comme on achète un ordinateur ou un véhicule. Il n'y a pas d'écriture type pour l'achat. Ce sera donc au comptable de bien considérer tous les éléments liés à l'achat. Voici une liste non exhaustive d'éléments dont il faut tenir compte lors d'un achat d'immeuble :

- Prix d'achat convenu
- Frais de notaire
- Dette hypothécaire contractée
- Arriérés de paiement des locataires de l'immeuble
- Loyers perçus d'avance par le vendeur
- Assurances contractée par le vendeur et encore valables
- Stock de mazout pour le chauffage

Exemple d'achat d'immeuble:

```
Prix d'achat          1'000'000.-    par le vendeur       32'000.-
Notaire                  20'000.-    Assurance contractée
Hypothèque              800'000.-    par le vendeur        1'200.-
Arriérés de paiement                 Stock de mazout      20'000.-
des locataires           20'000.-
Loyers perçus d'avance
```

Pour des raisons pratiques, on sépare l'achat de l'immeuble à proprement parler (valeur de l'immeuble, frais de notaire et dette hypothécaire) puis on fait un décompte acheteur vendeur avec les données restantes. Voici l'écriture liée à l'achat:

| # | Date | Compte | | Libellé | Somme | |
		débité	crédité		débitée	créditée
$\overline{13}$	18/3/__	Immeuble	-	Achat d'un immeuble + frais de notaire	1'020'000.-	-
		-	Hypothèque	Dette contractée auprès de H	-	800'000.-
		-	Liquidités	Fonds propres	-	220'000.-

Les données restantes sont appelées décompte acheteur/vendeur. Pour des raisons pratiques, on passe d'abord toutes les écritures par le compte autres dettes puis le paiement total est calculé à la fin.

#	Date	Compte		Libellé	Somme	
		débité	crédité		débitée	créditée
$\overline{14}$	18/3/__	Produits d'immeuble	Autres dettes	Arriérés de location	20'000.-	20'000.-
		Autres dettes	Produits d'immeuble	Loyers perçus d'avance	32'000.-	32'000.-
		Charges d'immeuble	Autres dettes	Assurances payées d'avance, mais à notre charge (1'200 x 9 / 12)	900.-	900.-
		Charges d'immeuble	Autres dettes	Reprise du stock de mazout	20'000.-	20'000.-
		Autres dettes	Liquidités	N/ règlement des dettes	8'900.-	8'900.-

Vente

De façon analogue à l'opération d'achat, une vente nécessite de prendre en considération divers éléments:
- Prix de vente convenu
- Remboursement de la dette hypothécaire
- Valeur comptable de l'immeuble (en effet, il est fort probable que le prix de vente convenu diverge de la valeur comptable de l'immeuble). Dans le cas d'une plus-value, elle sera enregistrée dans le compte produits exceptionnels. A l'inverse une moins-value sera enregistrée dans le compta charges execeptionnelles.
- Arriérés de paiement des locataires de l'immeuble
- Loyers perçus d'avance par le vendeur
- Assurances contractée
- Stock de mazout pour le chauffage

Nous allons reprendre l'achat ci-dessus et regarder ce que cela implique pour le vendeur.
Exemple de vente d'immeuble:

Prix de vente	1'000'000.-	d'avance	32'000.-
Valeur comptable	600'000.-	Assurance annuelle	
Hypothèque	300'000.-	contractée	1'200.-
Intérêts à payer	10'000.-	Stock de mazout	20'000.-
Arriérés de paiement des locataires	20'000.-		
Loyers perçus			

Comme pour l'achat, on sépare la vente à proprement parler (prix de vente convenu, charge ou produit exceptionnel, dette hypothécaire). Voici l'écriture liée à la vente:

#	Date	Compte débité	Compte crédité	Libellé	Somme débitée	Somme créditée
7	18/3/__	Hypothèque	-	N/ remboursement de la dette	300'000.-	-
		Liquidités	-	Payement net (prix - hypothèque), payé par l'acheteur	700'000.-	-
		-	Immeubles	Valeur comptable de l'immeuble	-	600'000.-
		-	Produits exceptionnel	Plus-value réalisée sur la vente	-	400'000.-
		Charges d'immeuble	Liquidités	N/ payement des intérêts hypothécaire dus	10'000.-	10'000.-

Voici maintenant le décompte acheteur/vendeur lié à cette vente. Pour des raisons pratiques, on passe d'abord toutes les écritures par le compte autres créances puis le paiement total est calculé à la fin.

#	Date	Compte débité	Compte crédité	Libellé	Somme débitée	Somme créditée
7	18/3/__	Autres dettes	Produits d'immeuble	Arriérés de location	20'000.-	20'000.-
		Produits d'immeuble	Autres dettes	Loyers perçus d'avance	32'000.-	32'000.-

| # | Date | Compte | | Libellé | Somme | |
		débité	crédité		débitée	créditée
		Autres dettes	Charges d'immeuble	Assurances payées d'avance, mais à notre charge (1'200 x 9 / 12)	900.-	900.-
		Autres dettes	Charges d'immeuble	Reprise du stock de mazout	20'000.-	20'000.-
		Liquidités	Autres dettes	N/ règlement des dettes	8'900.-	8'900.-

DOCUMENT DE CRÉDIT

Imaginons une personne souhaitant acquérir une habitation dont le prix de vente est de 1.5 millions. La loi impose que la personne amène au moins 20% de fonds propres. Si tel est le cas, l'intermédiaire rentrera en matière pour l'octroi d'un prêt; imaginons, par souci de simplification que ce dernier s'élève à 1 million. Tout l'exercice consiste à déterminer le montant de salaire minimum que l'acquéreur. En Suisse, il est de coutume d'exiger que les charges et intérêts liés à l'immeuble ne dépasse pas 30% du salaire.

Prenons le cas d'une banque où les hypothèque de 1er rang se financent à 2.5%, pour un montant maximum qui s'élève à 65% du prix de vente (le solde étant financé par des hypothèque de 2ème rang à un prix plus élevée, par exemple, 3.0%). Dans les calculs, la banque prendra en compte les frais d'amortissement de la dette ainsi que les charges d'immeubles, respectivement, en première estimation 1.0 et 1.5%.

Le document de crédit se présentera alors, pour l'exemple ci-dessus, de la manière suivante:

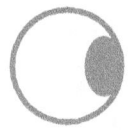

Montant

```
Bien                           1'500'000.-
de la 1e hypothèque (1'500'000 x 65%) = 975'000.-
de la 2e hypothèque (1m-0.975m)       =  25'000.-
                                      ------------
Total demandé (TD)                     1'000'000.-
```

Charges et intérêts

```
pour la 1e hypothèque 975'000 @ 2.5%  =  24'375.-
pour la 2e hypothèque  25'000 @ 3.0%  =     750.-
Amortissement       1'000'000 @ 1.0%  =  10'000.-
Charges             1'500'000 @ 1.5%  =  22'500.-
                                      ------------
Total des charges (TC)                    57'625.-
```

Revenus

```
Revenu annuel minimum  57'625 / 30%   = 192'083.-
Soit un revenu mensuel minimum        =  16'007.-
                                      ============
```

31. ASSURANCES

La vie n'est pas seulement émaillée de bons moments, elle recèle aussi des risques. Ainsi, personne n'est à l'abri d'un accident ou d'une maladie. Et dans le monde du travail, les erreurs sont inévitables: la perte d'une cargaison peut par exemple survenir pendant le transport. Même s'il est impossible de se prémunir totalement contre ces risques, se protéger contre les dommages financiers qu'ils entraînent est tout à fait faisable. C'est ce type de protection que proposent les assurances.

Les assurances sont essentielles au bon fonctionnement d'une économie de marché moderne. Sans elles, de nombreuses transactions économiques, comme le transport de marchandises, seraient tout simplement irréalisables, car le risque d'une perte financière importante serait trop élevé.

La Suisse compte, au total, 200 compagnies d'assurances privées. Le secteur comprend les branches suivantes: l'assurance-vie, l'assurance-dommages (ou choses), l'assurance- accidents, l'assurance-maladie et la réassurance.

Nous ne nous attarderons pas ici sur les assurances sociales, sujet traité dans le chapitre sur les salaires.

311. UNE ASSURANCE?

FONCTIONNEMENT DES ASSURANCES

La souscription d'une assurance s'accompagne du paiement d'un montant précis – la prime - à la compagnie d'assurances. En cas de sinistre, cette dernière (l'assureur) indemnise le dommage financier en puisant dans les primes encaissées. Afin de pouvoir proposer cette prestation, l'assureur a dû conclure au préalable un grand nombre de contrats avec des particuliers et des entreprises. Comme seule une faible part des assurés subira effectivement un sinistre, le dommage financier est réparti entre de nombreux payeurs de primes.

Illustration

Supposons qu'une assurance de l'inventaire du ménage ait 10'000 clients en portefeuille et que la probabilité d'un incendie soit identique pour tous et s'élève à 1%. En d'autres termes, 100 personnes en moyenne subiront des dommages financiers à la suite d'un incendie. Si ces 10'000 clients paient chacun une prime d'assurance annuelle de 500.-, l'assureur encaisse 5 millions de francs chaque année. Sans tenir compte des frais administratifs, ce montant suffit pour verser une indemnisation de 50'000.- à toutes les parties lésées. Mais qu'advient-il si l'on enregistre soudain 120 sinistres au lieu de 100? Fort heureusement, une telle situation est extrêmement improbable, car les assurances s'appuient sur une règle appelée "loi des grands nombres". Celle-ci leur permet d'évaluer assez précisément le nombre de sinistres futurs. Plus il y a d'assurés, plus la fréquence à laquelle survient un sinistre donné (par exemple un incendie) se rapproche de la moyenne observée à long terme (ou de la moyenne théorique).

Ce principe, qui consiste à réunir les risques et à les assumer conjointement, s'appelle la "prise en charge collective des risques" (voir ci-dessous).

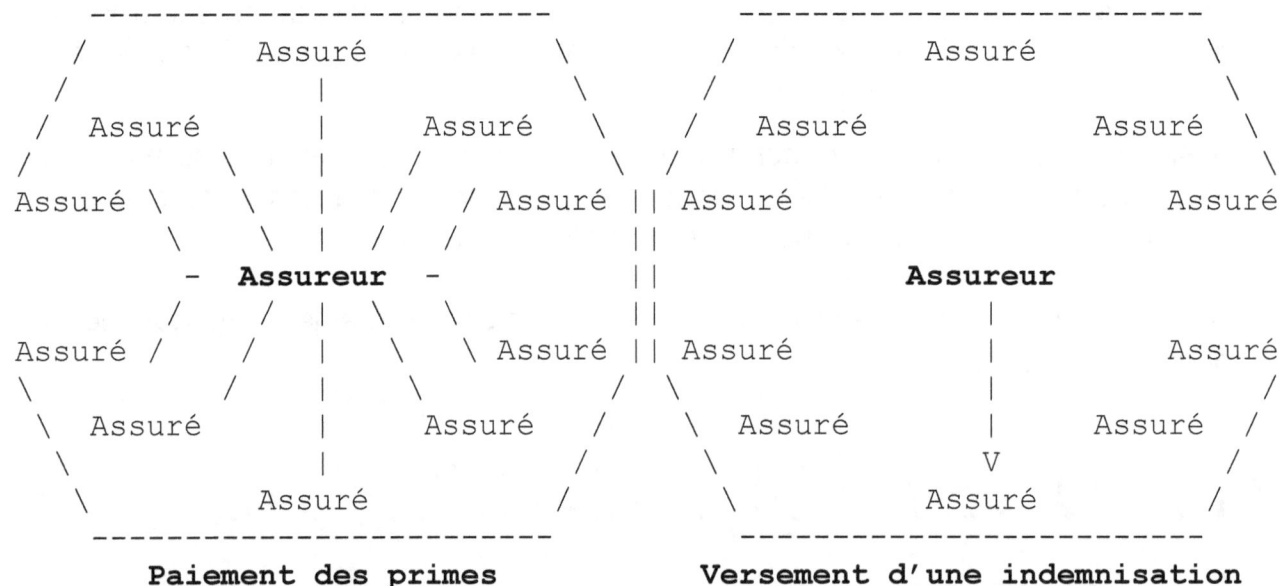

Paiement des primes   **Versement d'une indemnisation**

RISQUES ASSURÉS

Une assurance ne répare pas le dommage. Elle l'indemnise uniquement sur le plan financier. Ainsi, une assurance incendie n'empêchera pas un feu, mais elle protégera les assurés des pertes matérielles occasionnées par celui-ci.

Tous les types de dommages ne peuvent pas être assurés. Les conditions ci-après doivent être remplies pour que les assurances puissent proposer une couverture:

1. Le dommage doit pouvoir être défini au préalable d'une manière relativement précise. Exemple: un "crash" impliquant deux avions causant également des dommages au sol, constitue-t-il un ou deux accidents et l'assurance doit-elle accorder une ou deux couvertures?
2. La probabilité d'un événement doit pouvoir être déterminée d'une manière fiable. Il est dès lors extrêmement difficile de s'assurer contre des événements très rares, car leur probabilité ne peut guère être calculée (par exemple la chute d'une météorite). En outre, il est important que les événements soient indépendants les uns des autres: la survenance d'un événement ne doit pas avoir d'incidence sur la probabilité qu'un autre événement se produise.
3. L'assuré ne doit pas pouvoir provoquer l'événement pour encaisser la prestation. Il n'existe, par exemple, aucune assurance garantissant la réussite d'un examen.
4. Enfin, la fourniture de la prestation doit être économiquement viable pour l'assurance. Si une personne est toutefois disposée à payer des primes très élevées pour couvrir un dommage important, elle peut se prémunir contre des risques complexes et très personnels, notamment sur le marché d'assurances du Lloyd's, où des célébrités assurent même des parties de leur corps (cordes vocales d'une chanteuse, mains d'un pianiste). Lorsque le dommage potentiel est particulièrement grand, aucune couverture d'assurance ne peut généralement être accordée (accident d'une centrale nucléaire, attaques terroristes, guerre, etc.).

312. CONTRACTER

DE QUOI DÉPEND LA PRIME D'ASSURANCE?

Il est possible d'acheter une couverture d'assurance comme n'importe quel autre bien.

Le coût de cette couverture dépendra du niveau de protection souhaité: la prime sera d'autant plus importante que la prestation d'assurance en cas de sinistre est élevée, que la probabilité de sinistre est forte et que le nombre de preneurs d'assurance est faible. Il est par exemple plus risqué (et donc plus cher) pour un assureur de proposer une assurance hospitalisation complémentaire en division privée à une femme de 70 ans qu'à une femme de 25 ans, car il est nettement plus probable que la plus âgée des deux fasse valoir son droit à la prestation d'assurance.

QUAND EST-IL OPPORTUN DE CONCLURE UNE ASSURANCE?

Lorsqu'une couverture d'assurance offre une prestation minime (par exemple une assurance contre le bris de glace), le consommateur doit se demander si cette couverture en vaut vraiment la peine. La probabilité de sinistre étant élevée, la prime est en effet importante au regard du dommage. A titre d'alternative, le consommateur pourrait verser de l'argent sur un compte bancaire ou postal, car l'épargne constitue également- ment une assurance contre les risques. Elle présente l'avantage de couvrir des risques très différents sans que ceux-ci soient définis précisément au préalable (dans le cadre d'un contrat), comme dans le cas d'une assurance bris de glace.

Lorsque le dommage potentiel est important, l'épargne ne représente cependant pas une réelle alternative à la couverture d'assurance, par exemple à la couverture offerte par une assurance incendie (dans les cantons où elle n'est pas obligatoire). De tels sinistres ayant une faible probabilité, les primes d'assurance sont basses au regard des dommages.

313. RÉDUCTION DES RISQUES

DIFFÉRENTS TYPES DE RISQUES

Lorsqu'un assureur propose une prime unique pour une assurance des véhicules automobiles, il part du principe que tous les automobilistes représentent un risque similaire comparable et qu'ils veulent éviter les accidents. Qu'en est- il toutefois si cette hypothèse est incorrecte? Supposons que l'assureur vende à un conducteur ayant un style de conduite risqué une assurance automobile dont le tarif est calculé d'après la moyenne de tous les sinistres escomptés. Le preneur d'assurance réaliserait une bonne affaire. Pourquoi? Parce que, bien qu'il présente un risque de sinistre beaucoup plus élevé et constitue donc un "mauvais" risque, il ne devrait s'acquitter que d'une prime moyenne. Si la compagnie d'assurances savait que le conducteur est imprudent et prend des risques au volant, la prime dont il devrait s'acquitter serait clairement supérieure à la moyenne.

A l'inverse, une prime moyenne n'est pas intéressante pour les personnes considérées comme de "bons" risques, car l'éventualité d'un sinistre est plus faible dans leur cas. Les conducteurs prudents pourraient dès lors être tentés de ne plus souscrire de couverture d'assurance, ce qui augmenterait la part de "mauvais" risques dans le portefeuille de l'assureur.

Des primes calculées d'après la moyenne de tous les conducteurs ne permettent plus de couvrir les coûts des sinistres. Il faut alors augmenter les primes, ce qui fait fuir les "bons" risques. Conséquence: les primes progressent de nouveau. Cette évolution peut affecter la rentabilité de l'assurance automobile et inciter l'assureur à abandonner ce produit. Dans le jargon des assurances, ce processus au cours duquel les «bons» risques quittent progressivement le marché, sur lequel demeurent en priorité les "mauvais" risques, s'appelle la sélection adverse ou l'antisélection.

Il est possible d'écarter la menace d'une sélection adverse en assurant les risques sur une base différenciée. Les assurances accordent alors des primes plus basses aux conducteurs qui n'ont pas d'accident pendant une longue période. L'inconvénient de cette méthode: cette différenciation concerne tous les assurés, et non pas uniquement ceux qui prennent des risques. Cela peut être perçu comme injuste, car tous les jeunes automobilistes n'ont pas une conduite risquée.

SYSTÈME DE FRANCHISE

La conclusion d'une assurance peut entraîner un relâchement des efforts visant à éviter un sinistre. Ce phénomène s'appelle l'aléa moral, ou "moral hazard" en anglais. Une couverture d'assurance peut donc (mais ne doit pas forcément) induire un changement de comportement. Deux exemples: un conducteur bénéficiant d'une assurance casco complète conduit plus vite et moins prudemment, car le dommage est couvert en cas d'accident. Bénéficiant de l'assurance-chômage, une personne sans emploi prend plus de temps que nécessaire pour trouver un nouveau poste.

Etant donné que certains assurés prennent davantage de risques, un plus grand nombre de sinistres est déclaré. Les coûts augmentent et, en conséquence, éventuellement les primes. L'assurance devient dès lors moins attrayante pour les personnes prudentes; certaines résilieront leur contrat ou changeront de compagnie. Par conséquent, les coûts de l'assureur augmentent et les primes connaissent une nouvelle progression. Si le produit concerné n'est plus rentable, l'assureur se demandera s'il est encore judicieux de le proposer.

L'introduction d'une franchise peut contribuer à combattre le problème de l'aléa moral. Les parties conviennent contractuellement qu'un montant précis (pourcentage du montant du dommage ou montant fixe en francs) est à la charge de l'assuré pour chaque sinistre. Plus la franchise est élevée, moins l'assuré est tenté de prendre des risques importants. Inconvénient: seule une partie du dommage est assurable. L'assureur peut également atténuer les comportements risqués des assurés grâce à un système de bonus-malus: les assurés qui subis- sent un dommage doivent payer des primes plus élevées. En revanche, ceux qui n'ont subi aucun sinistre bénéficient d'une réduction de prime pour la période suivante.

DIFFÉRENTES FORMES D'ASSURANCE

En regroupant les risques, l'assureur peut les répartir sur un grand nombre de personnes (principe de la prise en charge collective ou "mutualisation du risque"). Il peut cependant arriver qu'un événement, tel qu'une catastrophe naturelle ou une pandémie, affecte beaucoup de personnes à la fois. C'est pourquoi les assureurs ventilent aussi leurs risques sur une longue période et constituent des réserves lors des années favorables, qui comptent moins de sinistres, afin de faire face aux périodes occasionnant des coûts élevés.

Même en procédant de la sorte, on ne peut toutefois totalement exclure qu'un sinistre donné affiche une ampleur telle que l'assureur ne puisse plus en supporter seul les conséquences financières. C'est là qu'interviennent les réassureurs, qui couvrent l'assureur contre le risque résiduel.

Assurances choses

Voir questions / réponses sous ecol2.com/u/AssChoses

Assurance responsabilité civile(RC) privée

Voir questions / réponses sous ecol2.com/u/AssRCprive

Prévoyance financière

Voir questions / réponses sous ecol2.com/u/PrevFin

Assurances véhicules à moteur

Voir questions / réponses sous ecol2.com/u/AssVehicul

Assurance accidents

Voir questions / réponses sous ecol2.com/u/AssAcc

32. Financement et rentabilité

Un financement a pour but de fournir les capitaux dont on a besoin, au moment où on en a besoin, avec un maximum de sécurité et à un **coût minimum**. Ce coût déterminera le rendement dégagé par une activité.

A la création d'une entreprise, trois éléments sont essentiels: i) y croire; ii) bien s'entourer; iii) savoir estimer avec soin les besoins et ressources financiers. Dans ce chapitre, nous étudierons comment

- Établir le plan de financement initial
- Interpréter le tableau de financement initial
- Faire des propositions concrètes pour améliorer sa situation financière

Avant d'aborder plus avant l'analyse détaillée des décisions financières, nous nous devons, pour rester rigoureux, poser deux principes de base.

1. Le marché des capitaux est considéré comme parfait car tous les agents y ont accès aux mêmes conditions
2. Le marché est à l'équilibre, l'offre et la demande de capitaux étant égales

Il convient ensuite de s'entendre sur les termes utilisés: revenus et gains en capital. Une manière simple de distinguer ces deux concepts est d'utiliser l'image de l'arbre. **Les revenus de la fortune représentent les fruits de l'arbre tandis que les gains en capital représentent la croissance de l'arbre lui-même.**

Pour ce familiariser avec tous ces concepts, le lecteur averti se référera à l'article "Quelle fortune pour arrêter de travailler?", disponible sous ecol2.com/u/b7jorv.

321. BESOINS ET MOYENS

Nous allons pour commencer, réfléchir aux entrées et sorties prévisibles d'argent au moment de la constitution de la société (sources de financement). La question est fondamentale se présente donc de la manière suivante:

Êtes vous capable de réunir les capitaux nécessaires au lancement de votre activité ?

Afin de pouvoir répondre à cette question, commençons par établir une liste détaillée de toutes les entrées et sorties prévisibles d'argent générées par les activités. Celles-ci peuvent toucher des fonctions aussi diverses que la planification financière, les ressources humaines, la gestion administrative et financière, l'informatique, les achats, le suivi de fournisseur ou des sous-traitants, la gestion du stock, le suivi des clients, le service après-vente, la recherche et développement, la production, le contrôle qualité, l'expédition des marchandises, la promotion ou les relations presses.

Il conviendra donc d'évaluer les besoins en capitaux de l'entreprise, puis trouver les sources de financement en faisant appel à des capitaux propres ou des capitaux étrangers. Très souvent, il sera nécessaire de comparer différentes sources de financement possibles, afin de choisir la plus appropriée.

A cette étape du cycle de vie de l'entreprise, il est relativement aisé de déterminer le capital nécessaire. Il s'agit la plupart du temps:

Entrée
- Apports personnels ou familiaux
- Subventions
- Crédits bancaires
- Prêts individuels
- Ventes de marchandises

Sortie
- Achats (informatique, véhicules et marchandises)
- Aménagement
- Frais de constitution
- Loyer
- Salaires et ch. sociales
- Téléphone, Internet, électricité, etc.

Il s'agit à ce stade d'un financement d'acquisition: à savoir fixer le montant des capitaux exigés à titre de capital fixe (éléments durables), à quoi il faut ajouter un fonds de roulement (financement des charges) nécessaire pour la période qui s'étend de l'acquisition du matériel jusqu'à l'encaissement des premières recettes.

Le fonds de roulement ou working capital, ensemble des actifs nécessaires à l'exploitation, soit les liquidités et les actifs disponibles réalisables à court terme, ainsi que les valeurs engagées dans l'exploitation. L'investissement est l'acquisition de ressources matérielles (bâtiment, véhicule, machine, brevet,...). C'est la transformation d'un capital en patrimoine pour l'entreprise. C'est en fait simplement

FR = Actifs circulants - Dettes à court terme

Dans le cas ci-dessus, le classement se fera sous la forme d'un plan de financement (un bilan car les besoins et ressources sont durablement dans l'entreprise) et un compte de résultat (pertes et profits).

PLAN DE FINANCEMENT

Besoins en fond de roulement BFR	Emprunt à Court et LT
Investissements (informatique, véhicule, aménagement)	Subventions
Frais de constitution	Capital social (apports personnels et familiaux)

D'après les statistiques, 95 % des créateurs d'entreprises sous-estiment leurs besoins en capitaux ! Raison pour laquelle il est important, avant de réfléchir au financement, d'établir les besoins en capitaux nécessaires à la réalisation du projet. On n'oubliera donc pas les divers honoraires (notaires, avocats, comptables), les frais administratifs, les coûts publicitaire, de développement et de dépôt d'éventuels brevets qui seront activés comme des frais d'établissement.

Cas pratique

Vous souhaitez ouvrir une entreprise de taxi. Vous allez travailler en indépendant, sans employé. Vous souhaitez couvrir une région donnée et pensez atteindre 5 % de part de marché en 6 mois d'activité.

De quoi avez-vous besoin?

a) Acquérir un véhicule, soit effectuer un **investissement** et trouver des moyens pour financer cet investissement de base. Ev. Acheter un portable performant.
b) Pouvoir disposer de fonds pour assurer le cycle d'exploitation de l'entreprise, c.-à.-d. payer l'essence, les assurances, les taxes, le salaire, ... Pour cela il faudra disposer d'une réserve de liquidités suffisante.

Le bilan de fondation de l'entreprise ressemble à un bilan d'ouverture classique.

BESOINS EN FONDS DE ROULEMENT (BFR)

Le besoin en fonds de roulement est le besoin financier résultant de l'exploitation proprement dite. Le besoin en fonds de roulement dépend principalement de la durée de stockage, des délais de paiements des clients et des délais de paiements accordés par les fournisseurs.

Pour une entreprise commerciale ou de production

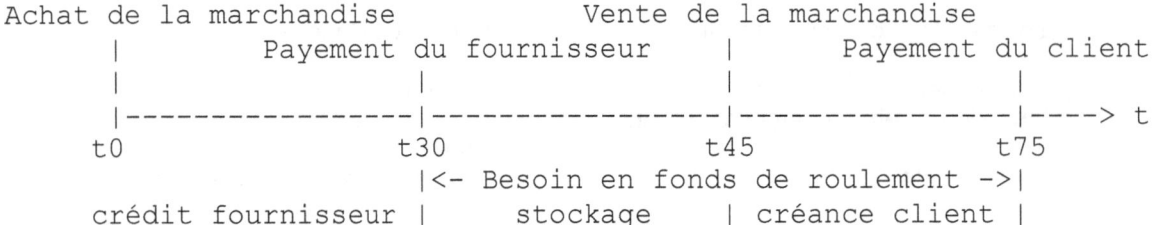

```
Achat de la marchandise          Vente de la marchandise
   |          Payement du fournisseur    |      Payement du client
   |                    |                 |              |
   |                    |                 |              |
   |--------------------|-----------------|--------------|----> t
  t0                   t30              t45             t75
                        |<- Besoin en fonds de roulement ->|
  crédit fournisseur   |     stockage     | créance client |
```

Le besoin en fonds de roulement couvre la période entre la date où l'entreprise paie son fournisseur et la date où le client paie sa facture. Période durant laquelle l'entreprise doit continuer à payer son loyer, les salaires et autres frais de fonctionnement.

Pour une entreprise de service

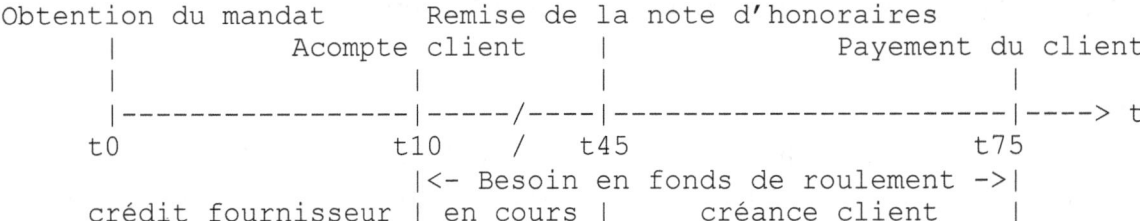

```
Obtention du mandat         Remise de la note d'honoraires
   |          Acompte client    |               Payement du client
   |                 |          |                     |
   |                 |          |                     |
   |-----------------|-----/----|---------------------|----> t
  t0               t10   /    t45                    t75
                    |<- Besoin en fonds de roulement ->|
  crédit fournisseur | en cours |     créance client    |
```

L'entreprise continue de payer ses charges et doit "supporter" un certain nombre de frais avant de pouvoir présenter sa note d'honoraire... et à donc besoin de fonds de roulement.

S'agissant de "micro-projets", le calcul du besoin de fonds de roulement est simplifié. On retient généralement une évaluation de type forfaitaire qui correspond à un ou deux mois de charges + un à deux mois de revenu (revenu minimal incompressible), auquel s'ajoutent, s'il y a lieu, le stock minimal qui est nécessaire en permanence à l'entreprise pour pouvoir fonctionner correctement.

Cas pratique

- Durant l'année, en chiffres arrondis, nous avons réalisé pour 598'000.- TTC de vente; les achats représentent 40 % des ventes, soit 221'480.- HT
- Les matières premières en stock (prix d'achat HT) correspondant à 1 mois et demi d'achat, les produits finis stockés représentent 8 jours de chiffre d'affaires HT
- En moyenne, 40% des clients paient à 30 jours, 60% à 60 jours, nous payons 70% de nos factures à 30, le solde à 60 jours

Quel est le délai moyen des payements? de combien, en moyenne, se montent les encours? Pour les...

- Le délai des créances clients est de 48 jours (40% x 30 + 60% x 60), ce qui représente en moyenne environ 79'733.- TTC de créances clients (598k x 48 / 360)

- Le délai moyen du payement des dettes à CT est de 39 jours
(70% x 30 + 30% x 60), ce qui représente environ 23'994 HT de crédits
(221'480 x 39 / 360) ou 25'841.55 TTC (taxe à 7.7%)

Les créances clients sont donc supérieurs aux dettes à court terme, l'entreprise à ainsi besoin de fonds de roulement.

Pour calculer le montant, on se basera sur les schémas précédents: on observe que le besoin en fonds de roulement correspond à la somme du

stock/en cours (HT) + créances clients (TTC) - dettes à CT (TTC)

Il en résulte par ailleurs que la

Trésorie = fonds de roulement (FR) - besoins en fonds de roulement (BFR)

Comme les matières premières en stock valent 27'685.- (221'480 / 12 x 1.5) et que les produits finis en stock ont une valeur de 12'305 (598k / 1.08 x 8 / 360),

BFR = 93'810.-
(27'685 + 12'305 + 79'733 - 25'913)

Une fois le besoin en fonds de roulement calculé, se pose la question de son financement...

322. SOURCES DE FINANCEMENT

Le tout étant maintenant clairement posé, nous pouvons nous intéresser à deux types de calcul de rendements: interne (au projet) ou externe (lié aux bénéfices d'une activité). Bien que proches, ces deux notions ont des modes de calculs très différents.

Toute entreprise possède deux types de passifs qui correspondent à deux moyens de financement:

- **Les capitaux propres** appelés aussi financement interne: ils proviennent de personnes intéressées financièrement à la marche de l'entreprise (les propriétaires, les actionnaires,...) au travers du capital, des réserves et bénéfices accumulés.

- **Les capitaux étrangers**, appelés aussi financement externe: ils proviennent de bailleurs de fonds extérieurs à l'entreprise, que cela soit les créanciers, des banques, des obligataires ou des crédits hypothécaires

Le bilan indique la structure du financement de l'entreprise. Une entreprise sera indépendante si le total de ses fonds étrangers est moins important que ses fonds propres. Pour mémoire, lorsque les perte cumulées dépasse la moitié du capital et des réserves légales, après la prise en compte des réserves statutaires, le Conseil d'Administration doit convoquer une assemblée générale pour lui proposer des me-

257

sures d'assainissement (art. 725 du CO, ecol2.com/u/CO). Dans tout les cas, il s'agit de trouver les moyens pour financer son activité.

LE FINANCEMENT INTERNE

Le financement interne est constitué par les fonds propres et les bénéfices que l'entreprise a générés pendant son activité.

Le financement interne peut provenir de :
- **L'apport en numéraire** effectué par les fondateurs de l'entreprise
- **L'apport en nature**, les propriétaires apportent des biens matériels ou des connaissances techniques en lieu et place d'argent liquide
- **L'incorporation de réserves**, il s'agit d'une opération comptable neutre. Une réduction des réserves de l'entreprise est transformée en augmentation de capital propre
- **L'autofinancement**, où l'activité de l'entreprise permet de générer des ressources (une partie du bénéfice est réinvesti dans l'entreprise); plus l'autofinancement d'une entreprise est important, plus cette entreprise garantit sa stabilité et son indépendance sur le long terme.

Calcul de la capacité d'autofinancement CAF

La capacité d'autofinancement ou le cash flow représente l'argent (le surplus monétaire) que l'entreprise dégage par son exploitation proprement dite. Elle constitue ainsi une ressource interne grâce à laquelle l'entreprise peut financer une partie de ses investissements. C'est un élément décisif pour mesurer la capacité financière de l'entreprise

```
CAF = Résultat net de l'exercice
      (après impôts et avant distribution du bénéfice)
   + Charges non "décaissables"
      (dotations aux amortissements et provisions)
   - Produits non encaissables
      (reprises sur amortissements et provisions)
   - Plus-value de cession d'actifs
   + Moins-value de cession d'actifs
```

En comparant la CAF au montant des dettes financières, on estime le temps nécessaire à l'entreprise pour s'acquitter de ses dettes.

```
Dettes
------ = temps pour s'acquitter de ses dettes ou
  CAF    degré d'endettement
```

La santé financière de l'entreprise est garantie lorsque pour la première année d'exploitation l'excédent des ressources par rapport aux besoins est supérieur à 15% de la CAF.

LE FINANCEMENT EXTERNE

Par le financement externe, l'entreprise acquiert des fonds par le biais du marché monétaire appelé aussi marché des capitaux.

Ce financement peut être assuré par :

* un **emprunt** de proximité mis à disposition par un tiers, un ami, un parent,...

* Du **capital prêté** par une banque ou une institution financière, qui demandera soit un historique solide, soit de procéder à une mise en gage de son prêt (fonds de garantie, hypothèque voir même le 2e pilier)

* Du capital provenant du **public**, par exemple émanant d'un emprunt obligataire ou d'une vente d'actions

* Du **capital risque** mis à disposition par des bailleurs de fonds fortunés et prêts à prendre de gros risques

* Le **leasing** est une autre forme de financement qui sera vu ultérieurement. Le leasing est une formule de financement à moyen terme qui consiste en la location de biens mobiliers ou immobiliers. C'est un contrat par lequel une société de leasing loue, pour une période déterminée, un bien (machine, véhicule, équipement) à un utilisateur (preneur de leasing), contre une redevance mensuelle. La société de leasing achète donc le bien commandé par le preneur et le loue à ce dernier. A l'échéance du contrat, le preneur de leasing à la possibilité d'acquérir le bien pour un montant convenu au moment de la signature. Concernant le fonctionnement du leasing, le lecteur pourra se référer au site ecol2.com

Cas pratique

Voici un plan de financement initial:

UTILISATION DES RESSOURCES		RESSOURCES LONG TERME	
BFR	35'600	Emprunt	64'000
Investissements	102'000	Subventions	14'300
Frais d'établissement	13'200	Apports personnels	76'000
Total	**150'800**	**Total**	**154'300**

Afin de couvrir la différence entre les besoins et les ressources durables, l'entreprise a opté pour une combinaison de divers moyens, soit recourir à un leasing pour financer un véhicule 37'400.- ainsi que contracter un emprunt 64'000.-

Après une année d'exploitation, l'entreprise rembourse 7'400.- de dette, génère un résultat de 96'300, amorti ses machines à hauteur de 29'150.- Le propriétaire s'octroi en outre un salaire de 3'800.-. Le plan de financement évoluera de la manière suivante:

UTILISATION DES RESSOURCES		RESSOURCES LONG TERME	
BFR	35'600	Emprunt	64'000
Investissements	102'000	CAF	125'450
Frais d'établissement	13'200	Subventions	14'300
Remboursement	7'400	Apports personnels	76'000
Distribution du bénéfice	45'600		
Total	**203'800**	**Total**	**279'750**

CAF = résultat + amortissement + provisions
Distribution du bénéfice = salaire mensuel x 12

Dans la pratique, un compte courant d'associé est souvent ouvert au nom des associés, sur lequel sont portées les sommes prêtées.

FINANCEMENT DURANT LES CYCLES DE PRODUCTION

Pendant le cycle d'exploitation, l'entreprise continuera à avoir besoins de moyens financiers pour effectuer de nouveaux investissements et pour trouver des ressources pour acquérir des marchandises qu'elle tentera ensuite de commercialiser. Le problème des liquidités est cruciale, quelle que soit l'activité de l'entreprise.

Au cours de la 1ère année d'exploitation, une distribution de bénéfice ne se fait que dans une entreprise individuelle étant donné que l'exploitant unique tire sa rémunération du bénéfice réalisé par l'entreprise. Dans le cas des sociétés, les associés perçoivent une part des bénéfices de l'entreprise sous forme de dividendes. Les associés devant toutefois attendre la Clôture des comptes, aucune distribution de dividendes ne peut être constatée au cours de la 1ère année d'exploitation.

Cas pratique

Voici le bilan d'une entreprise fabriquant des sacs poubelles. Son objectif est de produire 1 milliard de cornets de 30 sacs en 1 an, de les distribuer elle-même et de couvrir tout le marché suisse.

Voici le bilan de cette entreprise au 31 décembre

ACTIFS	BILAN AU 31 DÉCEMBRE, EN CHF'000		PASSIFS
Caisse	25	Fournisseur	65
Créances	60	Emprunt auprès de S	100
Brevets	40	Emprunt bancaire	400
Titres	15	Dette hypothécaire	400
Stocks	80		
		Réserve	95
Machines	200	Capital	375
Véhicules	100		
Mobilier	15		
Immeuble	700		
Terrain	200		
Total des actifs	**1'435**	**Total des passifs**	**1'435**

Déterminer le total de l'actif et du passif du bilan, le capital circulant, le capital fixe, les valeurs engagées dans l'exploitation, les disponibilités, les fonds propres, les fonds étrangers, le fonds de roulement et le fonds de roulement net; la règle d'or du bilan est-elle respectée ?

Afin de pouvoir vérifier la viabilité de l'entreprise, on comprendra aisément qu'il ne suffit pas d'établir un bilan et un plan de financement initial. Il est également nécessaire d'estimer les besoins et ressources financiers pour les premiers mois d'activité, soit pendant le cycle de production.

Les prévisions de l'entreprise pour les années à venir sont les suivante:

	ANNÉE 2	ANNÉE 3
Prélèvement de l'exploitant	50'000	68'000
Prélèvement temporaire	4'000	-
Chiffre d'affaires TTC	322'000	414'000
Achats HT	100'000	150'000
CAF		129'000

Le stock des produits finis devraient se monter à 15 jours de chiffre d'affaires HT (taux TVA de 7.7%). Le délai de règlement des créances clients risquent de légèrement détérioré avec 30% des montants payés à 30 jours, le solde à 60. Le règlement des fournisseurs devrait quand à lui s'améliorer avec 75% des factures réglées à 30 jours, 25% à 60. L'entreprise prévoit en outre d'acheter une camionnette (16'578.-) au cours de l'année 2. Les intérêt de remboursement annuel s'élèveront probablement de 7'400 à 7'460 dans la 3e année.

Le plan de financement sera en conséquence le suivant:

	ANNÉE 2	ANNÉE 2	ANNÉE 3
Distribution du bénéfice	45'600	50'000	68'000
Remboursement	7'400	7'400	7'460
BFR	35'600	44'683.56	54507.53
Investissement	102'000	16'578	-
Frais d'établissement	13'200	-	-
Utilisation des ressources	**203'800**	**118'661.56**	**129'967.53**
Emprunt	64'000	-	-
CAF	125'450	127'300	129'000
Subventions	14'300	-	-
Comptes des associés	-	4'000	-
Capital	76'000	-	-
Ressources durables	**279'750**	**131'300**	**129'000**
Liquidité / Trésorie	**75'950**	**12'638.44**	**(967.53)**

Exercice

Quiconque a vu l'atelier d'un tanneur sent l'impossibilité absolue qu'un homme ou même plusieurs hommes pauvres s'approvisionnent de cuirs, de chaux, de tan, d'outils, etc., fassent élever les bâtiments nécessaires pour monter une tannerie et vivent pendant plusieurs mois jusqu'à ce que les cuirs soient vendus...

Qui donc rassemblera les matières du travail, les ingrédients et les outils nécessaires à la préparation ? Qui fera construire des canaux, des halles, des bâtiments de toute espèce ? Qui fera vivre jusqu'à la vente des cuirs ce grand nombre d'ouvriers dont aucun ne pourrait seul préparer un seul cuir, et dont le profit sur la vente d'un seul cuir ne pourrait faire subsister un seul ? Qui subviendra aux frais de l'instruction des élèves et des apprentis ?

Ce sera un des possesseurs de capitaux ou de valeurs immobilières accumulées qui les emploiera, partie aux avances de la construction et des achats de matières, partie aux salaires journaliers des ouvriers qui travaillent à leur préparation. C'est lui qui attendra que la vente des cuirs lui rende non seulement toutes ses avances, mais encore un profit suffisant pour le dédommager de ce que lui aurait valu son argent s'il l'avait employé en acquisition de fonds, et du salaire dû à ses travaux, à ses soins, à ses risques, à son habileté même; car sans doute, à profit égal, il aurait préféré vivre, sans aucune peine, du revenu d'une terre qu'il aurait pu acquérir avec le même capital.

A mesure que ce capital lui rentre par la vente des ouvrages, il l'emploiera à de nouveaux achats pour alimenter et soutenir sa fabrique par cette circulation continuelle; il vit sur ses profits et il met en réserve ce qu'il peut épargner pour accroître son capital et le verser dans son entreprise en augmentant la masse de ses avances, afin d'augmenter encore ses profits.

Turgot, 1766

1. A partir de l'exemple ci-dessus, énumérer, en les groupant par catégories, les besoins de toute sorte nécessités par la production des cuirs.

2. L'entrepreneur capitaliste qui assume directement l'ensemble des charges d'une entreprise n'est pas un philanthrope; qu'escompte-t-il au terme de la production ? Qu'est-ce qui, dans le texte, légitime ce "dédommagement" ?

3. Quelles parts fait l'entrepreneur de ses profits ? Quel nom donne-t-on à ces deux utilisations fondamentales des bénéfices :
   - le renouvellement des capitaux techniques usés ou démodés,
   - l'accroissement des capitaux techniques afin d'augmenter la capacité de production de l'entreprise et le volume des "profits" ?

4. Définir et caractériser, à partir du texte, le rôle de l'entrepreneur.

5. Dans quelle mesure ce texte, qui date du 18e siècle, est-il encore valable de nos jours?

323. RENTABILITÉ D'UNE ENTREPRISE OU UN PROJET

SEUIL DE RENTABILITÉ

Le seuil de rentabilité est le chiffre d'affaires (ou le niveau d'activité) que l'entreprise doit atteindre pour couvrir l'intégralité de ses charges et pour lequel elle ne dégage ni bénéfice, ni perte. Afin de le déterminer, il s'agira de pouvoir différencier les charges variables et les charges fixes pour déterminer ce point d'équilibre aussi appelé point mort. En résumé, si le seuil de rentabilité est inférieur au chiffre d'affaire réalisé, l'entreprise dégagera un bénéfice; une perte dans le cas contraire.

Charge fixes et charges variables

Les charges fixes sont des charges indépendantes du niveau d'activité de l'entreprise, comme le loyer, les primes d'assurances, amortissements, etc. A l'inverse, les charges variables évoluent de manière proportionnelle à l'activité de l'entreprise, le coût d'achat des marchandises, les frais de transport en sont de parfaits exemples. A noter qu'en comptabilité analytique, l'on distinguera également entre charges directes et indirectes (voir chapitre correspondant)

Calcul du seuil de rentabilité et taux de marge

Pour calculer le seuil de rentabilité, on calculera tout d'abord la marge sur les coûts variable, soit la différence entre chiffre d'affaires et charges variables. On calculera ensuite le pourcentage de cette marge par rapport au chiffre d'affaire.

```
                 (chiffre d'affaires - charges variables)   marge
Taux de marge = ------------------------------------------ = -----
                       chiffre d'affaires (CA)                 CA
```

Parallèlement, le seuil de rentabilité se calculera comme le rapport des charges fixes sur le taux de marge sur les coûts variables.

```
                      charges fixes
Seuil = ------------------------------------------- = CA au pt mort
            taux de marge sur les coûts variables
```

Le point mort sera alors le rapport du seuil de rentabilité avec le chiffre d'affaires rapporté à une année.

```
                seuil de rentabilité
Point mort = ---------------------- x 12 mois (ou x 360 jours)
                chiffre d'affaires
```

Graphiquement le seuil de rentabilité est indiqué par l'intersection de la droite des charges variables avec celle des charges fixes.

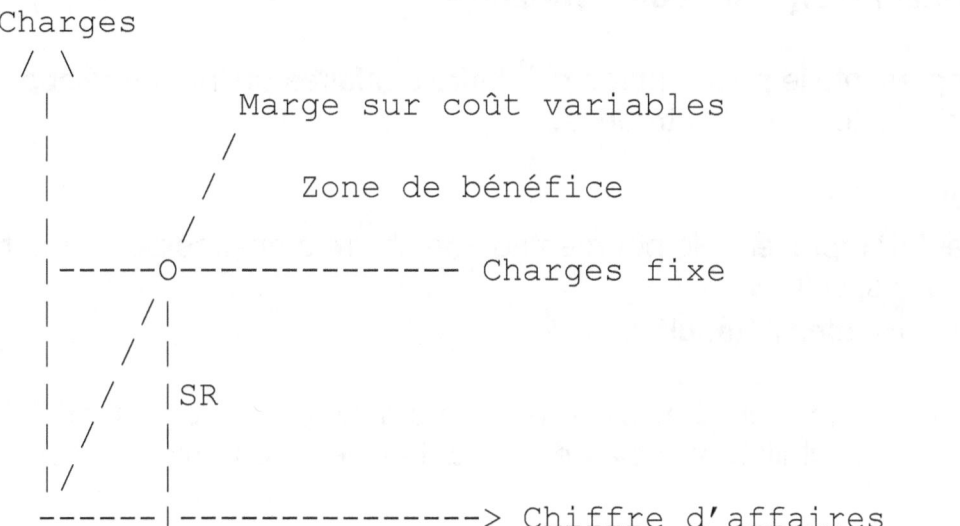

```
Charges
 / \
  |              Marge sur coût variables
  |         /
  |       /        Zone de bénéfice
  |     /
  |-----O-------------- Charges fixe
  |    /|
  |   / |
  |  /  |SR
  | /   |
  |/    |
  ------|--------------> Chiffre d'affaires
```

Pour mémoire, le seuil de rentabilité SR est également le lieu où le chiffre d'affaire CA égale le montant des charges totales CT.

Exercice type

Quel est le seuil de rentabilité d'un entreprise artisanal, sachant que le prix de vente d'une table est de 400.-; la location de l'atelier coûte 36'000.- par an; l'amortissement annuel des machines s'élève à 48'000.-; le représentant, engagé à l'année, est rémunéré 1'000.- par mois plus une commission de 2.5% du chiffre d'affaires réalisé. A noter que la fabrication d'une table nécessite 5 kg de métal acheté à 22.- le kilo et nécessite 4 heures de main d'œuvre payée 50.- l'heure?

Marge et indice de sécurité

Plusieurs indicateurs peuvent être tirés du modèle de seuil de rentabilité, qui permettent d'avoir une estimation relative du risque. Nous nous contenterons ici, de présenter ceux calculés simplement, à partir du seuil de rentabilité.

Marge de sécurité

La marge de sécurité MS se définit étant comme la différence entre le chiffre d'affaires annuel et le seuil de rentabilité soit : MS = CA - SR

Autrement dit, la marge de sécurité représente le montant de chiffre d'affaires qui peut éventuellement être supprimé pour quelque raison que ce soit, sans entraîner de perte pour l'entreprise.

Indice de sécurité

Si l'on rapporte la marge de sécurité au chiffre d'affaires global, on obtient un "indice de sécurité" IS, soit :

IS = MS / CA = Résultat / Marge sur coûts variables

L'indice de sécurité représente le pourcentage de chiffre d'affaires qui peut être supprimé sans entraîner de pertes pour l'entreprise.

Indice de prélèvement

L'indice de prélèvement IP représente le pourcentage de chiffre d'affaires permettant de couvrir les charges fixes, soit :

IP = Marge sur coûts variables / Résultat

Il est évident que plus cet indice sera élevé, c'est-à-dire proche de 1, plus il sera difficile d'atteindre le seuil de rentabilité. Au-delà de 1, il vaut évidemment mieux renoncer.

Cas pratique

Une entreprise spécialisée dans la fabrication de flacons de parfum souhaite plus particulièrement développer l'activité "parfumerie de luxe". Certes, cette activité paraît beaucoup plus rentable, mais aussi plus risquée : sur 100 lancements par an de parfums, 90 sont abandonnés. C'est pourquoi, il est envisagé de modifier une partie de la structure de production existante pour développer une nouvelle gamme. Le prix de vente prévu du nouveau flacon est de 80.-. Les investissements consentis généreront 20.8 millions de frais fixes par an. Les charges variables, quant à elles, représentent 10 % du prix de vente. Une étude de marché estime la demande moyenne à 300'000 flacons pour la première année (N+1) et à 400 000 pour l'année suivante (N+2). La société se demande si elle doit procéder à cet investissement?

Pour répondre, partiellement, à cette question, il convient de procéder à une analyse du risque d'exploitation de la future structure de production pour les années N et N+1. On calculera les indicateurs le seuil de rentabilité et le pourcentage des ventes permettant de dégager un bénéfice (c'est-à-dire l'indice de sécurité).

- Le taux de marge est de 90% (les coûts variables représentent 10 %)
- Le seuil de rentabilité s'élève à 23.1 millions (20'800'000 / 0.9), soit 288'889 flacons (23.1 millions / 80)
- L'indice de sécurité pour la 1e année est de 3.7% ((300 - 289) / 300), il augmente à 27.8% ((400 - 289) / 400) la 2e année

Le risque est donc nettement moins élevé la deuxième année que la première. On notera que le calcul peut s'effectuer directement à partir des quantités, puisque le prix demeure uniformément de 80.-

RENDEMENTS

Rendement sur la fortune ou capital investi

Le rendement sur le capital investi (RCI ou ROI en anglais) est une mesure clé de la performance et de la santé financières d'une entreprise. Ce ratio indique l'efficacité et la rentabilité des investissements en capital (que l'on va ou que l'on a déjà) dans une entreprise. C'est sans doute la mesure la plus adéquate du succès d'une entreprise, car elle permet de voir avec quel degré d'efficacité une entreprise utilise ses ressources pour créer une valeur économique.

Le rendement sur le capital investi se calcule en divisant le bénéfice avant amortissement, intérêts et impôts par la différence entre le total des actifs et le passif à court terme.

```
         Bénéfice avant amortissement, intérêt & impôt
RCI = ----------------------------------------------- x 100
           Total des actifs - passifs à court terme
```

Comme le bénéfice avant amortissement, intérêt et impôt correspond en fait à la différence entre les revenus et les dépenses (excluant les dépenses d'amortissement, les paiements d'intérêts et les versements d'impôts), le RCI est essentiellement le rapport entre les revenus nets et les actifs nets (les actifs totaux moins les passifs à court terme).

Le RCI doit toujours être plus élevé que le taux d'intérêt auquel l'entreprise emprunte, sinon tous les montants empruntés vont contribuer à réduire le bénéfice net des actionnaires.

Cas pratique

Vous planifiez l'ouverture d'un restaurant de 70 places. Cet investissement nécessite une mise de fonds estimée à 5'000.- par place. En outre, une amélioration des équipements pour un montant de 210'000.- est nécessaire. Enfin, 140'000 seront réservés aux fonds de roulement. 189'000.- seront financés par un emprunt, le reste représente un apport en fonds propres.

ACTIFS	BILAN D'OUVERTURE		PASSIFS
Banque	95'000	Dettes à long terme	189'000
Inventaires	35'000	Capital action	161'000
Frais payés d'avance	10'000		
Immobilisation corporelle	210'000		
Total des actifs	**350'000**	**Total des passifs**	**350'000**

La première année d'opération, il semble possible de dégager un revenu de 10'000.-TTC par place.

CHARGES	COMPTE DE RÉSULTAT		REVENUS
Matière première utilisée	210'000	CAN	700'000
Main-d'œuvre	224'000		
Frais de fonctionnement	204'400		
(animations, publicité, entretiens)			
Frais payés d'avance	10'000		
Bénéfice	61'600		
(avant amortissement, intérêt et impôt)			
Total des charges	**700'000**	**Total des passifs**	**700'000**

Le rendement sur le capital investi sera donc de 17.6% (61'600 / 350'000).

Rendement d'un projet (valeur actuelle nette VAN)

Admettons que l'on doivent décider d'effectuer ou pas un projet d'investissement. Ce dernier coûte 60'000.- et rapporte, dans les six prochaines années 20'000.- par an. La structure des cash-flows est la suivante:

<u>Année du projet</u>

1) 20'000	3) 20'000	5) 20'000
2) 20'000	4) 20'000	6) 20'000

Faut-il entreprendre le projet? À première vue il semblerait que oui (il "coûte" 60'000.-, et il rapportera 120'000.-).

La décision d'effectuer une dépense d'investissement est cependant un peu plus complexe: elle est prise si la valeur totale des recettes futures (cash-flows) découlant de cet investissement est au moins égale ou supérieure à la valeur des dépenses engendrées par l'acquisition et l'utilisation de l'équipement (bien-capital). La variable financière qui permet de décider de l'opportunité d'un investissement est appelée la valeur actuelle nette (VAN). La formule pour la calculer est la suivante:

$$\text{VAN} = \frac{\text{CF flux de trésorerie}}{(1 + t)^p}$$

Où t est le taux d'intérêt du financement.

Dans notre cas, si l'on admet que le projet est soumis à un coût de financement de 5%, la VAN est alors de 41'515.- , soit un taux de rendement interne (TRI, interest rate of return IRR, en anglais) de 24.3%. En effet

```
N0: -60'000 / (1 + 0.05)^0             -> VAN = -60'000
N1:  20'000 / (1 + 0.05)^1 = 19'048 -> VAN = -40'952
...
N6:  20'000 / (1 + 0.05)^6 = 14'924 -> VAN = +41'515
```

Si notre coût de financement t est au-delà de 24.3%, la VAN devient négative, il ne faut pas entreprendre le projet. Par contre, pour tout taux d'intérêt compris entre 0% et 24.3%, le projet a une VAN positive, et donc devrait être entrepris.

Cas pratique

Supposons que le taux d'intérêt sans risque en vigueur sur le marché des capitaux soit de rf = 5 %. Vous venez de trouver un pavillon que vous pourriez acquérir pour 150'000.-. Une rapide analyse du marché immobilier vous apprend que vous pourriez le revendre dans un an pour un montant, après frais de rénovation, de 200'000.-. En vous fondant sur la valeur future, quelle sera votre décision si vous disposez d'une somme de 150'000.- sur votre compte bancaire? Si vous ne disposez d'aucunes ressources, combien emprunteriez-vous pour pouvoir disposer immédiatement de la VAN du projet ?

Commençons par analyser le problème de choix dans le cas où vous possédez la somme nécessaire pour l'achat du pavillon. Si vous n'achetiez pas le pavillon, vous placeriez votre argent pour un an. Étant donné le taux en vigueur sur le marché, la valeur future (VF) de ce placement serait:
VF = (150'000) × (1 + 0.05) = 157'500

Si par contre, vous achetiez le pavillon, vous renonceriez au placement mais vous obtiendriez, dans un an, un cash-flow de 200'000.-. La valeur future nette (VFN) de l'achat (la différence entre le cash-flow futur de l'achat et celui d'un placement) est:
VFN = 200'000 – 157'500 = 42'500.-

L'investissement est rentable. La valeur actuelle nette (VAN) de l'investissement est:
VAN = –150'000 + 200'000 / 1.05 = 40'476.-

324. PLACEMENTS ET IMPÔTS ANTICIPÉS

GÉNÉRALITÉS SUR LES TITRES

Les bourses sont des marchés où sont mis en relation des vendeurs et des acheteurs. Le prix d'une action est déterminée selon l'offre et la demande du titre. Il existe plusieurs bourses : bourses de valeurs, bourses des devises, bourses des marchandises (matières premières). La bourse fait donc le lien entre les particuliers désireux de placer leur argent et les entreprises qui ont besoin de fonds.
La bourse suisse s'abrège SWX. Le SMI comprend les 20 plus grandes entreprises suisses.

Les actions

Ce sont des papiers-valeurs représentant une part de capital d'une SA. Elles rapportent un dividende (variable, selon le résultat de l'entreprise), octroi un droit de vote (l'actionnaire peut prendre part aux décisions qui concernent l'entreprise).

Une action a une valeur nominale et une valeur de marché. La valeur nominale est le prix auquel elle a été mise sur la marché. Cette valeur sert également pour le calcul des dividendes. La valeur de marché est le prix auquel les titres s'échangent à la bourse des valeurs.

L'achat de l'action donne lieu à l'écriture suivante: **Placement à Liquidités**

Il ne faut pas oublier de tenir compte des droits de timbre fédéral (0,075 %) ainsi qu'une taxe de bourse (0,01 %). De plus, les frais de courtage sont aussi à régler. Ils peuvent varier selon les banques. Il faut donc ajouter tous ces frais à la valeur d'achat des actions. Lors de la vente d'une action, il faut retrancher la valeur des frais de courtage et autres charges relatives à la vente au prix de vente.

Les obligations

Une obligation est un papier-valeur qui constate que le possesseur a effectué un prêt à échéance. Le contrat fixe l'échéance et le taux d'intérêt. Posséder une obligation revient à posséder une créance sur l'entreprise. L'obligation possède également une valeur nominale et une valeur de marché (traduite en pourcentage de la valeur nominale). L'intérêt annuel est basé sur la valeur nominale (minimum 1'000.-). Le taux d'intérêt étant fixe, si le détenteur d'une obligation s'en sépare avant l'échéance, l'acquéreur devra payer des intérêts courus.

Calcul du taux de rendement

260

Rendement courant

Pour calculer le taux de rendement, il faut connaître :
* Le capital engagé, y compris les frais d'achat et de vente
* Les intérêts ou dividendes éventuels obtenus chaque année
* Les gains ou pertes enregistrés lors de la revente

Taux de rendement = revenu annuel / capital engagé

Exemple: achat de 10 actions (montant nominal de 50.-) à 78.- avec des dividendes brut prévues de 5 %

Revenu annuel = 5 % x 500.- (10 x 50) = 25.-
Taux de rendement = 25 / (10 x 78) = 3.21%

Exemple: Achat au cours de 104 d'une obligation d'une valeur nominale de 1'000.- avec un rendement de 6%. Revente une année après au taux de 102.

Capital engagé   :   1'040.-

Capital récupéré   :   1'020.-

* soit une perte de   20.-*

Intérêt annuel   :   60.-

* soit un revenu de   40.-   (60 - 20)*

Taux de rendement = 40 / 1040 = 3,85%

Exemple: une obligation offre un coupon (paiement d'intérêts) de 4.8%. Son cours est de 96%. Le rendement annuel (ou rendement courant) est donc de 5% (4,8 / 96%). Pour des rendements calculé en cours d'année, on prendra en compte le nombre de jours: soit pour une valeur nominale de 100'000.- d'une obligation achetée le 31 mars, un taux d'intérêt de $3 1/2$% et une échéance des coupons au 20 juin. L'intérêt couru est de I = 100'000 x 3,5% x 80 / 360, soit I = 777,75

| # | Date | Compte | | Libellé | Somme | |
		débité	crédité		débitée	créditée
21	31/3/__	Placements	-	Valeur boursière + frais	100'000.-	-
		RPF	-	Intérêts courus / 80j.	777.75	-
		-	Banque	Versement	-	100'777.75

Le rendement à échéance (ou rendement actuariel) et intérêts composés

Le rendement à échéance correspond au rendement d'une obligation qui serait détenue par un investisseur jusqu'à son échéance, également appelé "yield to maturity" en anglais. Contrairement au rendement courant, son calcul prend en compte d'autres éléments que le simple coupon tels que le prix de l'obligation, l'échéance, etc.

Méthode des intérêts composés

Pour calculer le rendement à échéance d'une obligation, on utilise la méthode des intérêts composés. Cette méthode permet de prendre en compte le fait que l'intérêt lié à la détention d'une obligation est réintégré chaque année au capital et engendre lui-même des intérêts.

Exemple: un investisseur achète aujourd'hui une obligation à 100.-. Elle donne droit au versement d'un coupon tous les ans de 3 %. Pour connaitre la valeur future (VF) du placement, on utilise la méthode des intérêts composés. Soit les calculs suivants:

- Après un an, VF = 100 + (100 × 30%) = 103.-
- Après deux ans, 103 + (103 × 30%) = 106.09
- Après trois ans, 106.09 + (106.09 × 30%) = 109.27; etc.

À partir de l'exemple précédent, on obtient la formule suivante pour calculer la valeur future d'une obligation en fonction de sa valeur actuelle (VA, formule des intérêts composés):

$$VF = VA (1 + i)^n$$

avec n = nombre d'année et i = taux d'intérêt

Rendement à échéance d'une obligation zéro coupon

Le taux de rendement à échéance d'une obligation zéro coupon est le taux qui permet d'égaliser la valeur de l'obligation à ce jour avec la somme des flux futurs, c'est à dire les coupons et le prix de remboursement à l'échéance du titre. Autrement dit, le taux d'intérêt que percevrait un investisseur qui détiendrait l'obligation jusqu'à son term (rendement de l'obligation). Cette technique permet notamment de comparer la rentabilité d'obligations présentant des prix et des coupons différents. Pour calculer le taux de rendement actuariel, il suffit d'appliquer la formule suivante:

$$i = \left(\frac{VF}{VA}\right)^{1/n} - 1$$

À noter que lorsque le prix de l'obligation (la valeur actuelle) augmente, le taux de rendement à échéance diminue et que le prix d'émission < valeur nominale.

Exemple: un investisseur achète une obligation zéro coupon un an avant son échéance. Son prix sur le marché est de 96 et son prix de remboursement s'élève à 100. Le taux de rendement à terme de l'obligation est donc de 4.1% (soit 100/96 -1)

Rendement à échéance d'une obligation avec coupon

Pour calculer le taux de rendement à échéance d'une obligation assortie d'un coupon, le calcul se révèle un peu plus complexe car le versement d'un coupon intervient tous les ans à une date prédéterminée. Il existe néanmoins une méthode pour rendre compte du rendement d'une obligation de ce type: elle s'effectue en deux étapes:

1. Calculer le rendement courant
2. Appliquer la formule

```
Rendement = rendement courant +- (dif. cours / échéance résiduelle)
```

Exemple: un investisseur achète une obligation cotée à 102.5, qui offre un coupon de 4,5%. Le remboursement (échéance résiduelle) interviendra dans 8 ans.

1. Rendement courant = 4.39% (4.5 / 102.5)
2. Comme le cours boursier est supérieur à 100%, le rendement attendu est donc de 4.08% (4.39 - 2.5 / 8)

IMPÔT ANTICIPÉ

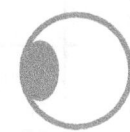

La Confédération perçoit un impôt anticipé de 35 % sur les revenus des capitaux mobiliers (actions, obligations, épargne) émis par les sociétés domiciliées en Suisse. L'impôt est perçu à la source par une retenue sur le montant dû à un propriétaire d'un titre. L'AFC (administration fédérale des contributions) le considère comme un acompte sur le montant des impôts cantonaux et communaux à verser. Il peut donc être récupéré si les titres et le revenu des placements (RFP) sont déclarés à l'AFC.

Exemple: coupons bruts à 5 % sur une obligation nominale de 12'000.-

#	Date	Compte		Libellé	Somme	
		débité	crédité		débitée	créditée
22	1/4/__	Banque	-	5% x 65 % x 12'000	390.-	-
		AT / IPA	-	5% x 35 % x 12'000	210.-	-
		-	RPF	5% x 12'000	-	600.-

La comptabilisation d'un décompte des intérêts doit être réalisée avec les montants bruts afin d'éviter toute compensation entre dépenses et recettes. Dans le cas d'un décompte des intérêts avec déduction de l'impôt anticipé et facturation d'émoluments par la banque, les écritures comptables sur l'exercice comptable en cours sont les suivantes:

```
Intérêt bancaire brut, ci-dessous nommé charge fin.320.-
35 % d'impôt anticipé à récupérer                    (112.- )
Frais bancaires                                      ( 45.75)
                                                     ---------
```

Bonification nette versée sur le compte bancaire   162.25
ci-après nommé résultat financier (RFI)   =========

#	Date	Compte		Libellé	Somme	
		débité	**crédité**		**débitée**	**créditée**
23	30/6/__	Banque	-	Selon décompte bancaire	162.25	-
		AT / IPA	-	35% x 320	112.-	-
		CFI	-	Frais bancaires	45.75	-
		-	RFI	Selon décompte bancaire	-	320.-

Lors de l'exercice comptable suivant, l'impôt anticipé inscrit en tant que créance AFC ou impôt payé d'avance (IPA) l'année précédente est remboursé sur demande, ce qui engendre une nouvelle écriture comptable, du montant du solde inscrit au compte des Impôts payés d'avance.

#	Date	Compte		Libellé	Somme	
		débité	**crédité**		**débitée**	**créditée**
1	1/7/__	Banque	AT / IPA	Selon solde IPA	112.-	112.-

A noter que les intérêts bancaires sont calculés sur la base des rendements de nos placements.

PLACEMENTS / TITRES

Clôture du compte des placements

En fin d'un exercice, on établit l'inventaire des titres. Ceux-ci doivent être évalués au maximum à leur cours moyen dans le mois qui précède le bilan. On déterminera donc une plus-value ou une moins-value. Si la valeur d'inventaire des placements est inférieure à ce qui figure dans les comptes, l'entreprise à l'obligation (art 667 du CO, ecol2.com/u/CO) de comptabiliser la perte de valeur. Par exemple une moins-value de 90.-

| # | Date | Compte | | Libellé | Somme | |
		débité	crédité		débitée	créditée
24	30/6/__	RPF	Placement	Perte sur réévaluation des placements	90.-	90.-

Une plus-value donne lieu à l'écriture débit / crédit inverse.

Si l'échéance du coupon n'est pas à la date de la fin de l'exercice comptable, il faut porter en compte l'intérêt couru dans un compte transitoire: PAR à RPF. L'extourne de cet actif transitoire se faisant au début de l'exercice comptable suivant, selon des principes abordé précédemment.

Obligations: exemple d'un bon du trésor

Un bon du Trésor est une forme de zéro-coupon. Comme toutes les obligations, la cotation est exprimée en pourcentage de la valeur nominale. Supposons que le prix coté soit de 93.45 et que l'échéance du zéro-coupon tombe dans exactement un an. Le prix coté correspond à une valeur nominale de 100. En payant 93.45 aujourd'hui, la plus-value est de 6.55 (100 - 93.45). La rentabilité attendue est donc de 7% (6.55 / 93.45). Si le marché est à l'équilibre, le taux d'intérêt est égal à la rentabilité attendue, soit 7%.

Valeur en milieu incertain

Lorsque les résultats escomptés ne sont pas certain, il convient d'intégrer une notion de probabilité que l'événement se produise. Dans ce cas la valeur qui en résulte sera la somme pondérée des valeurs.

Imaginons par exemple un investissement de 1'000.-; imaginons que j'ai 40% d'augmenter la valeur de mon investissement de 100.- et 60% de perdre 50.-. Mon espérance de gain sera alors de 10.- (100 x 0.4 - 50 x 0.6).

Cas pratique

Supposons que les prix des titres traités soient fonction de la météo. Deux états sont possibles: soleil ou pluie. La probabilité du soleil est 60%. Vous avez repris dans le tableau les données relatives à des contrats d'assurance des risques météo.

Assurance	Prix à ce jour	Cash-flow en cas de soleil	pluie
Soleil	55	100	0
Pluie	40	0	100

Vous êtes chargé d'analyser les titres financiers repris dans le tableau ci-dessous.

	Cash-flow en cas de soleil	pluie
Fond d'État	100	100
Crémasol (producteur de crème)	20	5
Paraplus (producteur de parapluie)	10	50

Quels sont les prix de ces différents titres? Quelles sont leurs rentabilités respectives?

Les contrats d'assurance permettent d'obtenir les prix des titres contingents unitaires (v_{soleil} et v_{pluie}). En effet, les prix payés reflètent les valeurs des cash-flows dans les deux cas.
$55 = 100 \times v_{soleil} + 0 \times v_{pluie}$ / $40 = 0 \times v_{soleil} + 100 \times v_{pluie}$
Nous obtenons ainsi $v_{soleil} = 0.55$ et $v_{pluie} = 0.40$

En conséquence, les valeurs de marché des trois titres financiers sont …
- Fonds d'État: valeur de marché = $100 \times 0.55 + 100 \times 0.40 = 95.-$
- Crémasol: valeur de marché = $20 \times 0.55 + 5 \times 0.40 = 13.-$
- Paraplus: valeur de marché = $10 \times 0.55 + 50 \times 0.40 = 25.50$

La rentabilité attendue d'un titre est donnée par la formule
Rentabilité attendue = (Cash-flow attendu - Prix) / Prix

avec Cash-flow attendu = $p \times$ Cash-flow$_{soleil}$ + $(1 - p) \times$ Cash-flow$_{pluie}$

En conséquence, les rentabilité des trois titres financiers sont …
- Fonds d'État: cash-flow = 100 —> rentabilité = 5.26%
- Crémasol: cash-flow = 14.- —> rentabilité = 7.69%
- Paraplus: cash-flow = 26.- —> rentabilité = 1.96%

33. COMPTABILITÉ ANALYTIQUE

Alors que la comptabilité générale est tournée vers la production d'information externe et interne, la comptabilité analytique est uniquement orientée vers les processus de transformations et optimisation internes. Elle reste facultative, mais dans le monde industriel, les grandes entreprises en ont quasiment toutes.

Cas pratique

Reprenons l'entreprise qui produit et vend deux articles et imaginons qu'elle ne dispose d'aucun stock et que ses comptes de pertes et profits (liés au résultat) donnent les chiffres suivants:

CHARGES	COMPTE DE RESULTAT EN CHF DU 1ER AU 31 DÉCEMBRE 20__		PRODUITS
Achats	50'000.-	Ventes	90'000.-
Salaires	30'000.-	**Pertes**	**10'000.-**
ACE	20'000.-		
Total des charges	**10'000.-**	**Total des produits**	**10'000.-**

Si les ventes du produit P1 s'élèvent à 20'000.- et celles du produits P2 à 70'000.-; que 2/5 des achats concernent, 1/3 des charges de personnel concernent et la moitié des autres charges (ACE) concernent P1; nous aurions:

```
              Total          P1            P2
Ventes        90'000.-       20'000.-      70'000.-
Achats        50'000.-       20'000.-      30'000.-
Salaires      30'000.-       10'000.-      20'000.-
ACE           20'000.-       10'000.-      10'000.-
              ----------     ----------    ----------
Résultat      (10'000.-)     (20'000.-)    10'000.-
              ==========     ==========    ==========
```

Considérons le passages des produits aux ateliers: a) fabrication des pièces élémentaires; b) assemblage des pièces. Une analyse par centres d'activités pourrait être:

	Total	Admin.	Fab.	Ass.
Achats	50'000.-	-.-	40'000.-	10'000.-
Salaires	30'000.-	5'000.-	10'000.-	15'000.-
ACE	20'000.-	10'000.-	5'000.-	5'000.-
Charges	100'000.-	15'000.-	55'000.-	30'000.-

La direction devrait-elle prendre la décision d'arrêter la production P1? Chaque ligne de production est-elle vraiment rentable? Comment répartir les coûts liés à l'admin? Questions auxquelles les éléments théoriques présentés ci-dessous permettront de répondre.

331. COÛTS

CHARGES DIRECTES ET INDIRECTES

Les charges directes peuvent être affectés directement à celui qui les génère, sans ambiguïté; c'est souvent un coût dit fonctionnel, qui se répartit entre l'achat (comme l'achats de matières premières), la production et la distribution (comme les salaires). Les charges indirectes (souvent des frais généraux), en revanche, ne peuvent être incorporés à un objet en particulier: un travail de répartition est donc nécessaire avant leur affectation; il s'agit souvent de coût comme les assurances, les salaires de la direction ou plus généralement des ressources humaines.

Charges directes et indirectes dans le concept des charges fixes et variables.

	Directs	Indirects
Variables	Matières premières nécessaire à la fabrication du produit X	Consommation d'énergie par les machines affectées à la fabrication des produits X, Y, Z
Fixes	Amortissement d'un machine dédiée à la fabrication du produit X	Loyer ou amortissement d'un entrepôt de stockage des produits X, Y, Z

Les autres concepts de coûts

Aujourd'hui, la plupart des entreprises ont adoptées une vision qui s'oriente vers la satisfaction du client: elle adapte ses processus pour offrir les fonctionnalités désirée, de la manière la plus simple et la moins coûteuse possible. Cette vision s'accompagne de la prise en compte de différents types de coûts.

Coût marginal

Coût d'une unité supplémentaire de production

Coût d'opportunité

Coût que représente la meilleur alternative des moyens effectivement engagés.

Sunk costs

Coûts engagés indifférent de la prise de décision. Par exemple, les frais de recherche d'un laboratoire (ces coûts ne changeront plus, ils ont été dépensés).

Coûts cachés

Coûts qui ne sont pas (encore) comptabilisés mais effectivement supportés. Par exemple, l'absentéisme (son absence est un manque à gagner).

Coût de revient

C'est la somme d'éléments à charges qui, pour une marchandise, un bien ou une prestation de service, correspondent au stade final d'élaboration vente incluse du produit considéré.

Prestations réciproques

Il arrive fréquemment que des centres faisant parties de la même entreprise se fournissent des services, on parle alors de prestation réciproque. Par exemple, une entreprise possède un service informatique et un service général, il peut arriver que l'informatique fournisse des services à l'admin. et que ce dernier fasse de même pour l'informatique.

Cas pratique

	Admin.	Info.	Fabrication	Assemblage	Total
Coûts directes	3'000.-	12'000.-	45'000.-	20'000.-	73'100.-
Nb d'heures (en %)					
- Administration	--	30	50	20	100%
- Informatique	20	--	60	20	100%

Coût de l'admin ADM = 3'000 + 0.2 (12'000 + 0.3 ADM) = 5'400 + 0.06 ADM ainsi 0.94 ADM = 5'400, soit ADM = 5'744.70

Coût de l'informatique IT = 12'000 + 0.3 ADM = 13'723.40

Il devient alors relativement aisé de calculer le coût total de chaque ligne de production.

EVALUATION DES STOCKS

Intéressons nous maintenant aux entreprises qui tiennent un inventaire permanent des stocks. Nous présentons ici deux méthodes de valorisation: i) les articles les plus anciens en stock sont les premiers à sortir (utilisée dans le secteur agro-alimentaire à cause de la date de péremption des produits); ii) les articles nouvellement reçus sont les premiers à sortir.

Soit un le stock de 500 unités valorisées à 25.-. Les entrées en stock sont observées le 7: 2'000 unités à 25.- et le 12: 3'000 unités à 26.-. Parallèlement, on observe des sorties le 10: 1'500 unités et le 14: 3'500 unités.

First in first out (FIFO)

Selon cette méthode, la valeur résiduelle des stocks après sortie est celle du prix d'acquisition des derniers éléments entrés dans le stock.

Date	Opération	Qte	Coût	Total
	Si	500	24.-	12'000.-
7	Achat	2'000	25.-	50'000.-
10	Sortie	500	24.-	12'000.-
	Sortie	1'000	25.-	25'000.-
	Stock	1'000	25.-	25'000.-
12	Achat	3'000	26.-	78'000.-
14	Sortie	1'000	25.-	25'000.-
	Sortie	2'500	26.-	65'000.-
	Stock	500	26.-	13'000.-

Prix total des sorties = 127'000.-
(37'000 + 90'000)

Last in first out (LIFO)

Procédure d'évaluation comptable des stocks selon laquelle les articles nouvellement reçus sont les premiers à sortir.

Date	Opération	Qte	Coût	Total
	Si	500	24.-	12'000.-
7	Achat	2'000	25.-	50'000.-
10	Sortie	1'500	25.-	37'500.-
	Stock	500	24.-	12'000.-
	Stock	500	25.-	12'500.-
12	Achat	3'000	26.-	78'000.-
14	Sortie	3'000	26.-	78'000.-
	Sortie	500	25.-	12'500.-
	Stock	500	24.-	12'000.-

Prix total des sorties = 127'500.-
(37'500 + 90'00)

Ainsi, la méthode FIFO affiche la valeur de stock finale plus élevée et un coût de revient des produits fabriqués la plus faible, ce qui aura pour effet de maximiser le résultat d'exploitation. A l'inverse, la méthode LIFO affiche la valeur de stock finale la plus faible et un coût de revient des produits fabriqués la plus élevée, ce qui aura pour effet de minimiser le résultat d'exploitation.

On peut par ailleurs établir une relation entre charges variables (PRAMV) et le prix d'achat du stock, la durée moyenne de stockage ou son inverse, le nombre de rotation de stock pour une période donnée.

$$\text{Durée moyenne de stockage} = \frac{\text{Prix moyen d'achat du stock}}{\text{PRAMV}} \times \text{période}$$

VALORISATION DES DÉCHETS

Tout processus de fabrication se traduit inévitablement par un pourcentage de pièces défectueuses et génère souvent un ensemble de déchets. Il existe un marché pour ces pièces défectueuses et/ou ces déchets (les rebuts), car ils ont généralement une valeur. Les questions ici sont plutôt de savoir si le client doit payer ces rebuts et donc si un coût de revient doit y être incorporer?

Cas pratique

Pour une production de 30'000 pièces, on a un rendement accepté de 90%, soit 27'000 pièces bonnes. Hors sur une période donnée, on a 26'000 pièces répondant aux conditions de qualité; soit 4'000 pièces défectueuse sur les 3'000 admises et prise en compte dans les calculs de prix. Cela signifie que ces 1'000 rebuts constitueront une perte pour l'entreprise. Cependant, bien souvent, un des trois cas suivant s'applique: i) les rebus ont une valeur de revente; ii) la matière première peut être réutilisée ou fondue; iii) un travail supplémentaire permet de réparer ou valoriser les rebus.

Imaginons que le prix de vente se monte 90'000.-, soit un prix de revient unitaire de 3.25 environ (90'000 / 27'000). Si le prix de revente des rebus est par exemple de 0.50, le manque à gagner se monte à 2.75 par pièce, soit 2'750.-; si on arrive à retravailler ou valoriser ces rebus pour un coût inférieur, il devient alors intéressant de le faire.

Dans la pratique, on définira des centres de charges et profits, ainsi que des clés d'attribution, soit par projet, soit par produit. A ce stade, vous avez tous les outils de base pour réaliser un comptabilité analytique. Il peut d'ailleurs être intéressant de reprendre les chiffres présentés plus haut et de procéder à une analyse complète (prendre en considération que chaque produit, passe par les deux lignes de production) en y ajoutant les calculs de rentabilité (point mort).

FORCES, FAIBLESSES ET OPPORTUNITÉS

L'analyse stratégique est un outil de gestion qui permet à la direction d'une entreprise de choisir les secteurs d'activité que l'entreprise maintient et/ou développe suite à une:
1. Analyse des opportunités (et menaces) qu'offre l'environnement externe, dans une perspective de long terme, autrement dit, l'entreprise réalise une analyse qui porte sur l'environnement se demandant quelles sont ses opportunités et ses menaces (opportunities / threads)
    Exemple : une entreprise construit des voitures. Elle a une opportunité pour remplacer l'acier. La menace serait que cette innovation technologique rendent nos produits obsolètes si on ne l'utilisait pas.
2. Étude approfondie et aussi objective que possible des forces et faiblesses interne de l'entreprise, dans le cadre des objectifs que ceux qui la dirige se sont donnés (strenghts / weakness).

L'objectif de la planification stratégique est de sélectionner, sur la base de scénarios d'évolution vraisemblable, basé sur une étude de l'existant, un ensemble d'actions qui vont permettre de conduire l'entreprise là où elle souhaite se trouver dans un horizon de un, trois ou cinq ans. Cette planification stratégique sera suivie par la mise en place de plans opérationnels, qui traduiront ces actions en objectifs concret, réalistes et réalisables.

332. BUDGETS

Le budget est "l'expression comptable et financière des plans d'action retenus pour que les objectifs visés et les moyens disponibles sur le court terme convergent vers la réalisation des plans opérationnels". Son rôle est multiple, de:

- Coordination, par exemple entre les objectifs du marketing et des ventes
- Communication, pour avoir un outils standard applicable à toutes les fonctions de l'entreprise
- Délégation, c'est un des outils (on donne autorité sur des ressources qui se réalise à travers un budget)
- Motivation, le budget étant un objectif du manager sur lequel il est évalué

COÛTS STANDARDS

Le coût de revient standard d'un produit est un coût unitaire correspondant à un niveau de performance souhaité dans l'utilisation des ressources. Déterminé sur la base des formules:

quantité x prix unitaire

temps x salaire/horaire

Un coût historique "ajusté" permet souvent une première estimation des coûts standards.

Le caractère contraignant des standards ainsi fixé, si ils ne prennent pas en compte une participation active des gens dans l'élaboration des objectifs, s'il n'y a aucune participation, apparaitra très certainement un phénomène de résistance au changement.

BUDGETS OPÉRATIONNELS

Les raisons évoquées ci-dessus amène souvent à élaborer des budgets qui suivent une démarche participative selon la démarche suivante:

1. Prendre connaissance des objectifs pour l'année à venir, les objectifs définis dans la planification stratégique à long terme
2. Réaliser un ensemble d'études préparatoires: taux de croissance du PIB, étude de marché, conjoncture, contraintes locales, taux d'intérêt, le taux d'inflation, etc.
3. Elaborer des projets de budget par unité d'affaire (business units) où chacun choisit le projet qui correspond le mieux à ses objectifs
4. Construire et négocier des budgets détaillés de manière coordonnée
5. Etablir les prévisions définitives sur lesquels les responsables s'engagent

Les budgets opérationnels seront divisés en sous-rubriques

Ventes et achats

Ils donneront un aperçu de:

- Volume de ventes des dernières périodes écoulées, éclaté par famille de produits et zones géographiques
- Analyse de la sensibilité du niveau des ventes
- La rentabilité de chaque produit

- Variations saisonnières
- Capacités de production de l'entreprise
- Taux de croissance actuel et futur des produits

Main d'œuvre

Sur la base des budgets de vente et achats, on peut déterminer le niveau d'emplois nécessaires et donc le coût salarial correspondant.

Charges opérationnelles diverses

Comprenant les:
- Amortissements d'actifs existants et prévus au budget des investissements
- Réductions de valeur des stocks et créances
- Provisions(dotations, utilisations et reprises)

Investissements

On déterminera notamment les:
- Tranche d'investissements à réaliser
- Décaissements
- Charges d'amortissement généré par les nouveaux investissements

Etats financiers prévisionnels

L'ensemble des budgets liés aux opérations de l'entreprise étant établi, il est possible de passer à la dernière étape qui synthétise l'ensemble des budgets dans un compte de résultats d'exploitation prévisionnel et dans un budget de trésorerie.

CONTRÔLE

Conventionnellement, la mesure des écarts se fait en prenant d'abord le réalisé et en lui soustrayant le montant actuel comptable. On distinguera entre un écart sur les charges fixes, les charges variables et un écart de rendement.

34. ANALYSE FINANCIÈRE ET DÉCISIONS STRATÉGIQUES

L'objectif de l'analyse financière est d'apporter un éclairage sur la réalité d'une entreprise à partir de données chiffrées (bilan, compte de résultat). Cette étude est donc réalisée à partir d'informations concernant le passé de l'entreprise. Elle doit apporter un éclairage sur l'avenir de l'entreprise en décelant des déséquilibres actuels pouvant conduire à des difficultés, placée dans leur contexte. Il donc n'existe pas une structure financière optimale, mais adaptée à un secteur et aux phases d'évolution de l'entreprise.

341. RÉSERVES LATENTES

PARTICULARITÉ DU DROIT SUISSE

Le calcul arbitraire des réserves latentes est une particularité en Suisse. Le concept du True and fair view, imposé par les standards de comptabilité internationaux IFRS et US GAAP, rend désormais impossible la création arbitraire des réserves latentes.

En termes comptables, les réserves latentes représentent une part des capitaux propres qui résulte d'une sous-évaluation de l'actif et/ou d'une surévaluation des capitaux étrangers au passif. En termes financiers, les réserves latentes représentent en vérité une part cachée de la fortune du ou des propriétaires dont la valeur apparente figure au bilan, mais qui résulte de l'épargne discrète d'une fraction des bénéfices.

On sait que techniquement le fonctionnement de la comptabilité double est d'une très grande simplicité.

ACTIFS + CHARGES = PRODUITS + PASSIFS

Hors si l'article 959 CO demande que les comptes annuels soient dressés de manière à "rendre compte, dans le respect des principes de clarté et de sincérité notamment, de la situation économique de l'entreprise", l'article 663 al. 2 CO semble contredire ce principe en admettant explicitement les réserves cachées ("l'administration peut attribuer à des éléments de l'actif une valeur inférieure à celle qu'ils ont au jour où le bilan est dressé et constituer d'autres réserves latentes dans la mesure nécessaire pour assurer d'une manière durable la prospérité de l'entreprise ou la répartition d'un dividende aussi constant que possible").

On peut tirer de ce qui précède que le comptable tiendra une comptabilité des réserves latentes, dont le détail sera connu à l'intérieur de l'entreprise et par l'organe de contrôle. Cette opération de "cosmétique comptable" (respectant les limites de la loi), pourra masquer aux yeux des non-initiés, voir même du conseil d'administration de l'entreprise, le résultat réel. En effet, au contraire des réserves réalisées après clôture, lors de la répartition du bénéfice, les réserves latentes sont enregistrées ex-ante (c'est à dire avant la clôture).

CATÉGORIES DE RÉSERVES LATENTES

On distingue habituellement trois catégories de réserves latentes : les réserves **obligatoires**, les réserves dites **d'appréciation** et les réserves de l'administration, dites **"arbitraires"**.

Les réserves obligatoires trouvent leur origine dans l'augmentation de la valeur d'éléments du patrimoine produisant des bénéfices que la législation ne permet pas d'inscrire à l'actif. La constitution de ce genre de réserves ne donne lieu à aucune objection. Les principes d'évaluation en vigueur les rendent possibles. Personne n'exige qu'il en soit fait état. Les réserves dites d'appréciation sont en corrélation étroite avec le processus d'évaluation. Elles résultent d'amortissements, de corrections de valeurs et de provisions, dictés par une appréciation des risques. Elles n'offrent pas non plus matière à critique, dans la mesure où elles restent dans les limites du raisonnable. Il en va différemment des réserves de l'administration dont la constitution est dictée par la politique de l'entreprise: elles proviennent en effet de la sous-évaluation d'actifs au regard des normes prescrites, d'amortissements, de corrections de valeurs et de positions, de l'inscription au bilan de passifs fictifs et de l'absence à l'actif des dépenses qui devraient normalement y figurer.

Exemple: immeuble dont la valeur marchande est de 700k

```
Prix d'acquisition            VA      1'000
Amortissement économique              400
Valeur après amortissement    VC      600
Amortissement supplémentaire  RL      200
Valeur comptable résiduelle   VR      400
```

Quoi qu'il en soit, le plus simple sera de tenir à jour une liste d'éléments concernés, au travers de comptes comme Réserve latente sur **titres**, Réserve latente sur **stocks**, Réserve latente sur **actif immobilisé** ou Réserve latente pour **risques**; comme c'est pratiqué lors d'amortissements. Par contre, leur dissolution éventuelle se faisant dans un exercice ultérieur, le bénéfice qui en résulte devra être enregistré dans un compte de produits extraordinaires. Le législateur a également laissé la possibilité de créer des dettes fictives, procédé douteux en théorie comptable, qui consiste par exemple à renoncer à enregistrer l'extinction d'une dette dont le règlement est alors inscrit comme une charge...

DISSOLUTION

Les objections auxquelles donne lieu le principe des réserves latentes portent en fait essentiellement sur la possibilité de ne pas mentionner, dans les livres, d'éventuelles pertes consécutives à la mauvaise marche des affaires, voire de transformer ces pertes en bénéfices. Le phénomène de dissolution des réserves latentes est relativement complexe, il peut prendre trois formes :

1. la valeur effective de l'actif sous-évalué rejoint sa valeur comptable du fait de son obsolescence
2. l'actif sous-évalué entraîne la réalisation d'un bénéfice comptable sans rapport avec l'activité régulière de l'entreprise
3. la suppression délibérée de la sous- ou surévaluation, par exemple pour éponger une perte

Quelle que soit la forme prise par la dissolution, elle devrait être identifiée et chiffrée par un système de contrôle rigoureux. Une des conditions de cette rigueur est évidemment que les indicateurs comptables ne soient pas faussés par des mouvements ponctuels et extraordinaires de réserves latentes, mais qu'ils suivent des règles mises en place de manière systématique.

Tableau des réserves latentes

	État initial			État final			
	VC	VR	RL	VC	VR	RL	ΔRL
Titres	50	80	30	70	100	30	0
Clients	330	330	0	350	370	20	20
Stocks	200	300	100	240	360	120	20
Machine	800	870	70	760	800	60	(10)

Impacts de la dissolution des réserves

L'impact se mesure de manière assez simple, au travers de deux formules:

> **CAPITAL COMPTABLE + SOLDE DES RL = CAPITAL RÉEL**
>
> **BÉNÉFICE COMPTABLE + AUGMENTATION - DIMINUTION DES RL = BÉNÉFICE RÉEL**

342. ANALYSE QUANTITATIVE

L'analyse des états financiers constitue la partie principale de l'analyse quantitative, également dite fondamentale. Contrairement aux chapitres précédents, nous examinerons les données historiques d'un point de vu externe (même si la démarche s'applique également aux documents disponibles en interne), comme si nous ne disposions que des détails du rapport de gestion pour évaluer une société.

Nombre de ces rapports sont disponibles sur Internet ou sur demande. Ils présentent les informations dans un ordre pouvant varier: sommaire de l'année écoulée; renseignements généraux, lettre de la direction aux actionnaires; rapport du vérificateur confirmant l'exactitude des résultats; analyse des résultats et facteurs influant sur les activités; états financiers complets (bilan, comptes de résultats, répartition des bénéfices et évolution financière); renseignements sur les dirigeants, présence géographique, etc. Comme vu précédemment, ils doivent cependant respecter les indications

La manière de lire des états financiers dépend vraiment de l'intérêt porté à une société. Ces documents sont surtout utilisés par la direction, les créanciers/prêteurs et les investisseurs. Chaque groupe s'intéressant à un aspect différent: rentabilité, croissance, dividende pour l'investisseur; niveau d'endettement aptitude à rembourser pour les créanciers. Passons maintenant, pour mémoire, en revue les différents états financiers.

BILAN ANALYTIQUE

Les investisseurs négligent souvent le bilan, quand ils n'en font pas totalement abstraction. Ils ont tendance à se concentrer sur les bénéfices. Or, ces derniers ont beau être importants, ils ne permettent pas de se faire une idée complète de la situation. En effet, le bilan illustre la situation financière de la société à une date précise.

Actif à court terme - liquidités, débiteurs (clients) et stock.

Immobilisations corporelles - matériel et biens réutilisables (moins amortissement).

Autres éléments d'actif - ensemble des éléments n'entrant pas dans les catégories ci-dessus.

Immobilisations incorporelles - dont l'agio.

Passif à court terme - dettes exigibles au cours des 12 prochains mois.

Passif à long terme - dettes n'échéant pas dans les 12 prochains mois.

Capitaux propres - cette catégorie indique comment sont financés les éléments d'actif; elle comprend les actions ordinaires et privilégiées ainsi que les bénéfices reportés.

Ratios de liquidité

Liquidity ratio / L1 = (Liquidités + Placement) / Dettes à court terme

Quick ratio QR / L2 = (Liquidités + Placement + Créances) / Dettes à court terme

Current ratio CR = Actifs circulants / Dettes à court terme

Les deux premiers ratios permettent de se rendre compte si la société peut faire face à ses obligations immédiates sans vendre de stocks.

Couverture des actifs immobilisés

Ces indicateurs donne des indications sur la manière dont sont financés les investissements. Une saine gestion des avoirs indiquera que le financement des immobilisations est totalement couvert par les capitaux permanents; ce principe est appelé règle d'or.

Couverture propre D1 = Capital / Actifs immobilisés

Règle d'or **D2** = (Fonds propres + étrangers à LT) / Actifs immobilisés

Le style de présentation varie d'une société à l'autre, mais le contenu reste toujours le même. Ce bilan peut également être représenté en pourcentage des masses, soit:

Ci-dessous un modèle de bilan:

ACTIFS	BILAN* EN CHF'000 AU 31 DÉCEMBRE N ET N-1		PASSIFS		
	N	N-1		N	N-1
Actifs circulants			**Dettes à court terme**		
Liquidités	143.-	341.-	Fournisseurs	1'183.-	966.-
Placement	230.-	1'890.-	Dette bancaire à vue	16.-	-.-
Créances	2'427.-	2'258.-	Autres dettes CT	488.-	619.-
Stock	1'030.-	910.-	**Fonds étrangers long terme**		
Actifs transitoires	118.-	190.-	Hypothèque	2'300.-	2'100.-
Actifs immobilisés			Autres dettes LT	1'431.-	1'974.-
Immo. corporelles	9'335.-	7'772.-	**Fonds propres**		
Immo. incorporelles	5.-	10.-	Capital	4'000.-	4'000.-
Participations	150.-	251.-	Réserve	3'600.-	3'270.-
			Bénéfice reporté	420.-	693.-
Total des actifs	13'438.-	13'622.-	**Total des passifs**	13'438.-	13'622.-

Donner en pour-cent, ce bilan devient:

ACTIFS	BILAN ANALYTIQUE EN % AU 31 DÉCEMBRE N ET N-1			PASSIFS		
	N	N-1				N
N-1						
Actifs circulants	28 | (29)	41	|	**Dettes à court terme** 13 | 6		12
Liquidités	1 | (58)	3	|	Fournisseurs 9 | 23		7
Placement	2 | (88)	14	|	Dette bancaire à vue 0 | —		—
Créances	17 | 7	16	|	Autres dettes CT 4 | (21)		5
Stock	8 | 13	7	|	**Fonds étrangers LT** 28 | (8)		30
Actifs transitoires	0 | (38)	1	|	Hypothèque 17 | 10		15
Actifs immobilisés	71 | 18	59	|	Autres dettes LT 11 | (28)		15
Immo. corporelles	70 | 20	57	|	**Fonds propres*** 60 | 1		58
Immo. incorporelles	0 | (50)	0	|	Capital 30 | —		29
Participations	1 | (40)	2	|	Réserve 27 | 10		24
			|	Bénéfice reporté 3 | (39)		5
			|			
Total des actifs	100 | (1)	100	|	Total des passifs 100 | (1)		100

* Ce taux fourni le **degré de financement propre** et donc l'indépendance de la société vis à vis de fonds étrangers; si on exclue le montant du capital (pour ne garder que les réserves et les bénéfices cumulés) on obtient le **degré d'autofinancement**.

La lecture de ce bilan analytique s'effectue de la manière suivante: les actifs circulants représentent 28% du total des actifs en N (143 + 230 + 2'427 + 1'030 + 118 / 13'438), en baisse d'environ 30% par rapport à l'année N-1 où ils étaient de 41% du total des actifs; les liquidités, elles représentent 1% des actifs (230 / 13'438), en baisse de presque 2/3 par rapport à l'année N-1 où elles étaient à 3% des actifs. Cette analyse permet de comparer de manière simple des sociétés de tailles différentes.

Lors de l'analyse peut comparer les ratios L1 et L2, respectivement de 3/13 et 20/13 pour l'année N afin de se rendre compte qu'il suffira à la société d'encaisser les créances pour faire face à ces dettes CT à un taux supérieur à 100% (sur la base des valeurs absolue, les ratios sont respectivement de 0.2 et 1.6, soit plutôt favorable).

On remarquera en outre que la couverture par les fonds propres n'est pas assurée pour l'année N (Fonds propres de 60 < Actifs immobilisé de 71, ou en valeur absolue 0.85); en revanche, les capitaux permanents permettent le financement des actifs immobilisés à plus de 100% (60 + 28 = 88 > 71, ou en valeur absolue 1.24).

COMPTE DE RÉSULTAT À QUATRE DEGRÉS

Cette simplification de la publication des comptes contient le chiffre d'affaires, le bénéfice net et le bénéfice par action (BPA ou EPS en anglais). Elle se présente ainsi:

Prix d'achat des marchandises vendues (PRAMV) > reflète le coût des produits ou marchandises procurant le revenu.

Marge brute > Revenu moins le PRAMV.

Charges d'exploitation > frais engendrés par l'activité courante de l'entreprise.

Bénéfice net avant intérêts et impôts (EBIT).

Bénéfice net (BN) > bénéfice restant une fois que tous les frais ont été déduits.

Revenu - produit des ventes.

degré d'endette-ment

Intérêts débiteurs > versements effec-tués sur les dettes.

degré de fin. propre

Charge fiscale > montant à payer aux autorités fédérales et cantonales.

Bénéfice net par action (EPS) > BN divisé par le nombre d'actions détenues par des acteurs autres que l'entreprise.

La présentation du compte de résultats peut varier d'une société à l'autre; son contenu dépend surtout du secteur d'activités. Ci-dessous un modèle, sans les détails relatifs aux amortissements:

CHARGES	COMPTE DE RESULTAT EN CHF'000 DU 1ER JANVIER AU 31 DÉCEMBRE 20__				PRODUITS		
	N	N-1				N	N-1
Achat de marchandises	3'040.-	2'824.-		CAN		9'154.-	8'488.-
Variation de stock	200.-	100.-					
PRAMV	**3'240.-**	**2'924.-**					
MB	5'914.-	5'564.-					
Frais de développement	1'594.-	1'026.-		MB		5'914.-	5'564.-
ACE	3'336.-	2'428.-					
Charges d'exploitation	**4'930.-**	**3'454.-**					
EBIT (hors exceptionnels)	984.-	2'110.-					
Intérêts et exceptionnels	332.-	196.-		EBIT (HE)		984.-	2'110.-
Provision pour impôts	140.-	405.-		Revenus annexes		-.-	5.-
Charges hors exploitation	**472.-**	**601.-**					
BN	512.-	1'514.-					

COMPTE DE RESULTAT ANALYTIQUE EN %
DU 1ER JANVIER AU 31 DÉCEMBRE 20__

CHARGES	N	N-1		PRODUITS	N	N-1
Achat de marchandises	33 | 8	33		CAN	100 | 8	100
Variation de stock	2 |100	1				
PRAMV	**35 | 11**	**34**				
Taux de MB	65 | 6	66				
Frais de développement	18 | 55	12		MB	65 | 6	66
ACE	36 | 37	29				
Charges d'exploitation	**54 | 43**	**41**				
Marge économique (EBIT%)	11 |(53)	25				
Intérêts et exceptionnels	3 | 69	2		EBIT (HE)	11 |(53)	25
Provision pour impôts	2 |(65)	5		Revenus annexes	— | —	0
Charges hors exploitation	**5 |(22)**	**7**				
Taux de BN	6 |(66)	18				

La lecture s'effectue de la même manière que pour le bilan. Ces calculs permettent notamment d'évaluer dans quelle mesure une charge réduit les revenus. La comparaison des résultats entre exercices est particulièrement utile: on remarque ci-dessus que la société à réussi à maintenir un PRAMV en ligne avec sa politique de prix, mais que ses charges d'exploitation ont fortement augmentées, diminuant ainsi la marge.

Rentabilité

Ces ratios sont particulièrement utiles dans le cas des sociétés en croissance, car il permet de vérifier si les produits d'exploitation augmentent en proportion du chiffre d'affaires et des capitaux investis.

Capitaux investis = Marge économique (EBIT) x Rotation de l'actifs = ROI

Capitaux propres = BN / capitaux propres moyen = ROE

Les sociétés à forte croissance doivent obtenir un rendement élevé des capitaux propres. Un ROE de 10% signifie que chaque francs investi à la création de la société, produit un revenu de 10 centimes.

Rotation de l'actifs = CAN / moyenne du bilan, soit le revenu par unité d'actifs.

De manière générale, les sociétés qui enregistrent de faibles marges bénéficiaires ont tendance à présenter un ratio de rotation de l'actif élevé.

Rotations opérationnelles

La gestion des débiteurs (clients), créanciers (notamment les fournisseurs) et des stocks a des effets important sur les liquidités, élément central pour une entreprise.

Recouvrement = Créances clients moyennes / CAN x 360, soit le temps moyen pour un recouvrement.

Fournisseurs = Dettes fournisseurs moyennes / PRAMA x 360, soit le temps moyen pour un paiement.

Stock = Valeurs moyennes des stocks / PRAMV x 360, soit le temps moyen de stationnement des stocks dans les entrepôts.

L'ensemble des grandeurs obtenues doivent être analysées en fonction des habitudes du secteur (délai de paiements, escomptes possibles, etc.) et de la durabilité des marchandises vendues. Par ailleurs, on associe souvent les flux de trésorerie à la notion de **fonds de roulement** (FR); ce calcul est en fait à comparer au current ratio CR, l'un étant le rapport des actifs à CT avec les dettes à CT, l'autre la différence. Pour que la situation soit saine, le FR devra être positif. On se reportera au chapitre sur le financement et la rentabilité pour plus de détails sur les besoins en fonds de roulement et les impacts des délais constatés.

EVOLUTION DE LA TRÉSORERIE

Comme mentionné plus haut, les états financiers sont consultés par plusieurs catégories de personnes: les investisseurs s'intéresseront peut-être avant tout au bénéfice, mais l'évolution des mouvements de trésorerie reste centrale, aussi bien pour la direction que pour les prêteurs, l'administration fiscale ou les investisseurs. Contrairement aux bénéfices déclarés, les flux de trésorerie se prêtent en effet difficilement aux manipulations. À moins de fraude pure et simple, cet état brosse donc un tableau fidèle de la situation en indiquant si la société a de l'argent ou non. Un chapitre a été traité précédemment sur ce sujet, nous nous bornerons ici à rappeler les grands principes.

Rappelons donc que ce rapport montre comment la société a géré ses rentrées et ses sorties de fonds, et donne une idée précise de son aptitude à régler ses factures et ses dettes, ainsi qu'à financer son expansion. L'état de l'évolution de la situation financière comprend trois sections :

Flux de trésorerie provenant de l'exploitation

Fonds générés par l'exploitation quotidienne de l'entreprise.

Flux de trésorerie provenant des activités d'investissement

Fonds utilisés pour acquérir des biens; produit de la cession d'autres entreprises, de biens d'équipement ou d'autres immobilisations.

Flux de trésorerie provenant des activités de financement

Rentrées ou sorties d'argent liées à l'émission de titres ou à l'emprunt de fonds. Cette section inclut aussi les dividendes versés (bien que ceux-ci figurent parfois dans la section des flux de trésorerie provenant de l'exploitation).

343. DÉCISIONS STRATÉGIQUES

TABLEAU DE BORD

L'analyse des ratios ne consiste pas simplement à comparer plusieurs chiffres extraits du bilan, de l'état des résultats et de l'état de l'évolution de la situation financière. Il s'agit de comparer les données à celles des exercices antérieurs, des autres sociétés et du secteur, voire de l'économie en général. Les tableaux de bords se penchent sur le rapport existant entre des valeurs données afin d'établir un lien entre le passé de la société et son futur. Certains, comme le fonds de roulement ont déjà été abordés plus haut et ne sont pas repris. Une liste plus générale est également présentée dans l'ouvrage de référence, nous aborderons ici uniquement les ratios dit fondamentaux.

Comparables 2015 en %, par industrie

Catégorie	CA net	MB	S&B	BN	AC	CT	FP
Autres industries extractives	94	53	22	14	39	29	38
Industries alimentaires et du tabac	96	45	19	7	50	37	27
Industries du textile et de l'habillement	94	52	28	7	60	41	28
Industries du bois et du papier	93	53	29	10	48	31	35
Raffinage et industrie chimique	90	44	18	8	53	40	28
Industrie pharmaceutique	78	59	10	19	41	43	15
Industries du caoutchouc et du plastique	95	52	28	10	34	26	41
Fabrication de produits métalliques	95	56	28	15	60	35	41
Fabrication de produits électroniques et optiques	91	54	21	15	63	26	51
Fabrication d'équipements électriques	91	40	17	7	52	41	44
Fabrication de machines et équipements	93	51	27	10	60	40	36
Fabrication de matériels de transport	96	46	25	10	74	44	43
Autres industries manufacturières	94	56	29	10	58	38	33
Production et distribution d'énergie	92	27	8	13	24	15	36
Production et distribution d'eau et gestion des déchets	93	57	25	15	31	18	46
Construction de bâtiments et génie civil	96	51	33	7	64	48	28
Travaux de construction spécialisés	98	58	38	11	77	64	23
Commerce et réparation d'automobiles et de motocycles	**99**	17	5	4	66	61	**6**
Commerce de gros, excl. automobiles et motocycles	98	**10**	**2**	**2**	64	54	29
Commerce de détail, excl. automobiles et motocycles	96	35	17	5	35	26	33
Transports de personnes	60	60	36	8	**9**	**11**	28
Entreposage et services auxiliaires des transports	90	49	25	10	28	24	36
Hébergement	83	83	40	11	15	14	17
Restauration	90	69	41	6	40	39	34
Édition, audiovisuel et diffusion	89	62	29	13	19	31	49
Activités informatiques et services d'information	94	69	38	13	48	35	47
Activités immobilières	92	82	27	26	13	15	20
Activités juridiques et comptables	97	88	59	12	86	48	39
Activités des sièges sociaux et conseil de gestion	59	59	15	18	21	23	72
Architecture et ingénierie	96	63	35	14	27	25	15
Recherche-développement scientifique	80	38	14	6	57	39	36
Activités liées à l'emploi	99	94	85	3	93	60	33
Activités de services administratifs et de soutien	96	59	29	9	48	43	26
Enseignement	**58**	86	50	6	50	43	30
Hébergement médico-social et social	88	91	66	10	28	11	30
Arts, spectacles et activités récréatives	62	61	36	4	66	41	36
Autres activités de services	89	72	46	9	61	41	31

Source: office fédéral de la statistique (ecol2.com/u/StatComp)
- statistique de la valeur ajoutée, structure du bilan et ratios micro-économiques -

La direction utilisera ces données ainsi que divers éléments interne et externe pour fixer des objectifs, qui seront alors suivi par le biais de tableaux de bords. On peut citer notamment le chiffre d'affaire par

- employé équivalent plein temps (FTE, varie d'environ 100k dans le secteur de la restauration à plus de 400k dans les entreprises pharmaceutiques)
- surface de locaux (m2)

On reprendra enfin les divers ratios présentés plus haut et les placerons dans un tableau. On portera notamment une attention particulière aux ratios suivants:

QUELQUES RÉFÉRENCES / NORMES

Actifs circulants > 50% —> entreprise de service ou commerciale (sinon industrie)

Fonds étrangers LT et Actifs immobilisés >= 50% —> entreprise commerciale

Dettes CT de 30 à 50% —> entreprise de service

Fonds propres > 50% entreprise commerciale

RÉCAPITULATION DES FORMULES

Taux d'intérêt moyen = frais financiers / dette à C et LT

Liquidité 2 = (liquidités + créances) / dettes CT, valeur recommandée ≥ 100%

Liquidité 3 = circulants / dettes CT, valeur recommandée ≥ 200%

Facteur d'endettement = dette à C et LT / CF d'exploitation,
valeur recommandée ≤ 400%, légèrement supérieur si fortes immobilisations

Degrés d'endettement = dette à C et LT / Total du bilan,
à mettre en lien avec le niveau des taux d'intérêts

Degrés de financement propre = capitaux propres / total du bilan

SECTEURS	primaire	secondaire	tertiaire
excellent	*+50%*	*+25%*	*+40%*
bon	*40%*	*20%*	*30%*
insuffisant	*inf. à 20%*	*inf. à 10%*	*inf. à 15%*

Degrés d'autofinancement = (réserves + bénéfice cumulé) / fonds propres

Couverture des immobilisations I = fonds propres / actifs immobilisés
idéalement d'environ 100%, à mettre en lien avec les investissements futures

Couverture des immobilisations II = (fonds propres+dettes LT) / immobilisés,
valeur recommandée (règle d'or) >= 100%, 150% étant considéré comme normal

Autofinancement = (réserves + bénéfice reporté) / Capital actions

Rendement des capitaux investis RCI (ROI) = EBIT / moyenne du bilan

Rendement des fonds propres RFP (ROE) = BN / moyenne des fonds propres

Rendement du CAN = BN / CAN

Cash Flow en % de l'investissement = CF / investissements

Cash Flow en % du capital propre = CF / fonds propres

Cash Flow en % du CAN = CF / CAN

SECTEURS	primaire	secondaire	tertiaire
excellent	*+20%*	*+10%*	*+15%*
bon	*15%*	*5%*	*10%*
insuffisant	*inf. à 5%*	*inf. à 2%*	*inf. à 3%*

ARBRE DE DÉCISION

Un arbre de décision est un outil d'aide à la décision qui représente une situation plus ou moins complexe sous la forme de graphique, simple à comprendre, qui présente des groupes selon des variables de décisions et des résultats possibles.

Exemple: décider si une personne est malade ou bien portante (résultats possible ou classes) en fonction de la température et l'irritation de sa gorge (variables).

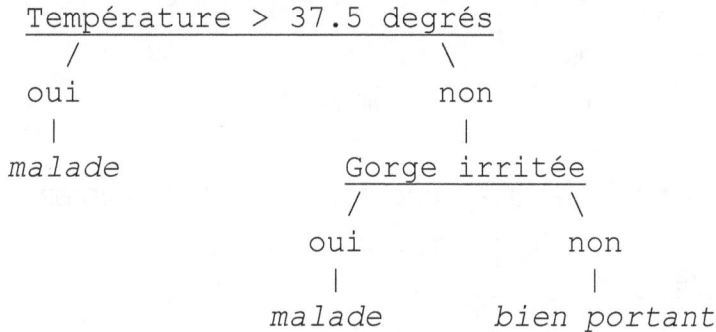

```
            Température > 37.5 degrés
              /                    \
           oui                      non
            |                        |
         malade              Gorge irritée
                                /         \
                             oui           non
                              |             |
                           malade      bien portant
```

Un diagnostique serait ainsi que, si la température est inférieur à 37 degré et demi (premier noeud de décision) et que la gorge est irritée (deuxième noeud de décision) alors le patient est malade (noeud terminal ou feuille de l'arbre).

On pourrait se poser la question de savoir pourquoi placer la température en premier sur l'arbre… La raison est simple: la variable température est discriminante (réduisant de manière efficace la taille de l'échantillon); en effet, une personne avec de la température est forcément malade, une personne avec la gorge irritée ne l'est pas nécessairement.

Un arbre de décision est une représentation de la réalité, en la simplifiant, les erreurs sont possibles, comme nous le montre la répartition suivante, tirée du carnet d'observation d'un médecin:

	gorge irritée	gorge non irritée
température > 37.5	2 biens portant, 21 malades	1 bien portant, 41 malades
température < 37.5	6 biens portant, 37 malades	91 biens portant, 1 malade

Ici, le taux d'erreur serait de 5% (10 / 200 observations).

Construire un arbre de décision

Imaginons les observations et classification suivante à propos de l'utilisation d'un accès Internet pour accéder aux comptes bancaire.

Client	Montant en compte	Âge du client	Lieu de résidence	Etudes supérieures	Accès par Internet
1	moyen	moyen	village	oui	oui

Client	Montant en compte	Âge du client	Lieu de résidence	Etudes supérieures	Accès par Internet
2	élevé	moyen	bourg	non	non
3	faible	âgé	bourg	non	non
4	faible	moyen	bourg	oui	oui
5	moyen	jeune	ville	oui	oui
6	élevé	âgé	ville	oui	oui
7	moyen	âgé	ville	oui	non
8	faible	moyen	village	non	non

Comme précédemment, plusieurs représentations sont possibles:

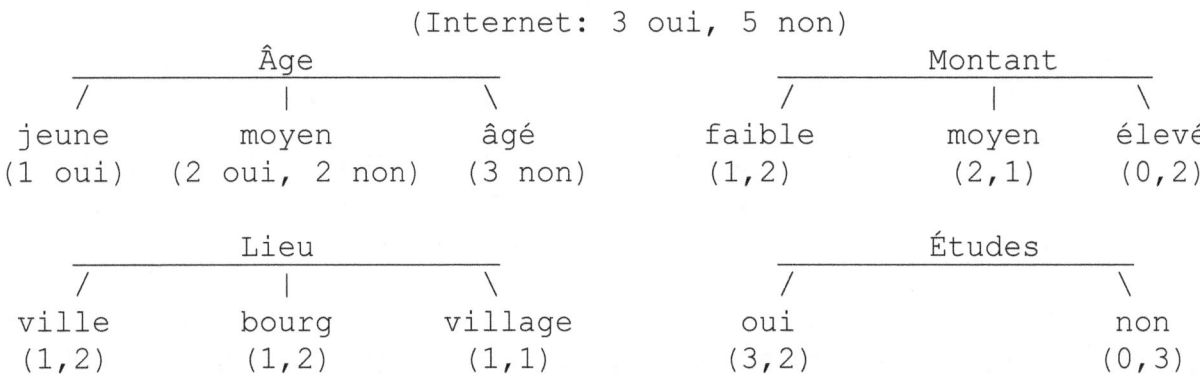

```
                        (Internet: 3 oui, 5 non)
           _____Âge_____              _____Montant_____
          /              |               \                /              |               \
      jeune           moyen             âgé            faible          moyen            élevé
      (1 oui)     (2 oui, 2 non)      (3 non)          (1,2)           (2,1)            (0,2)


           _____Lieu_____              _____Études_____
          /              |               \                /                                \
      ville            bourg          village            oui                              non
      (1,2)            (1,2)           (1,1)             (3,2)                            (0,3)
```

La question est maintenant de savoir, quelle est la meilleure variable afin diviser le plus rapidement possible le nombre de personnes prises en compte. En observant les arbres ci-dessus, nous constatons que le lieu d'habitation ne permet pas de "discriminer" notre échantillon; au contraire, l'âge, le montant et le niveau d'étude le permet, respectivement pour quatre (1+3), deux (0+2) et trois (0+3) personnes.

Nous choisirons donc de commencer notre arbre par le noeud "âge". Notre tableau devient alors:

Client	Montant en compte	Etudes supérieures	Accès par Internet
1	moyen	oui	oui
2	élevé	non	non
4	faible	oui	oui
8	faible	non	non

```
                    (Internet: 2 oui, 2 non)
           _____Montant_____              _____Études_____
          /        |        \                  /                  \
      faible     moyen      élevé            oui                  non
      (1,1)      (1,0)      (0,1)           (2,0)                (0,2)
```

On observe ici que le niveau d'étude permet de terminer l'arbre de décision, puisque toutes les personnes de l'échantillon ont été classées.

Pour être complet, nous devons nous devons également considérer les cas où une faible part, voir aucune des variables n'est discriminante: ce qui pourrait demander un travail relativement "pénible" de sélection des noeuds afin de minimiser les risques d'erreurs (écart entre le modèle et la réalité). Une mesure de l'entropie (grandeur du désordre) permet d'automatiser ce processus, il est brièvement présenté ci-dessous:

$$gain\ (p,t)\ =\ -\sum\ \frac{p}{t}\ \ entropie\ (\boldsymbol{j})$$

$$entropie\ (j)\ =\ -\sum\ \frac{\boldsymbol{k}}{p}\ \ ln\ (\ \frac{\boldsymbol{k}}{p}\ )$$

p est le nombre d'événement lié au résultat; t, la taille de l'échantillon; n, le nombre de feuille; c, le nombre de classe de résultat; k, le nombre de résultat de la classe mesurés.

Le gain liée au noeud "lieu" est donc:

```
gain(lieu) = -3/8 entropie(1) - 3/8 entropie(2) - 2/8 entropie(3)
                où 1: ville; 2: bourg; 3: village
           = -0.65
```

```
entropie(1) = - 1/3 ln(1/3) - 2/3 ln(2/3) = 0.64
entropie(2) = - 1/3 ln(1/3) - 2/3 ln(2/3) = 0.64
entropie(3) = - 1/2 ln(1/2) - 1/2 ln(1/2) = 0.70
```

On construira l'arbre en commençant par la variable qui présente le gain maximum. A noté que pour une fonction p = (0,m) ou (m,0), l'entropie est nulle, la fonction étant discriminante (elle n'amène aucun "désordre" supplémentaire). Ici, la variable de l'âge qui contient deux éléments / variables discriminants:

```
gain(âge) = 0 - 4/8 entropie(2) - 0 = -0.35 car
```

```
entropie(2) = - 2/4 ln(2/4) - 2/4 ln(2/4) = 0.35
```

Sous forme de tableau:

Âge	oui	non	Couple	Entropie	p	k
jeune	1	0	(1,0)	0	1	1
moyen	2	2	(2,2)	0.69	4	2
âgé	0	3	(0,3)	0	3	0

```
n = 3            t = 8                gain = -0.35
```

Lieu	oui	non	Couple	Entropie	p	k
ville	1	2	(1,2)	0.64	3	1
bourg	1	2	(1,2)	0.64	3	1
village	1	1	(1,1)	0.69	2	1

```
n = 3            t = 8                gain = -0.65
```

Montant	oui	non	Couple	Entropie	p	k
faible	1	2	(1,2)	0.64	3	1
moyen	2	1	(2,1)	0.64	3	2
élevé	0	2	(0,2)	0	2	0

```
n = 3            t = 8                gain = -0.48
```

Une fois ce modèle créé, on utilisera un deuxième échantillon représentatif afin d'estimer le taux d'erreur effectif et ainsi qualifier le modèle créé. Selon la précision souhaité, il est tout à fait possible que toutes les variables ne soient pas représentées dans l'arbre de décision.

35. PLANIFICATION ET RESSOURCES

351. CRÉATION D'UN BUDGET

Les processus de planification permettent d'apprécier les besoins en financement, notamment en fond de roulement (quantité d'argent nécessaire pour faire face aux paiements liés à son activité), mais également de prévoir et présenter les actions qui sont imaginées. Il vaut la peine dès le début de prendre du recul et d'établir une première approximation. En effet, la création d'un planning ou d'un budget répond à la volonté de suivre des objectifs; ces objectifs doivent être clairement définis. On distinguera alors la création d'un planning pour une entité donnée (personne morale ou physique) et celle de plusieurs entités.

PLANIFICATION POUR UNE SEULE ENTITÉ

Une fois l'objectif et la mission de l'entreprise définis, et avant de spécifier les détails opérationnels, on prendra soin de déterminer les ressources nécessaires (compétences utiles et coûts pour atteindre l'objectif, à réaliser avec le département des ressources humaines), puis d'estimer les revenus prévus.

Stratégie générale

	PRODUCT	
STRATEGIC PROGRAM	**A. Operating excellence**	**B. Cie development**
	A1. Minimise the number of problems	B1. Consolidate the organisation of services
	A2. Optimise the speed of answer	B2. Build a strong team
JOB FAMILY	A1_j1. Quality management	B1_j1. Accounting B1_j2. Finance planning B1_j3. Admin / Secretarial
	A2_j1. Customer service	B2_j1. Development of a community

COMPETENCES	A1_c1. Climate for action:
	  - Team spirit
	  - Orientated meeting
	  - Collaborative
		B1_c1. Specific to each job specialty

	A1_c2. System & process orientation:
	  - Back-office
	  - Reporting
	  - IS development
		B2_c1. Business manager

STAFF NEEDED	0.75	1
FULLFILED @	60%	50%

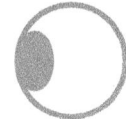

KEY PERFORMANCE INDICATORS	A1_k1. # of open request	B1 & 2_k1: Customer survey
	A1_k2. Nb of errors reported during the month	
	A2_k1. Time to respond and close a request	
	Cost per FTE	

	GROWTH	
STRATEGIC PROGRAM	**C. Customer management**	**D. Innovation**
	C1. Product cross-selling	D1. New product development
	C2. Right channel distribution in place	
	C3. Better understand our customer segments	
JOB FAMILY	C1_j1. Relationship & Analysts manager	D1_j1. Business development
		D1_j2. Joint venture / new office liaison officer
	C2_j1. Business analyst & Financial planner	
	C3_j1. Marketing	
COMPETENCES	C1_c1. Customer Relationship oriented	D1_c1. Investor Relationship oriented
	C1_c2. Product & Regional specialists	D1_c2. Negotiation
	C2_c1. Sales (phone & visits)	
	C2_c2. Forex	
	C3_c1. Market research	
	C3_c2. Marketing / PR	
STAFF NEEDED	2.5	0.5
	1 for 20 Client	1 per $1MM revenue
FULLFILED @	70%	30%
KEY PERFORMANCE INDICATORS	C1_k1. Cross selling ratio	D1_k1. Revenue on new products
	C2_k1. Channel mix	D1_k2. AuM growth
	C3_k1. New customer per analyst	
	C3_k2. Visit per region	
	C3_k3. Proper uplift of data in the DB	
	Nb of clients and revenue per client	

Ce tableau est un exemple et doit donc être adapté aux situations rencontrées: il découle habituellement d'une réflexion de type tableau de bord prospectif ou "Balanced Scorecard".

Ressources humaines

Attribuer (avec le responsable de la division), sur la base de l'historique ou/et d'une grille de salaire, un salaire aux profils définis (y inclure les charges sociales et les éventuels bonus); vous obtiendrez ainsi le budget des ressources humaines (masse salariale), y inclus les frais de déplacements.

Exemple en CHF'000

Salaire A		
Salaire brut	180	
Bonus	9	
Charges sociales employeur	32	(18%)
Formation	3	
Salaire total	**224**	

Voyage	Région 1	Région 2	Sous-total
Nombre de voyage	2	3	5
Coût par voyage	1.5	0.5	4.50
Autres coûts du transport	0.2	0.1	0.30
Coût du transport	**3.20**	**1.60**	**4.80**

Nourriture et logement	Région 1	Région 2	Sous-total
Nombre de nuits	10	5	15
Coût par nuit	0.30	0.20	5.30
Coût des repas	0.05	0.10	1.00
Coût de la nourriture et du logement	**4.10**	**2.20**	**6.30**

Objectifs de revenus et coûts d'approvisionnement (ou rétrocession)

Pour une meilleure lecture, les revenus seront divisés entre les activités de production, de services, et séparés entre les nouveaux et ceux existants. On y soustraira les coûts d'approvisionnement et les commissions de ventes (si il existe un historique, approximée dans un premier temps par augmentation linéaire).

Concernant les coûts, on tentera de déterminer les coûts directs, des coûts indirects ("overheads" en anglais) pour se rapprocher du tableau suivant:

Coûts directs	Coûts indirects
Ressources humaines	Loyer (incl. électricité)
Coûts de recrutement	Assurance
Conseils de tiers (directs)	Nettoyage
Mise en place des activités	Cafeteria
Publicité et promotion	Frais de la direction
Frais administratifs et de maintenance	Auditeurs et frais légaux
Amortissement des outils utilisés	Autres conseils de tiers (indirects)
Autres coûts directs	Courrier et téléphone
	Internet
	Amortissement des outils partagés
	Autres frais généraux

Investissements

Déterminer, avec la direction, les investissements ("Capital Expenditure" en anglais) nécessaires et valider avec eux les montants qui risquent de ne pas être réglés en fin d'année (client/fournisseurs). Si des coûts ont déjà été approuvés les années précédentes, les rajouter au budget. Souvent, les coûts inférieurs à un certain montant sont regroupés sur une seule ligne.

Bilan

Sur la base du besoin en fonds de roulement, on déterminera les manières de le financer. En particulier, on déterminera les apports en fonds propres ainsi que les montants d'emprunt nécessaire sur l'année. Ces montants permettront de connaître les frais financiers auxquels vous devrez faire face en aillant recourt à des tiers et donc de construire les comptes de résultat et bilans prévisionnels (vérifier auprès de l'administration fiscale, votre taux d'imposition et au besoin, faire valider votre mode de calcul pour les frais de voyage).

Trésorerie

La création d'un budget pourrait s'arrêter ici, si il n'était pas nécessaire de s'assurer, qu'a tous moment, vous disposer des ressources suffisantes, en particulier pour payer les salaires! Cette étape reprend les éléments "cash" des étapes précédentes, en se plaçant aux moments (souvent en fin de mois ou de semaine) de payement des montants dus tant au niveau des revenus que des charges.

Ventes prévues et subventions	Exemple
+ Encaissement des ventes	100
% Achat de produits vendus, % des ventes prévus (ne pas oublier de prendre en compte la création du stock initial)	14
% Salaires et charges sociales	52
% Charges opérationnelles (loyers, voyages, marketing, fournitures, télécom., etc. hors amortissement)	18
% Frais financiers et taxes (inclue la TVA perçue - récupérée)	7
% Investissement	27
+%Variation du fonds de roulement	(5)
+ Emprunts, apports et cessions d'actifs	20
% Remboursement des emprunts	3
% Dividendes versées	2

PLANIFICATION POUR PLUSIEURS ENTITÉS

S'il est nécessaire de faire intervenir plusieurs département ou plusieurs entités dans la création d'un budget, on veillera à:

1. Préparer les règles de bases
2. Diffuser des instructions clairs et précises (utiliser éventuellement des modèles pro-format)
3. Faire construire, dans les temps, les budgets, par les responsables désignés
   - Budgets d'exploitation (personnel, revenus, approvisionnement, coûts de production), d'investissements et/ou de frais généraux
   - Synthèses des résultat et trésorerie prévisionnels
4. Consolider les budgets
5. Vérifier la cohérence, apprécier le degré de réalisme et approuver
6. Réaliser un support de référence et diffusion
7. Prendre en compte des variations saisonnières
8. Actualiser et réajustement

352. PLAN D'AFFAIRE, PLANIFICATION ET ANALYSE DU RISQUE

Vous avez maintenant une bonne idée des charges qui vous incomberont dans la gestion de vos affaire et avez très certainement mené en parallèle toute une réflexion sur vos moyens de production et les services y relatifs. Si c'est le cas, c'est le moment de mettre sur papier ces idées. Le meilleur moyen d'y parvenir est d'établir un plan d'affaire, 25 pages maximum, c'est souvent un des premier investissement d'une entreprise, et cela en vaut la peine, car un plan d'affaire est un outil de communication et de planification efficace, notamment utile dans les situations suivantes:

Décision de principe

- Préparation pour des situations professionnelles
- Planification d'étapes d'expansion (par ex. nouveaux champs d'activité)

Recherche de partenaires

- Investisseurs et bailleurs de fonds
- Partenaires stratégiques

Achat et vente d'entreprises

- Succession et rachat de l'entreprise par des cadres
- Vente à des tiers

Financement

- Renforcement du capital
- Augmentation de la dette (capitaux étrangers)
- Financement de la croissance

Management

- Convaincre des cadres dirigeants d'intégrer l'entreprise
- "Rallier" le management à la stratégie future

Soyez prêt, le jour de votre présentation, et même avant, à répondre aux questions les plus courantes. Cela commence par qui vous êtes…

STRUCTURE

PAGE DE GARDE

> nom de l'entreprise
> PLAN D'AFFAIRE / OBJECTIF PRINCIPAL
> date

On vous propose d'organiser ensuite votre document de la manière suivante:

I. RESUME

En une page recto verso, présenter de manière synthétique la société, sa forme juridique et son histoire. Expliquer quel est le potentiel de croissance, les objectifs et la manière de les atteindre. Décrire l'équipe, les principaux partenaires et les barrières à l'entrée. Indiquer enfin l'objet de la demande, le montant du financement, son utilisation et les raisons qui font que l'entreprise va réussir.

II. L'ENTREPRISE

a. Situation
- Entreprise et forme juridique
- Vision et mission
- Valeurs clés
- Equipe

b. Projet
- Réussite du projet: compétences clés
- ABC du plan de croissance (taille, chiffre d'affaire)
- Produits et prestations (faits / achetés)
- Segmentation de l'offre (groupes cible, positionnement)
- Répartition géographique

III. OPPORTUNITES VS RISQUES

a. Rentabilité attendue
b. Analyse du marché (facteurs démographiques, économiques, sociaux, culturels)
c. Profils de clients clés (statut de la relation)
d. Etude de la concurrence et des fournisseurs
e. Règlementations et risques principaux (prévu par le CO art. 961, voir paragraphe suivant)

IV. OFFRE

a. Plan marketing (selon le projet et la taille de l'entreprise)
- Relations publiques
- Avantage concurrentiel et facteurs clés de réussite
- Publicité et promotion
- Coûts et prix de vente
- Réseau de distribution

b. Plan d'exploitation
- Ressources et personnel
- Assurance qualité
- Processus clés et organisation
- Equipement et production
- Réapprovisionnement et achats

c. Plan d'actions (importance, description, responsable, date de début et de fin) et échéances

IV. BESOINS FINANCIERS

a. Calculs prévisionnels et états financiers
- Résultat et bilan prévisionnel
- Activité d'investissements
- Plan de liquidité
- Etats financiers existants
- Récapitulation des états financiers (sur 1, 3 ou 5 ans)

b. Financement
- Capitaux propres
- Fonds étrangers nécessaires et leasing
- Garanties

V. ANNEXES

Bouclements annuels, calculs prévisionnels détaillés, carnet de commandes, portrait de prospects / clients, extrait de presse, CV ou contrats importants sont des exemples d'annexe.

ANALYSE DU RISQUE

Hormis les éléments classique d'analyse vus aux chapitres sur le marketing, les risques assurés et la structure du rapport de gestion, une entreprise doit évaluer, dans son propre intérêt, ses risques (c'est d'ailleurs souvent la mission d'un département ou d'une personne spécifique). Ces risques ont souvent un impact financier indirect, et sont normalement listés dans un plan d'action et dans un "recovery planning ».

Identification des risques

On reconnait habituellement cinq familles de risques: les risques naturels, sanitaires (incl. la pollution), accidentels (une erreur humaine, un défaut technique, etc.), de conflit (extérieur ou intérieur à l'entreprise) ou politique (comme un changement de gouvernement ou de loi). Chacun ayant, sur l'offre ou la demande, un potentiel d'occurence plus ou moins élevé, plus ou moins grave et variables selon les lieux d'activités.

Priorités

L'analyse et la classification de ces risques est particulièrement important en finance internationale, lors de l'octroi de crédit par exemple, mais s'applique à tous les corps de métier (par exemple, face au risque de coupure de réseau de courant électrique un hôpital s'équipera d'un groupe électrogène à démarrage automatique). Certaine personnes sont plus sensible aux risques ("risk averse ») que d'autres: raison pour laquelle on tente d'évaluer les risques de la manière la plus objective possible, en pondérant les effets (analyse multi-critères) des dommages.

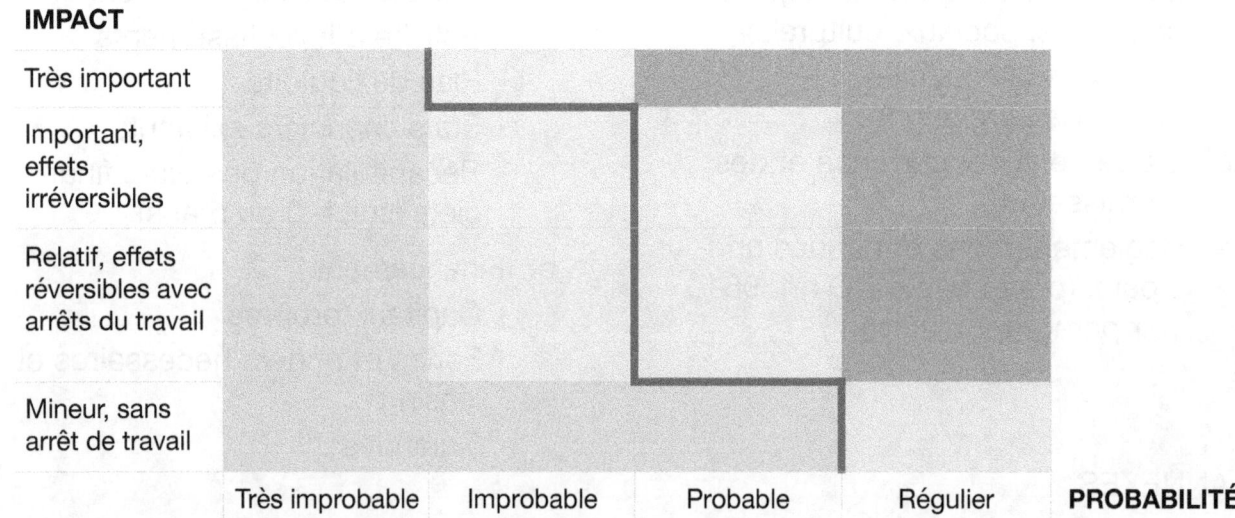

IMPACT

Très important				
Important, effets irréversibles				
Relatif, effets réversibles avec arrêts du travail				
Mineur, sans arrêt de travail				
Très improbable	Improbable	Probable	Régulier	**PROBABILITÉ**

Une troisième dimension est souvent ajoutée pour former un cube: celle de la durée de l'impact. Les dirigeants garderons souvent à l'esprit l'objectif principal de l'analyse et de la gestion des risques: celle d'accroître la confiance des acteurs économiques liés à l'entreprise et contribuer ainsi à créer de la valeur pour les actionnaires.

Gestion du risque: prévention et suivi

En fonction de la probabilité et de l'impact potentiel, une entreprise mettra plus ou moins de ressources pour réduire certains facteurs de risque. La meilleure stratégie étant souvent de prendre des actions concrètes de sécurisation (exemple, une méthode de production plus sûr ou plus respectueuse de l'environnement) et de former son personnel. Dans tous les cas, une bonne gestion de risques impliquera tous les moyens matériels et immatériels (physiques et non physiques) qui contribuent à la mise à disposition de biens et services (aussi appelés facteurs de production).

REVUE DES BONNES PRATIQUES

Une bonne planification implique souvent de dresser trois scénarios: "worst case", "best case" et celui de base, le plus réaliste.

Lorsque, en fin d'exercice, si les scénarios n'ont pas été respecté, on se méfiera des excuses du type: "De tout façon, un-e tel-le n'y comprend rien aux affaires", "Ah, vous n'avez pas reçu la dernière version?", "Comment aurais-je pu savoir?", "Ce dépassement est un investissement pour l'avenir...", "Nous sommes juste deux fois sur trois, c'est une mauvaise année qui sera corrigée l'an prochain!". Un bon gestionnaire aura en effet anticipé: rappeler vous effectivement, qu'une prévision est une prédiction et que rien ne justifie qu'on n'y prenne pas le soin nécessaire, car il en va de la crédibilité de l'ensemble de l'entreprise ou du projet.

Les processus de planification doivent en outre s'adapter à la culture d'entreprise existante (éviter de construire des "usines à gaz"). Ils doivent pouvoir se traduire en actions concrètes, permettre d'actualiser en continu les plans afin de s'adapter aux changements et être compris. Egalement, il faut rester prudent en matière d'estimation, prendre au besoin une marge supplémentaire (par exemple sur les dépenses).

Une bonne pratique de planification est d'associer à chaque processus des indicateurs incitatifs de performance couvrant à la fois les domaines de l'efficacité et de la satisfaction des acteurs impliqués (questionnaire de satisfaction, benchmarking, évaluation périodique des processus, etc.).

Enfin, là où il apparait que, dans le cas particulier des budgets, les estimations seront dépassés, il peut être judicieux de reporter certaines dépenses ou décisions (recrutement, renouvellement des infrastructures non-sensibles, augmentation de salaires, lancement d'un nouveau produit).

V4. RÉVISION ET CAS PRATIQUES

 ## 41. NOTIONS

<u>Vrai/faux</u>

Les ménages, les entreprises et les banques sont les seuls agents économiques représentés dans le circuit économique.

`F/ L'Etat est également un agent économique`

La fonction commerciale d'une entreprise a pour but d'organiser la communication et l'échange entre l'entreprise et le public auquel elle s'adresse.

`F/ Il s'agit de la fonction marketing ou communication ou ok si définition de la fonction commerciale`

Le secteur secondaire comprend toutes les entreprises qui exploitent des ressources naturelles.

`F/ Il s'agit du secteur primaire`

Les dettes de l'entreprise correspondent à des fonds étrangers.

`V`

Afin de se faire une place sur le marché du transport aérien, la compagnie d'aviation EASYJET a choisi, en matière de prix, une stratégie d'écrémage.

`F/ Stratégie de pénétration`

Le Marketing opérationnel consiste à récolter des informations sur les concurrents qui existent sur le marché.

`F/ Combiner ensemble les stratégies de Prix, produit, distribution et communication (les 4 P)`

Un soda acheté à la Migros est taxé à 7.7% (taux TVA)

`V`

Sur une facture d'hôtel, on sépare le prix de la chambre (taxée à 3.7%) et le petit-déjeuner (taxé à 2.5%)

`F/ L'ensemble est taxé à 3.7%`

QCM

L'espérance de vie augmente: une entreprise décide alors de lancer une gamme de service pour personnes âgées. C'est une décision relative au secteur...

	Politico-légal
	Economique
V	Socio-culturel
	Technologique

Qu'est-ce qu'une entreprise citoyenne ?

	Une entreprise créée par des citoyens
	Une entreprise publique, gérée par l'Etat pour l'intérêt des citoyens
	Une entreprise qui cherche à faire du profit tout en payant correctement ses producteurs du Sud (pays en sous-développement).
V	Une entreprise qui porte beaucoup d'intérêt au niveau social et écologique (conditions des employés et respect de l'environnement).

Les TPG (Transports Publics Genevois) sont une entreprise

V	publique
	mixte
	privée
	du secteur primaire
	du secteur secondaire
V	du secteur tertiaire

Quelles conséquences pourraient avoir une entreprise qui ne respecte plus ses valeurs éthiques en matière d'environnement social et écologique ?

V	Une mauvaise image
V	Une baisse des ventes
	Une augmentation des ventes
V	Un procès et des dommages et intérêts à payer
	Aucune conséquence

CALCULS

11 <u>N1</u>

Pendant combien de temps a-t-on placé 110'000.- au taux de 1¾ % si on a retiré hier, 110'614.95 (capital et intérêt compris)?

```
Intérêts = Capital f - i = 110'614,95 - 110'000 = 614,95
n = (i x 360 x 100) / (C x t)
  = (614,95 x 360 x 100) / (110'000 x 1,75) = 22'138'200 / 192'500
  = 115 jours
```

Votre patron s'est rendu à Detroit (USA) pour un voyage d'affaires. Il a réglé une partie de ses dépenses sur place avec sa carte de crédit professionnelle, soit USD 1'750.-. A son retour les dépenses effectuées avec la carte de crédit lui sont facturées CHF 1'556.60. Il a également dépensé les USD 250.- qu'il avait achetés, le 28 mai dernier, dans un guichet d'une banque cantonale.

Calculer le cours appliqué par la société émettrice de la carte de crédit

```
USD 1'750 -> 1556.60
USD    1 ->    x   -> x = 1556.60 / 1'750 = 0.8895
```

A combien s'est élevé le total de ses dépenses en ?

```
cours billets, la banque lui vend des USD à 0.8827
 USD   1 -> 0.8827
 USD 250 -> x      -> x = 250 x 0.8827 = 220.70
Total des dépenses CHF = 1'556.60 + 220.70 = 1'777.30
```

Quel est le capital qui, placé du 4 mars au 31 août à un taux de 1¾ %, a rapporté un intérêt brut de 1'037.85?

```
c = (i x 100 x 360) / (t x n) où i = 1'037.85
                              t = 1.75
                              n = 176 jours (26+5x30)
c = (1'037.85 x 100 x 360) / (1.75 x 176) = 121'307.15
```

Quel sera alors l'intérêt net reçu par le propriétaire du capital si l'administration fiscale prélève un impôt anticipé de 35%?

```
Intérêts net = 65% intérêts bruts = 1'037.85*65% = 674.60
```

N2

Un grossiste d'électroménagers achète des robots ménagers au prix d'achat brut de 300 pièce. Le fournisseur lui accorde une remise de 16⅔ % et un escompte de 5 % s'il paie dans les 10 jours. Les frais d'achat du commerçant se montent à 10.50 par robot. Quel est le montant de la facture du fournisseur pour un robot?

```
300 - (300*16.67%) = 250.-
```

Quel est le prix unitaire (pour un robot) payé par le grossiste au fournisseur si la facture est réglée immédiatement ?

```
250 - (250*5%) = 237.50
```

Quel est le prix de revient d'achat du robot si la facture est réglée immédiatement ?

```
237.50 + 10.50 = 248.-
```

Madame Acacias se rend à Lisbonne (Portugal) pour assister au match de son équipe de football favorite. A son départ de Genève, elle achète à la banque 300.- euros. Sur place, elle dépense une grande partie de ses euros et paie l'entrée du stade de la Luz avec sa carte de crédit pour un montant 40.- euros. A son retour à Genève, les cours de l'euro n'ont pas changé. Elle change les 30 euros qui lui restent. Combien a-t-elle dépensé de lors de son séjour?

```
A Genève :    1 euro  = 1.3686
             300 euros = x      -> x = 300*1.3686 = 410.60

A Lisbonne :  1 euro  = 1.3552
              40 euros = x     -> x = 40*1.3552 = 54.20

Retour :  1 euro = 1.3083
          30 euros= x      -> x = 30*1.3083 = 39.25

Total = 410.60 + 54.20 - 39.25 = 425.55
```

Une personne place 40'000.- pendant 4 mois, dans une banque. Elle reçoit, après déduction de l'impôt anticipé de 35 %, un intérêt net de 390.-. Quel est le taux d'intérêt appliqué par cette banque?

```
390 / 65 x 100 = 600 (intérêt brut)
Taux : 600x 36'000 / 120 x 40'000 = 4.5%
```

N3

Le 20 mars, une entreprise a payé, en retard, une dette de 2'125.- à un fournisseur. L'entreprise a dû s'acquitter d'un montant de 2'132.35, intérêt compris au taux de 6.25%. Calculez le nombre de jours de retard.

```
Différence d'intérêt = 2'132.35 - 2'125 = 7.35
N = (7.35 x 36000) / (2'125 x 6.25) = 19.92 arrondi à 20 jours
```

A quelle date au plus tard aurait-elle dû régler cette dette pour ne pas devoir payer d'intérêts?

```
28 février
```

Une personne a placé 360'000.- sur un compte (à terme) qui lui a rapporté 3'150.- d'intérêts créanciers bruts. Quelle a été la durée du placement si la banque a bonifié à cette personne un intérêt de 1¾ %?

```
N = (3'150 x 100 x 360) / (360'000  x  1.75) = 180 jours
```

SCHÉMA DES PRIX

Compléter le tableau suivant :

Prix d'achat net (PAN)	840.--		100%
Frais d'achat 6 % du PAN	50.40		6%
Prix de revient d'achat (PRA)	890.40	106 %	100%
Marge brute 30 % du PRA	267.10		30%
Prix de vente net (PVN)	1'157.50	130 %	95%
Escompte 5 % du PVB	60.90		5%
Prix de vente brut (PVB)	1'218.40		100%

75

✓ ACTES DE DÉFAUT DE BIENS

76 Voici les opérations relatives au client E.

1. 11.08.N-2 Nous vendons à E pour 18'000.- de marchandises, payables à 90 jours, 2% d'escompte à 10 jours.

2. 14.11.N-2 Le patron d'E nous informe que son entreprise ne peut plus honorer ses créances. Nous le considérons comme douteux.

3. 30.12.N-2 Créons une provision sur nos créances commerciales correspondant au montant total de la facture adressée à E.

4. 26.01.N-1 Nous décidons d'entamer des poursuites contre E. Payons à l'Office des Poursuites 75.- par la poste à titre d'avance de frais.

5. 08.06.N-1 Malgré les poursuites entreprises contre E, cette dernière nous paie que 12'000 par virement postal. Recevons un acte de défaut de biens pour le solde.

6. 09.06.N-1 Nous utilisons la provision à notre disposition pour amortir la perte qu'E nous fait subir.

7. 15.01.N Après la clôture des comptes au 31.12.N-1, nous recevons de la part d'E, revenue à meilleure fortune, le paiement du solde sur notre compte postal.

1	CRC	M-Vente	n/vte à crédit	18'000	18'000
2	Cl.douteux	Créances Cl.	E devenue douteux	18'000	18'000
3	Perte s/cl.	Prov. Perte s/cl.	Création de la provision	18'000	18'000
4	Cl.douteux	Poste	n/pt avance de frais	75	75
5	Poste	-	s/pt	12'000	-
	Perte s/cl.	-	ADB 18'075-12'000	6'075	-
	-	Cl. douteux	s/règlement	-	18'075
6	Prov Perte s/cl.	Perte s/cl.	Utilisation provision	6'075	6'075
7	Poste	Produits Ex.	s/pt	6'075	6'075

TVA

80

Durant le premier trimestre l'entreprise A0 effectue les trois opérations suivantes:

17 janvier : Facture relative à un achat de marchandises 151'200.- (+TVA 7.7%)

19 février : Facture relative à une vente de marchandises 210'000.- (+TVA 7.7%)

9 mars : Facture relative à l'achat d'une machine 32'400.- (+TVA 7.7%)

Passer les écritures du 1er trimestre.

17. 01	Achats marchan.	Dettes fournis.	n/ achats (151'200 x 1.077)	162'842.40	162'842.40
19. 02	Créances clients	Ventes marchan.	n/ ventes (210'000 x 1.077)	226'170.--	226'170.--
09. 03	Machines	Autres dettes	n/ achat nouvelle machine (32'400 x 1.077)	34'894.80	34'894.80

En utilisant la méthode de comptabilisation de la TVA au brut, passer les écritures nécessaires pour extourner les impôts préalables et la TVA trimestrielle. Virer, ensuite, les comptes d'impôts préalables et effectuer le versement par un compte de liquidité.

31 .3	IP s/ marchan.	Achats marchan.	récup. (162'842.40 - 151'200)	11'642.40	11'642.40
31 .3	Ventes marchan.	TVA due	récupération (226'170 - 210'000)	16'170	16'170
31 .3	IP s/ ACE et investis.	Machines	récup. (34'894.80 - 32'400)	2'494.80	2'494.80
31 .3	TVA due	IP s/ marchan.	virement	11'642.40	11'642.40
31 .3	TVA due	IP s/ ACE et investis.	virement	2'494.80	2'494.80
31 .3	TVA due	Dette AFC	solde dû à l'AFC (16'170-11'642.40 -2'494.80)	2'032.80	2'032.80
31 .3	Dette AFC	Liquidité	n/ règlement par compte liquidités	2'032.80	2'032.80

✓ MARKETING

18 Vous venez d'être embauché dans le département de marketing d'une entreprise de cosmétique. Le directeur souhaite lancer une nouvelle gamme de parfums pour les femmes à base de "G", une fleur qui sent très bon. Le nouveau parfum "G for Ever" a déjà fait l'objet d'une étude de marché avant d'être lancé, l'entreprise compte élargir la gamme assez rapidement en offrant une version eau de toilette, et des crèmes de soins à base de cette même fleur. Cependant, elle craint la concurrence, même si cette fleur coûte très cher et qu'il y a très peu de quantité disponible. D'après vous à qui s'adresse ce produit?

Jeunes femmes, revenu élevé

Comment s'appelle ce groupe de consommateurs que l'on vise à toucher ?

Le public-cible

Comment s'appelle la politique marketing qui consiste à fixer un prix élevé afin de viser des consommateurs à fort pouvoir d'achat (revenu élevé)?

Politique d'écrémage

Citer dans l'ordre les différentes phases du cycle de vie d'un produit en marketing.

Lancement, croissance, maturité, déclin

CAS PRATIQUE: MATOS CUISINE

45

Vous êtes stagiaire au service de la comptabilité du magasin "Matos Cuisine". Vos clients sont principalement des cafetiers et des restaurateurs de la région. Le magasin est dirigé par son propriétaire JP. Il vous est demandé de:

- Journaliser diverses écritures
- Procéder à des calculs de changes et de prix

- Présenter les comptes de résultat à 2 degrés
- Passer les écritures de TVA

Notre fournisseur nous fait livrer 50 casseroles d'une valeur de 12.- pièce que nous mettrons en vente immédiatement. Conditions de paiement: 2 % d'escompte pour un paiement dans les 10 jours. La facture doit être comptabilisée.

Marchandises-Achat	Fournisseurs	n/achat casseroles (50 * 12)	600	600

(suite écriture 1) 5 jours plus tard, payons la facture par virement bancaire. Payons aussi en espèces les frais liés à la livraison de 50.-.

Fournisseurs	Déd. obtenues	escompte obtenue (2%*600)	12	12
Fournisseurs	Banque	n/paiement par virement bancaire fact. F	588	588
Frais achats	Caisse	n/ règlement en espèces frais livraisons	50	50

Payons par virement bancaire diverses fournitures de bureau. Cette facture avait déjà été comptabilisée pour un montant de 200.-.

Autres dettes	Banque	n/règlement facture fournitures de bureau	200	200

Recevons un acte de défaut de bien pour notre client le café de la Croix Fédérale. Notre créance de 4'670.- est donc considérée comme perdue.

Pertes sur créances	Cr.clients / douteuses	AdB croix fédérale	4'670	4'670

Le restaurant R nous paie par virement postal 15'680.-. Après vérification, nous constatons qu'il a déduit les 2% d'escompte auquel il avait droit.

Poste	–	L/paiement facture	15'680	–
Déd. acc.	–	1568*2%/98%	320	–
–	Créances clients	règlement fact. no… Luso-Gallego.	–	16'000

Retournons plusieurs cartons d'ustensiles à notre fournisseur FE qui ne correspondaient pas à nos attentes. Ils avaient été comptabilisés pour 2'500.-

Fournisseurs	Achats-marchandises	n/retour de marchandises fact. F	2500	2500

Payons, au comptant, le technicien informatique qui est venu assurer la maintenance de nos ordinateurs pour 138.-.

Frais informatique	Caisse	Pmt cash maintenance informatique	138	138

Malgré divers rappels notre client le café C ne nous paie pas notre facture de 1'287.-. Nous engageons des poursuites contre lui, payons par virement bancaire 180.-. à l'Office des poursuites comme avance de frais et considérons C comme douteux.

Créances clients	Banque	Frais de poursuite le Bavarois	180	180
Créances douteuses	Créances clients	1'287+180	1'467	1'467

Avis de crédit bancaire: intérêt net en notre faveur de 292.50. Tenir compte de l'impôt anticipé (35%).

–	Intérêts produits	292.50*100/65	–	450
Banque	–	Intérêt net	292.50	–
Créance AFC	–	IA :292.50*35/65	157.50	–

Enregistrons un salaire de 80'000.- pour le propriétaire ainsi qu'un intérêt de 2% sur les capitaux propres investis dans l'entreprise qui s'élèvent à 120'000.-.

Salaires	–	Salaire du Gros	80'000	
Intérêts charges	–	2%*120'000	2'400	
–	Privé	Ecritures internes		82'400

Le compte Stock de Marchandises se présente de la manière suivante. Journaliser la variation de stock.

Stock de Marchandises

SAN	68'000		
		75'000	**SPB**

Stock de march.	Var. de Stock	Augmentation de stock 75'000-68'000	7'000	7'000

Le patron JP, s'est rendu à Stockholm en Suède, en février pour participer à la foire annuelle FA qui a lieu tous les ans et qui est réservée aux professionnels du matériel de cuisine. JP aimerait savoir combien lui a coûté au total son séjour en Suède.

Avant de partir, il a changé, au guichet de la banque, 6'000 SEK. Cet argent a été en partie dépensé en frais divers (hôtel, taxi, …). Sur place, il a invité notre fournisseur FA au restaurant. Il a payé l'addition de SEK 1'875.- avec sa carte de crédit. En rentrant, il lui restait 450.- SEK qu'il est allé changer au guichet de la banque. Les cours n'ayant pas changés depuis son départ.

```
GVA:   100 SEK = 11.697
      6000 SEK =  X    -> X = 6000*11.697/100 = 701.82 = 701.80

Stockholm:  100 SEK = 11.339
           1875 SEK=   X    -> X = 11.339*1875/100 = 212.60

Retour GVA: 100 SEK = 10.657
            450 SEK =  X    -> X = 10.657*450/100 = 47.95


Total = 701.80 + 212.60 - 47.95 = 866.45
```

JP vous remercie de l'aider à résoudre le problème suivant (ne pas tenir compte de la TVA). Le prix de vente net (PVN) dans notre magasin d'un comptoir réfrigérant doit être de 2'910.- pour nos clients importants. Déterminer le prix catalogue (PVB) de cet article si les conditions de vente pour nos gros clients stipulent 20 % de rabais et 3 % d'escompte.

	CHF	%	%
PVN	2'910	97	
+escompte 3%	90	3	
PVC	3'000	100	80
+remise 20%	750		20
PVB	3'750		100

JP soumet à votre analyse les informations suivantes extraites de la comptabilité de l'entreprise.

```
Inventaire initial de marchandises                      192'000.-
Achats de marchandise                                   445'000.-
Ventes de marchandises                                  988'580.-
Frets et ports (frais d'expédition à notre charge)  2'356.-
Frais d'achat                                             3'564.-
Inventaire final de marchandises                        200'000.-
```

Calculer les valeurs suivantes:

Le Chiffre d'Affaire Net (CAN) :

```
CAN = Ventes - Frais d'expédition.
    = 988'580- 2'356 = 986'224
```

Le Prix de Revient des Marchandises Achetées (PRAMA):

```
PRAMA = Achats + Frais d'achat
      = 445'000 + 3'564 = 448'564
```

Le Prix de Revient des Marchandises Vendues (PRAMV):

```
PRAMV = PRAMA - augmentation de stock
      = 448'564 - 8'000 = 440'564
```

La Marge Brute (MB) :

```
MB = CAN -PRAMV = 986'224-440'564 = 545'660
```

Journaliser les opérations suivantes en appliquant la méthode de la TVA au net de 7.7 %.

Achat à crédit de matériel de cuisine destiné à la revente pour 50'000., TVA non-comprise.

Achat march.	Fournisseur	–	50'000	50'000
IP sur march.	Fournisseur	50'000 x 7.7%	3'850	3'850

Vente à crédit d'une cuisinière au café de l'Avenir pour 5'840.-, TVA comprise.

Créance client	–		5'840	
–	Vente march.	5840 x 100 / 107.7		5'422.45
–	TVA due	5'422.45 x 7.7%		417.55

42. DOCUMENTS CLÉS

JOURNAL

N1

Vendons des marchandises à crédit pour 23'700.- au client S

```
Créances clients à Ventes marchandises (n/vente) pour 23'700.-
```

Payons par virement bancaire 150'000.- pour des factures, déjà comptabilisées, relatives à des achats de marchandises. Le montant total facturé était de 156'800.-; la différence représente un escompte accordé.

```
Dettes fournisseurs à - (n/ règlement fournisseurs) pour 156'800.-
- à Déductions obtenues (déduction obt. 156'800-150'000) pour 6'800.-
- à Banque (n/ virement bancaire) pour 150'000.-
```

Avons payé, par virement postal, les frais sur les marchandises achetées pour 1'100.-. Le comptable a passé l'écriture suivante; rectifier s'il y a lieu.

```
Poste à Frais d'administration (extourne) pour 1'100.-
Frais d'achat à Poste (n/ règlement Fi frais d'achat) pour 1'100.-
```

Le client S retourne des marchandises non conformes (voir opération 1); note de crédit de 2'200.-.

```
Ventes march. à Créances clients (n/ note de crédit) pour 2'200.-
```

Recevons et payons par banque la facture concernant les emballages destinés à protéger les marchandises que nous livrons à nos clients, 7'450.-.

```
Frets et ports à Banque (n/ règlement F1 emballages) pour 7'450.-
```

Achetons des nouveaux ordinateurs pour une valeur de 15'000.-. Le revendeur reprend anciens ordinateurs pour 2'000.-. Le solde est payable à 30 jours.

```
Informatiques à - (n/ achat ordinateurs) pour 15'000.-
- à Informatiques (reprise anciens ordinateurs) pour 2'000.-
- à Autres dettes (solde dû au revendeur) pour 13'000.-
```

Le client S nous règle, par virement bancaire, sa facture (voir opérations 1 et 4) après avoir déduit un rabais de 5%.

```
Déductions accordées à - ((23'700-2'200) x 0,05) pour 1'075.-
Banque à - (21'500 - 1'075) pour 20'425.-
- à Créances clients (règlement S) pour 21'500.-
```

Payons par virement postal les salaires de nos employés, 25'000.-.

```
Salaires à Poste (n/ versement salaires) pour 25'000.-
```

Le propriétaire prélève pour 1'100.- de marchandises ainsi que 300.- dans la caisse pour son usage personnel.

```
Privé à - pour 1'400.-
- à Prestations à soi-même (prélèvement propriétaire) pour 1'100.-
- à Caisse (prélèvement propriétaire) pour 300.-
```

Clôture

Amortissons les véhicules de la société pour un montant de 10'350.-

```
Amortissements à Véhicules pour 10'350.-
```

Comptabilisons en faveur du propriétaire: 12'000.- de salaire et 3% d'intérêts sur son apport initial de 450'000.-

```
Salaires à - (salaire propriétaire) pour 12'000.-
Intérêts-charges à -(450'000 x 0,03) pour 13'500.-
- à Privé pour 25'500.-
```

Comptabilisons variation de stock (stock initial 90'000.- / stock final 93'500.-) et 1'250.- d'intérêts bancaires en notre faveur.

```
Stock marchandises à VS (93'500-90'000) pour 3'500.-
Banque à Intérêts-produits (intérêts en n/ faveur) pour 1'250.-
```

 **Balance de vérification**

En tenant compte de la balance de vérification ci-dessous, établir le compte de résultat à 2 degrés ainsi que les comptes Privé et Capital.

116

Balance de vérification du 31.12.20__ (CHF'000)

	Débit	Crédit
ACE	23	
Amortissements	350	
Autres dettes		18
Banque c/c	523	
Banque (dette)		3'000
Caisse	10	
Capital		11'845
Créances clients	8'330	
Déductions accordées	610	
Déductions obtenues		125
Dettes fournisseurs		4'900
Frais d'achat	350	
Frais d'administration	390	
Frets et ports	450	
Frais d'informatique	100	
Hypothèque		12'000
Immeuble	20'151	

balance de vérification (suite)

	Débit	Crédit
	--------	--------
Informatiques	444	
Intérêts-charges	41	
Intérêts-produits		3
Loyer	1'600	
Marchandises-Achats	35'450	
Marchandises-Stock	863	
Marchandises-Ventes		45'390
Mobilier	1'200	
Poste	1'755	
Prestations à soi-même		59
Privé	2'950	
Salaires	7'400	
Variation de stock		120
Véhicules	4'470	
	--------	--------
Totaux	**87'460**	**87'460**

Compte de résultat à 2 degrés au 31.12.20__

Achats marchandises	35'450	Ventes marchandises	45'390
Déductions accordées	610	Déductions obtenues	125
Frais d'achat	350	Prestations à soi-même	59
Frets et ports	450	Augmentation de stock	120
Marge Brute	8'834		
	--------		--------
Total	**45'694**		**45'694**
Salaires	7'400	Marge Brute	8'834
Loyer	1'600	Intérêts-produits	3
ACE	23	Perte nette	1'067
Amortissements	350		
Frais d'administration	390		
Frais d'informatique	100		
Intérêts-charges	41		
	--------		--------
Total	**9'904**	**Total**	**9'904**

VF du compte privé = 4'017 (2'950 + 1'067)
Capital = 7'798 (11'845 - 4'017)

N2

Cas d'un magasin de vélo.

L'entreprise vend des vélos et accessoires et possède un portefeuille de titres ainsi qu'un immeuble dans lequel elle a son magasin et où habite le patron.

Période 1

Vendons un vélo P à Monsieur M d'une valeur de 3'000. Nous lui accordons un escompte de 5 % en cas de payement de la facture dans les 10 jours.

Créances Clients	Ventes-marchandises	N/vente marchandises à crédit à M	3'000	3'000

Payons par virement bancaire l'annuité hypothécaire d'un montant 62'000. L'emprunt hypothécaire se monte à 700'000 au taux de 3 %.

Charges d'immeuble	–	Intérêt hypothécaire 700'000 * 3%	21'000	–
Dette hypothécaire	–	N/Remb. partiel dette hyp.(62'000-21'000)	41'000	–
–	Banque	N/pmt annuité hypothécaire	–	62'000

Le client M (écriture 1) paie sa facture par virement postal 5 jours après son achat.

Poste	–	Pmt facture M (3 000 - 150)	2'850	–
Déductions acc.	–	Escompte accordé (5%*3000)= 150.-	150	–
–	Créance clients	Règlement facture M	–	3'000

Retour de plusieurs cartons de pièces détachées (dérailleurs, disques de frein, pédaliers) qui ne correspondent pas à nos attentes. Ils avaient été comptabilisés 2'500.

Dettes fournisseurs	Achats-marchandises	retour de marchandises fournisseur	2'500	2'500

Notre fournisseur nous livre 50 casques d'une valeur de 12.- l'unité. Condition de paiement: 5 % d'escompte pour un paiement dans les 30 jours. Comptabiliser la facture.

Achat-marchandises	Dettes fournisseurs	n/achat casques (50*12)	600	600

Paiement par virement bancaire de diverses fournitures de bureau. Cette facture avait déjà été comptabilisée pour un montant de 200.-.

Autres dettes	Banque	n/règlement facture fournitures de bureau	200	200

Nous réglons par virement postal le salaire du concierge de notre immeuble, 4'500.

Charges d'immeuble	Poste	N/pmt salaire concierge	4'500	4'500

Contre toute attente, notre banque est créditée d'un montant de 18'500.- de la part d'un ancien client pour une créance complètement amortie, il y a quatre ans.

Banque	Produits Exceptionnels	Récupération créance	18'500.--	18'500.--

Achetons 10 obligations d'état libérée sur 10 ans, taux 3.5 % échéance le 30 juin, valeur nominale 5'000.-, cours de 98 %, frais totaux 150.-. Tenir compte de l'intérêt.

Titres	-	98%*(10*5000)+150	49150	-
Produits des titres	-	(10*5000*3.5*280) /36000	1'361.10	-
-	Banque	Notre paiement	-	50'511.10

Achetons une nouvelle fourgonnette pour 85'000.-. Le vendeur reprend notre ancien véhicule pour 25'000.- et le règlement du solde se fait par virement bancaire. Nous avions acheté notre ancien véhicule 54'000.- et l'avons amorti de manière indirecte pour 30'000.-. Enregistrer toutes les écritures relatives à cet achat.

FAC s/ véhicules	Véhicules	Extourne amortissements	30000	30000
Véhicules	-	Achat nouvelle fourgonnette	85'000.--	-
-	Véhicules	Reprise ancienne	-	25'000.--
-	Banque	Notre paiement	-	60'000.--
Véhicules	Produits Exceptionnels	25000- (54000-30000)	1'000.--	1'000.--

Touchons l'intérêt relatif à nos obligations. Tenir compte de l'impôt anticipé.

Banque	-	(65% * 1750)	1'137.50	-
Créance AFC	-	(35% * 1750)	612.50	-
-	Produits des titres	3.5% * (10 * 5000)	-	1750

Enregistrons la facture de l'entreprise D de 7'560.- concernant l'achat de notre nouveau ordinateur.

Informatiques	Autres dettes	N/ achat ordi.	7560	7560

Un client nous retourne pour 1'728.- de marchandises. Nous effectuons un virement bancaire de ce montant sur son compte bancaire.

Ventes Marchandises	Banque	Retour client	1728	1728

Recevons un avis de crédit bancaire, pour un paiement de nos locataires de 94'000.-.

Banque	Produits dimmeubles	Encaissement loyers	94000	94000

Payons par virement postal l'assurance incendie de notre immeuble valable du 1er décembre au 30 novembre de l'année suivante pour un montant de 8'000.-.

Charges dimmeubles	Poste	Paiement assurance incendie annuelle	8000	8000

Payons le salaire de notre vendeur. Comptabiliser le paiement du salaire net par virement postal en tenant compte des déductions nécessaires. Journaliser uniquement la part salariale (paiement de l'entreprise). Salaire de 6'800.- (coordonné de 4'505.-), AVS/AI/APG/AC/AM à 6.295%, AANP à 1.2 %, AAPà 1.3 %, LPP à 18% (répartition paritaire).

Salaires	–	Salaire brut	6800	
–	Dettes AVS	(6.295%*6800)	–	428.05
–	Dettes LPP	9%*4505	–	405.45
–	Charges sociales	1.2%*6800	–	81.60
–	Poste	Salaire net	–	5'884.90

 Clôture

116 Enregistrons une plus-value sur titre de 2'500.-.

Titres	Produits des titres	Comptabilisation plus-value sur titres	2'500	2'500

Comptabilisation du loyer de notre commerce dans notre immeuble 6'000.-.

Loyer	Produits d'immeuble	Comptabilisation loyer commerce	6'000	6'000

Passons en compte en faveur du propriétaire un intérêt de 4½ % sur les capitaux propres investis dans l'entreprise. Le solde du compte capital se monte à 40'000.-.

| Int. Charges | Privé | S/intérêt sur capital investi 40 000* 4.5% | 1'800 | 1'800 |

En fin d'exercice, les comptes ci-après se présentent de la manière suivante:

	Débit	Crédit
Créances Clients (suisses)	230'000.-	100'000.-
Créances Clients étrangers (factures en CHF)	323'000.-	260'000.-
Ducroire		10'000.-

Ajuster la provision conformément aux normes fiscales en vigueur, à savoir: 5 % du compte Créances Clients (suisses) et 10 % du compte Créances Clients étrangers.

| Pertes sur Créances | Ducroire | 5%x130'000 + 10%x63'000 − 10'000 = 2'800 | 2'800 | 2'800 |

Amortissement immeuble de manière directe à 4 % de sa valeur d'achat 2'000'000.-.

| Charges d'immeuble | Immeuble | 4 % x 2'000'000 | 80'000 | 80'000 |

Amortissement indirect du mobilier pour 8'000.-.

| Amortissements | Cumul d'amo. sur mobilier | Amortissement indirect du mobilier | 8'000 | 8'000 |

N2+

Notre banque nous envoie un avis de crédit concernant le paiement d'un client, soit 13'300.-. Après avoir contrôlé la facture, constatons que le client a déduit un escompte de 5 %.

Banque	-	Versement net	13'300.-	-
Déd. accordée	-	13'300 *5/95	700.-	
-	Créance client	13'300 + 700	-	14'000.-

Il y a 4 ans, nous avions complètement amorti la créance d'un client. A notre surprise, ce dernier nous paie aujourd'hui 1'000.- par virement postal.

Poste	Prod. except.	Versement	1'000.-	1'000.-

Virement bancaire de l'annuité hypothécaire de 40'000.- (annuité constante). Notre dette hypothécaire s'élève à 1'400'000.- et le taux à 2 %. La différence représente notre amortissement financier annuel.

Ch. imm.	-	1'400.000 * 2 %	28'000.-	-
Dette hypoth.	-	40'000 - 28'000	12'000.-	-
-	Banque	N/ paiement annuité	-	40'000.-

Vente par l'intermédiaire de la banque, au cours de 94%, de 16 obligations de 1'000.- chacune (valeur nominale), taux d'intérêt 2.5 %, échéance le 30 septembre. Frais de vente totaux 569.-. Tenir compte de l'intérêt couru.

Banque	-	Notre vente	14'737.65	-
-	Titres	16'000 * 94 % - 569	-	14'471.-
-	Prod. titres	16'000 * 2.5 % * 8/12	-	266.65

Achetons par l'intermédiaire de la banque 34 actions au cours de 164.-. Les frais d'achat se montent à 220.-.

Titres	Banque	34 * 164 + 220	5'796.-	5'796.-

Achat à crédit de marchandises hors taxes 43'000.-, TVA de 7.7%.

Achat March.	Dette fourniss.	43'000 * 107.7 %	46'311.-	46'311.-

L'Office des poursuites nous fait parvenir par virement postal un montant de 1'800.-. Ce dernier représente la somme récupérée sur une facture due s'élevant à 4'900.-.

Poste	–	Virement	1'800.-	–
Perte s/ cr.	–	4'900 – 1'800	3'100.-	–
–	Créance client	Poursuite	–	4'900.-

Nous achetons un véhicule 78'000.-. Le garagiste reprend l'ancienne voiture au prix de 7'000.-; le solde est dû à 30 jours. Tenir compte du fait que l'ancien véhicule avait coûté 65'000.- et qu'il a été amorti de manière indirecte pour une montant de 46'500.-.

Véhicule	–	N/ achat	78'000.-	–
–	Véhicule	S/ reprise	–	7'000.-
–	Autre dette	78'000 – 7'000	–	71'000.-
CA véhic.	–		46'500.-	–
Ch. except.	–	65'000 – 46'500 – 7'000	11'500.-	–
–	Véhicule	65'000 – 7'000	–	58'000.-

Clôture

Estimons que les ristournes que nos fournisseurs nous feront parvenir en début d'année prochaine s'élèveront à 6'900.-.

AT (prod. à rec.)	Déd. obtenues	Ristournes à recevoir	6'900.-	6'900.-

Amortir l'ensemble du parc des véhicules sur la base des informations ci-dessous:

Solde du compte véhicules au 31.12.20__	184'000.-
Cumul d'amort. sur véhicules au 31.12.20__	62'000.-
Taux d'amortissement dégressif	20 %

Amortissement	C. amort. véhic	20 % s/184'000 – 62'000	24'400.-	24'400.-

Après analyse des factures en suspens, décidons de créer une provision de 5% sur les créances suisses et de 10% sur les créances étrangères. Ajuster la provision

Extrait des créances

```
Créances clients suisses              195'000.-
Créances clients étrangères            16'000.-
Provisions pour pertes sur créances   8'600.-
```

Perte s/ cr.	Prov. perte cr.	195'000*5%+16'000*10% =11'350 (-8'600)	2'750.-	2'750.-

Avons payé et comptabilisé la facture d'une campagne publicitaire d'un montant de 18'500.- qui a commencé le 15 décembre et durera jusqu'au 15 mars de l'an prochain.

Actif transit.	Publicité	Pub payée d'avance 18'500*2.5/3	15'416.65	15'416.65

N3

Au 1.1.20__ tenir compte des frais d'assurance payés d'avance enregistrés dans notre comptabilité l'année passée pour 10 7'500.-.

Assurances	AT (CPA)	Extourne des frais assurances payés d'avance	7'500.-	7'500.-

Comptabilisons le loyer de nos locaux commerciaux dans notre propre immeuble soit 95'000.-.

Loyer	Produits Immeuble	Loyer commercial interne	95'000.-	95'000.-

Réglons par virement bancaire 28'500.- (montant net) d'une facture déjà comptabilisée, escompte de 5 %.

Fournisseurs	Banque	n/ virement bancaire	28'5000.-	28'500.-
Fournisseurs	Déductions obtenues	Escompte obtenu (28'500*5/95)	1'500.-	1'500.-

Un client nous informe qu'il ne pourra pas payer les 80'000.- qu'il nous doit. Nous virons par la poste 200.- pour le mettre aux poursuites.

Créances Clients	Poste	n/ règlement frais de poursuites	200.-	200.-

Journaliser l'encaissement par la banque des coupons de dividendes de nos 8 actions, montant brut 70.- par action.

-	Produits des titres	Dividende brut (8*70)	-	560.-

Banque	–	Dividende net (65% du brut)	364.-	–
Créances AFC	–	IA (35% du brut)	196.-	–

Achat, par l'intermédiaire de la banque, de 25 obligations, 6%, valeur nominale de 1'000.- chacune, cours 103%, intérêt couru 375.-, frais d'achat totaux 255.-.

Titres	–	n/achat obl. 255+ (25*1000*103/100)	26'005.-	–
Produits des titres	–	Intérêt couru	375.-	–
–	Banque	n/ règlement borderaux de vente	–	26'380.-

Recevons un avis de la poste nous informant que plusieurs locataires ont versé leurs loyers de novembre, décembre et janvier, au total 13'500.-.

Poste	Produits Immeuble	Règlement postal des locataires	13'500.-	13'500.-

Comptabilisons les ventes à crédit du mois pour un montant de 2'500'000.-.

Créances clients	Ventes marchandises	Ventes à crédit	2'500'000.-	2'500'000.-

Vendons un immeuble pour un montant de 4'750'000.-. Valeur comptable de 4'200'000.-. L'hypothèque de 3'700'000.- grevant l'immeuble est reprise par l'acheteur ainsi que les intérêts courus de 27'000.-. Loyer d'un locataire, resté impayé à ce jour, 8'000.- bonifié par l'acheteur. Le solde dû est réglé par virement bancaire.

DÉCOMPTES DE SALAIRES

100 <u>Décompte de salaire</u>

Date de paiement: 28 février

Désignation	%	Brut	Base	Allocations	Retenues
Salaire mensuel	80 %	6'720.-		600.-	
Cotisation AVS	5.15 %		6'720.-		346.08
Cotis. chômage	1.1 %		6'720.-		73.92
Cotis. LPP	4 %		4'690.-		187.60
AANP	1.3 %		6'720.-		87.36
Ass. maternité	0.045 %		6'720.-		3.02
Totaux		6'720.-		600.-	698.--

Montant versé: 6'622.-

Quel est le montant de la déduction de coordination LPP ?

`6720 - 4690 = 2'030`

Si la personne ci-dessus travaillait à 100 %, quel serait son salaire brut ?

`6'720 * 100 / 80 = 8'400`

Expliquer le principe de solidarité appliqué au 1er pilier (financement et paiement des rentes).

`Pas de cotisation maximum, mais rente maximum à l'âge de la retraite`

Citez les 3 piliers du système de retraite suisse.

```
1er pilier  : l'Assurance Vieillesse et Survivants
2ème pilier : la Loi sur la Prévoyance Professionnelle
              (caisse de retraite)
3ème pilier : l'Assurance vie/risque (facultative)
```

-	Immeuble	N/ vente		-	4'200'000.-
-	Prod. exceptionnel	Gain s/ vente		-	550'000.-
Dette hypothécaire	-	Reprise	3'700'000.-		-
Charges d'immeuble	-	Intérêts courus	27'000.-		-

	Produits d'immeuble	Loyer en notre faveur	–	8'000.-
Banque	–	Virement solde	1'031'000.-	–

✓ RÉSULTAT À QUATRE DEGRÉS

129 Exemple 1

Soldes des comptes (balance de vérification) au 31.12.20__, page suivante.

Charges		Compte de résultat en CHF du 1.1 au 31.12.20__	Produits	
Achats marchandises	480'000.-	Déductions obtenues	7'000.-
Déductions accordées	4'000.-	Variation de stock	14'000.-
Frais d'achat	9'000.-	Ventes marchandises	793'000.-
Pertes sur clients	25'000.-		
Marge brute	296'000.-		
	814'000.-		814'000.-
ACE	34'100.-	**Marge brute**	296'000.-
Amortissements	15'000.-	Différence de caisse	50.-
Charges sociales	24'000.-	Intérêts produits	750.-
Intérêts charges	1'800.-		
Salaires	124'800.-		
BN d'exploitation	97'100.-		
	296'800.-		296'800.-
		BN d'exploitation	97'100.-
Charges d'immeubles	30'000.-	Produits d'immeuble	25'000.-
BN d'entreprise	94'400.-	Produits des titres	2'300.-
	126'400.-		126'400.-
		BN d'entreprise	94'400.-
Ch. exceptionnelles	11'000.-		
BN d'exercice	83'400.-		
	94'400.-		94'400.-

Compte Privé			Compte Capital		
BAL 50'000				BAL 400'000	
V/F Enrich. 33'400	BN 83'400		SF. 433'400	V/F enrich. 33'400	
83'400	83'400		433'400	433'400	

Achats marchandises	480'000.-		Intérêts charges	1'800.-	
Actifs transitoires	2'500.-		Intérêts produits		750.-
Amortissements	15'000.-		Mobilier	5'000.-	
ACE	34'100.-		Passifs transitoires		5'000.-
Autres dettes		22'000.-	Pertes sur clients	25'000.-	
Banque c/c		41'000.-	Privé	50'000.-	
Caisse	2'100.-		Produits immeuble		25'000.-
Capital		400'000.-	Produits des titres		2'300.-
Charges sociales	24'000.-		Salaires	124'800.-	
Charges immeuble	30'000.-		Titres	58'000.-	
Ch. exceptionnelles	11'000.-		Variation de stock		14'000.-
Créances clients	52'000.-		Véhicules	30'000.-	
Déductions accordées	4'000.-		Ventes marchandises		793'000.-
Déd. obtenues		7'000.-	TOTAL	2'466'300.-	2'466'300.-
Dettes fournisseurs		68'000.-			
Différence de caisse		50.-			
Provisions s/ Clients (Ducroire)		5'200.-			
FAC immeuble		263'000.-			
Frais d'achat	9'000.-				
Hypothèque		820'000.-			
Informatique	8'000.-				
Immeuble locatif	1'500'000.-				

Exemple 2

L'entreprise P est une entreprise commerciale. Elle gère également un immeuble locatif et effectue des placements en titres. Soldes des comptes (balance de vérification) au 31.12.20__, page suivante. Les données d'inventaire ont déjà été comptabilisées.

Charges	Compte de résultat en CHF du 1.1 au 31.12.20__		Produits
Marchandises Achats	566'900	Marchandises Ventes	992'000
Déductions accordées	6'800	Déductions obtenues	3'000
Pertes sur créances	7'800	Variation de stock	7'000
Marge brute	420'500		
	1'002'000		1'002'000
Salaires	230'000	**Marge brute**	420'500
Loyers	45'000		
ACE	150'000	Intérêts produits	500
Intérêt charges	3'900	**PN d'exploitation**	7'900
	428'900		428'900
PN d'exploitation	7'900		
Charges Immeuble	5'000	Produits Immeuble	20'000
Produits des titres	30'000	**PN opérationnelle**	22'900
	42'900		42'900
PN opérationnelle	22'900	Prod. extraordinaires	2'800
		PN de l'exercice	20'100
	22'900		22'900

Compte Privé			Compte Capital	
BAL 7'000		V/F App. 27'100	BAL 450'000
BN 20'100	V/F App. 27'100	SF. 422'900	
27'100	27'100	450'000	450'000

Quel est est le résultat d'exploitation

Le commerce (activité principale) engendre une perte de 7'900.-

Quelle activité rapporte le plus à l'entreprise ?

C'est la gestion d'immeuble. Elle engendre un bénéfice de 15'000.-

ACE	150'000

Capital		450'000
Charges Immeuble	5'000	
Créances clients	39'200	
Créances douteuses	9'800	
Déductions accordées	6'800	
Déductions obtenues		3'000
Dettes fournisseurs		61'600
Dettes hypothécaires		200'000
Immeuble	375'000	
Intérêt charges et frais bancaire	3'900	
Intérêts produits		500
Investissement	130'000	
Liquidité	20'000	
Loyers	45'000	
Marchandises Stock	30'000	
Marchandises Achats	566'900	
Marchandises Ventes		992'000
Mobiliers, Machines	45'000	
Pertes sur créances	7'800	
Privé	7'000	
Produits des titres	30'000	
Produits extraordinaires		2'800
Produits Immeuble		20'000
Provisions pour pertes sur créances (Ducroire)		2'500
Salaires	230'000	
Variation de stock		7'000
Véhicules	38'000	
Total	**1'739'400**	**1'739'400**

ACTIFS	BILAN FINAL AU 31.12.__	PASSIFS
ACTIFS CIRCULANTS	FONDS ETRANGERS	

Liquidité	20'000	Dettes fournisseurs	61'600
Créances clients		Dettes hypothécaires	200'000
	39'200		
Clients douteux	9'800		
./. Ducroire	./. 2'500		
	46'500		
Marchandises Stock	30'000		
ACTIFS IMMOBILISES		FONDS PROPRES	
Investissement	130'000	Capital	422'900
Mobiliers, Machines	45'000		
Véhicules	38'000		
Immeuble	375'000		
TOTAL DES ACTIFS	684'500	**TOTAL DES PASSIFS**	684'500

TABLEAUX D'AMORTISSEMENT

123

Amortissement constant

Avons acheté une machine, le 30 juin N-1, pour un montant de 240'000. Compléter le tableau d'amortissement en appliquant la méthode d'amortissement constant pour les 2 premières années, sachant que le taux d'amortissement est de 25 %.

Année	Amortissements	Cumul des amortissements	Valeur résiduelle
N-1	30'000	30'000	210'000
N	60'000	90'000	150'000

Amortissement décroissant (ou dégressif)

Avons acheté une camionnette, le 1er janvier, pour un montant de 80'000.-. Sa durée de vie est estimée à 6 ans, et le taux d'amortissement est de 40 % de la valeur résiduelle.

Année	Amortissements	Cumul des amortissements	Valeur résiduelle
N-1	32'000	32'000	48'000
N	19'200	51'200	28'800

✓ RÉPARTITION DU BÉNÉFICE

131 Sur la base de l'extrait du bilan de la société EM SA, établir le tableau de répartition du bénéfice à proposer à l'assemblée générale des actionnaires.

Bilan résumé en CHF de EM SA au 31.12.20__

Actifs		(avant répartition)	Passifs
Actifs divers	11'200'000.-	Passifs divers	2'127'350.-
Actionnaires	800'000.-	Capital-actions (8'000 acts)	8'000'000.-
		Réserve générale	950'000.-
		Réserve statutaire	150'000.-
		BN reporté N-1	22'650.-
		BN de l'exercice N	750'000.-
Total actifs	12'000'000.-	**Total passifs**	12'000'000.-

- Attribution à la Réserve Générale
- Attribution du dividende aussi élevé que possible et arrondi au % entier
- Attribution des tantièmes, soit 10% du bénéfice de l'exercice
- Attribution à la réserve statutaire de 75'000.-

Tableau de répartition du bénéfice

Bénéfice de l'exercice N			750'000.-
	- 5% à réserve générale	37'500.-	
	- 5% de dividende	360'000.-	397'500.-
			352'500.-
	+ bénéfice reporté N-1		22'650.-
Solde à répartir			**375'150.-**
Solde à répartir			375'150.-
- Tantièmes		75'000.-	
10% à la réserve générale		7'500.-	82'500.-
- Fonds spécial		75'000.-	
10% à la réserve générale		7'500.-	82'500.-
- Superdividende -> 2%		144'000.-	

10% à la réserve	14'400.-	158'400.-	323'400.-
Bénéfice reporté			51'750.-

Calculs justificatifs

1ère attribution à la RG

20% du cap-actions libéré

{(20/100 * (8'000'000-800'000)) = 1'440'000} > RG (950'000)

Superdividende

1% s/ 7'200'000 = 72'000

10% RG   7'200

Coût   79'200

210'150 / 79'200 = 2,65% —> 2%

Comptabiliser i) les tantièmes du tableau de la répartition du bénéfice; ii) le paiement, par la banque, de l'impôt anticipé (sur le dividende) dû par la société et iii) l'écriture de paiement par l'actionnaire de 90 coupons de dividendes.

BN	Tantièmes	Tantièmes	75'000.-	75'000.-
Dette AFC	Banque	35%x(360'000+144'000)	176'400.-	176'400.-
–	Produits des titres	Coupon de dividende brut 7%x(90x900)	–	5'670.-
Créances AFC	–	Impôt anticipé récupérable (35%x5'670)	1'984.50	–
Banque	–	Coupon net encaissé (65%x5'670)	3'685.50	–

✓ VENTE ET ACHAT D'IMMEUBLES

152 <u>Vente</u>

Opérations relatives à la vente d'un immeuble locatif à D le 30 juin.

Prix de vente de l'immeuble 4'800'000.-. Sa valeur résiduelle s'élève à 3'200'000.-.

Créances D	Immeuble	Prix vente	3'200.000.-	3'200.000.-
Créances D	Prod. except.	4'800.000 - 3'200.000	1'600.000.-	1'600.000.-

Cession de la dette hypothécaire de 2'600'000.- grevant l'immeuble, taux 2.75 %, échéance de l'intérêt hypothécaire au 31 mars. Tenir compte de l'intérêt couru.

Dette hypoth.	Créances D	N/ cession	2'600.000.-	2'600.000.-
Ch. imm.	Créances D	Int. couru 2.6MM*2.75%*3/12	17'875.-	17'875.-

Les frais de notaire et les droits de mutation s'élèvent à 144'000.-.

TBD

L'acheteur reprend le stock de mazout en citerne qui est estimé à 23'000.-

Créances D	Ch. imm.	Vente mazout	23'000.-	23'000.-

Plusieurs locataires n'ont pas encore versé leur loyer du mois de juin, soit 82'000.-.

Créances D	Prod. imm.	Loyers à encaisser	82'000.-	82'000.-

Le solde dû est réglé de la manière suivante : l'acheteur remet 3800 actions SWATCH au cours de 403.- la pièce. Le solde est réglé par virement bancaire.

Titres	Créances D	Paiement par remise de titres 3'800*403	1'531'400.-	1'531'400.-
Banque	Créances D	4.8MM+23k+82k -2.6MM-17'875 -1'531'400	755'725.-	755'725.-

Annuité hypothécaire

Une dette hypothécaire de 1'200'000.- a été contractée auprès d'une banque. Le taux hypothécaire est de 3%. Déterminer pour deux périodes l'annuité à payer par le compte courant bancaire en appliquant le principe de l'annuité constante qui a été calculée à 85'000.-.

Période	Calcul annuité

1ère période	`Intérêt       : 1'200'000*3/100 = 36'000`
	`Remboursement: 85'000-36'000    = 49'000`
	`Annuité       :                 = 85'000`

2ème période	`Intérêt       : (1'200'000-49'000)*3/100 = 34'530`
	`Remboursement: 85'000-34'530              = 50'470`
	`Annuité       :                           = 85'000`

43. RISQUES ET OPPORTUNITÉS

✓ ASSURANCES

157 Deux clients d'une librairie ont été hospitalisés après avoir été blessés par des ampoules défectueuses qui ont éclaté. Quelle assurance de la librairie paiera vraisemblablement les frais occasionnés?

L'assurance responsabilité civile de l'entreprise

Cette couverture d'assurance est-elle obligatoire?

Non

Suite à cet incident, votre employeur se penche sur les assurance et vous pose quelques questions sur le sujet. Un employé est actuellement au service militaire. Quelle assurance est chargée de rembourser le salaire de cet employé ?

L'assurance perte de gain.

Dans quelle autre situation cette assurance pourrait intervenir ?

Maternité, protection civile, Croix-Rouge, corps suisse en cas de catastrophe, service civil, jeunesse et sport, cours de moniteur pour jeunes tireurs…

Si un employé occasionnait un accident de la circulation. Quelle assurance prendra en charge les dégâts causés à un autre véhicule?

La RC véhicule de la camionnette

Qui finance les assurances sociales suivantes?

	Employé	Employeur
Assurance maladie obligatoire	X	
Assurance accident professionnel		X
Assurance maladie complémentaire	X	
Assurance invalidité (1er pilier)	X	X

FINANCEMENT

Augmentation de capital

167

AdC SA est une société anonyme au capital-actions de 2'500'000.-, divisé en actions au porteur de 500.- de nominal. L'assemblée générale des actionnaires a donné mandat au conseil d'administration de procéder à l'augmentation de capital-actions. Dans le délai prescrit et conformément à la décision de l'assemblée générale des actionnaires, le conseil d'administration émet pour 500'000.- d'actions nominatives de 500.- de nominal. Ces actions sont proposées avec une prime à l'émission de 80.- par titre. 750 actions sont souscrites par N, principal actionnaire de la SA. Le solde des actions est souscrit par B. N libère totalement de son engagement par cession d'un immeuble de 1'500'000.-, grevé d'une hypothèque de 800'000.-. L'intérêt hypothécaire couru est de 15'000.-. Le solde est versée en compte. B libère son engagement au minimum légale ainsi que l'intégralité de la prime auprès de la banque. La banque porte au débit de notre compte les frais d'émission qu'elle a payés, soit 7'400.-, ainsi que le montant du timbre fédéral qu'elle a réglé.

Actionnaire N	–	Souscription 750 acts*500+750*80	435'000.-	–
Actionnaire B	–	Souscription 250 acts*500+250*80	145'000.-	–
–	Capital-actions	Emission	–	500'000.-
–	Prime à l'émission	Prime à l'émission 1'000 actions*80	–	80'000.-
–	Actnaire N	Libération	–	435'000.-
Immeuble	–	–	1'500'000.-	–
–	Dette hypothécaire	–	–	800'000.-
–	Charges d'immeuble	Intérêts hypothécaires courus	–	15'000.-
–	Dette actionnaire N	–	–	250'000.-
Banque	Actnaire B	Libération partielle (20%*125k)+(250*80)	45'000.-	45'000.-

Frais d'émission	Banque	Paiement frais d'émission	7'400.-	7'400.-
Frais d'émission	Banque	Timbre fédéral 1%x580'000	5'800.-	5'800.-
Prime à l'émission	Frais d'émission	Amort. frais d'émission 7'400+5'800	13'200.-	13'200.-
Prime à l'émission	Réserve générale	Virement solde de la prime à la Réserve	66'800.-	66'800.-

RENTABILITÉ

150

Le comptable d'une entreprise a investi une certaine somme d'argent dans des obligations de la Confédération. Comme les taux directeurs sont en baisse à la suite de la crise, il est inquiet pour son placement.

Quel est le nom exact du revenu d'une obligation?

Un intérêt.

Pour quelle raison n'a-t-il pas à s'inquiéter?

L'intérêt versé sur une obligation est fixe.

Comment va évoluer le cours de cette obligation si les taux directeurs remontent?

Le cours de l'obligation va baisser.

Indiquez les deux solutions pour récupérer tout ou partie de l'investissement réalisé.

Revente en bourse

Remboursement à l'échéance

Rendement sur immeuble

Sur la base des informations ci-dessous, calculer le taux de rendement de l'immeuble.

```
Valeur de l'immeuble                       : 1'000'000.-
Dette hypothécaire                         :   650'000.-
Taux d'intérêt hypothécaire                :         2%
Charges immeuble (intérêt hypo. inclus) :    80'000.-
Produits immeuble                          :   110'000.-

Taux = (produits-charges) * 100 / Capital engagé
     = 30 000/350 000 = 8.57%
```

Quel sera le nouveau taux de rendement de l'immeuble si nous pratiquons un remboursement exceptionnel de 250'000.- sur la dette hypothécaire?

```
Intérêt hypothécaire av. amort.  : 2% * 650'000 = 13'000.-
Intérêt hypothécaire après amort.: 2% * 400'000 =  8'000.-
Diff = 13'000 - 8'000 = 5'000

Charges d'immeuble après amort. = 80'000 - 5'000 = 75'000
Rendement = (110'000 - 75'000) / 600'000 = 5.83%
```

Rendement sur titres

181 Une obligation 2% de 5'000.- est remboursée à l'échéance (au pair) du dernier coupon annuel. Combien l'obligataire encaisse-t-il (remboursement + coupon net)?

```
Remboursement à échéance : 5'000.-
Intérêts nets            :    65.-
Encaissement             : 5'065.-
```

Déterminer le taux de rendement du titre ci-dessus sachant qu'il avait été acheté il y 4 ans au cours de 97%, les frais d'achat s'étaient élevés à 50.-

```
Capital engagé        : 4'900.- (97% de 5'000)+50
Capital récupéré      : 5'000.-
Gain pour 4 ans       :   100.-

Gain pour 1 an          :    25.- (100 / 4)
+ Intérêts              :   100.- (2% x 5'000)
RAM (Revenu Annuel Moyen) :  125.-
Tx de rendement = 125 x 100 / 4'900 = 2.55%
```

Le 15 avril N-3, vous avez acheté 10 actions A, nominal 500.-, au cours de 2'050.- la pièce, frais d'achat 200.-. Voici le tableau des dividendes des cinq dernières années :

```
Dividendes N-5 : 25% (payés en mai N-4)
Dividendes N-4 : 30% (payés en mai N-3)
Dividendes N-3 : 20% (payés en mai N-2)
Dividendes N-2 :  8% (payés en mai N-1)
```

Vous avez revendu vos actions le 30 avril N au cours de 1'800.- frais de vente 190.-. Calculer le taux de rendement annuel moyen de votre placement en actions.

```
Capital engagé    : (2'050 * 10 + 200) 20'700.-
Capital récupéré  : (1'800 * 10 - 190) 17'810.-
Perte pour 3 ans  :                    (2'890.-)

- Dividendes N-4 : (30% x 5'000.-)      1'500.-
- Dividendes N-3 : (20% x 5'000.-)      1'000.-
- Dividendes N-2 : ( 8% x 5'000.-)        400.-
Rev annuels                             2'900.-
Revenu total      : (2'900 - 2'890)        10.-
Durée             : 8,5 + 12 + 12 + 4, soit 36.5 mois
RAM               : (10 * 12) / 36.5       3.28
Taux de rendement: (3.28 x 100 / 20'700)  0.01%
```

COMPTABILITÉ ANALYTIQUE

N1

On soumet à votre analyse les informations suivantes extraites de la comptabilité d'une entreprise.

Inventaire initial de marchandises	220'000.-
Achats à crédit	345'600.-
Ventes au comptant	965'230.-
Escomptes obtenus	14'457.-
Frais d'expédition (à notre charge)	2'356.-
Commissions pour vendeurs externes	123'450.-
Frais de transport sur achats marchandises	3'564.-
Retours de clients	12'760.-
Inventaire final de marchandises	215'000.-

Calculer le PRAMA

```
PRAMA = Achats + Frais de transport - Escomptes obtenus
      = 345'600 +  3'564 - 14'457 = 334'707
```

Calculer le PRAMV

```
= PRAMA + diminution de stock
= 334'707 + 5'000 =339'707
```

Calculer le CAN

```
= Ventes - Retours de clients - Frais d'expédition - Comm. externes
= 965'230 - 12'760 - 2'356 - 123'450 = 826'664
```

N2

Les chiffres suivants figurent dans la comptabilité d'un commerce de détail par ordre alphabétique.

```
Achat net de marchandises      640'000
Frais d'achat                   20'000
Frais généraux fixes            80'000
Stock final, évalué au PRA     170'000
Stock initial, évalué au PRA   110'000
Ventes nettes de marchandises  800'000
```

Déterminer le PRAMV.

```
PRAMV = PRAMA +/- var. stock
PRAMV = 660'000 - 60'000
PRAMV = 600'000
```

Déterminer le résultat net (montant et dénomination).

```
CAN          800'000
- PRAMV      600'000
= MB         200'000
- FF          80'000
= BN         120'000
```

Déterminer la MB en % du CAN.

```
CAN = 800'000  =  100 %
MB  = 200'000  =    X %
MB  = 25 %
```

Déterminer le CAN au point mort.

```
80'000 ->   25 %
CAN    -> 100 %
CAN au PM = 80000*100/25
          = 320'000.-
```

Déterminer la cadence de rotation du stock

```
Stock moy. = (110'000+170'000)/2
           = 140'000
Cadence = PRAMV / Stock moyen
Cadence = 600'000 / 140'000
Cadence = 4.29x
```

Déterminer la durée de stationnement

```
Durée = 360 / cadence
Durée = 360 / 4.29
Durée = 83.91 j. = 84 jours
```

N3

Voici les informations tirées du compte de résultat d'une entreprise commerciale :

Chiffre d'affaires brut	618'000.-
Déductions accordées	18'000.-
Frais généraux fixes	120'000.-
PRAMA	337'500.-
Stock initial (au PRA)	37'500.-
Stock final (au PRA)	45'000.-

Déterminer le PRAMV.

```
Variation du stock = 45'000 - 37'500 = 7'500 (augmentation stock)
PRAMV = PRAMA - augmentation stock
      = 337'500 - 7'500  = 330'000
```

Déterminer le CAN.

```
CAN = CAB - déductions accordées = 618'000 - 18'000 = 600'000
```

Calculer la marge brute en % du CAN.

```
CAN = CAB - déductions accordées = 618'000 - 18'000 = 600'000
MB  = CAN - PRAMV = 270'000
```

CAN	600'000.-	100%
% PRAMV	330'000.-	
MB (BB)	270'000.-	X%
% FF	120'000.-	
BNE	150'000.-	

```
X  = 270'000  x  100 / 600'000 = 45%
```

Calculer le chiffre d'affaires au point mort.

```
CAN au point mort = FF x 100 / Tx de MB (en %)
                  = 120'000 x 100 / 45 = 266'666.65
```

Quelle a été la cadence de rotation du stock ?

```
Cadence de rotation  = PRAMV / Stock moyen au PRA
Stock Moyen  = (37'500 + 45'000) / 2 = 41'250.-
Cadence de rotation = 330'000 / 41'250  = 8 x
```

Rechercher quel aurait été le résultat net d'exploitation avec un CAN de 1 million.

```
CAN             1'000'000.-      100%
% PRAMV         1'840'000.-       55%
MB (BB)          450'000.-        45%
% FF             120'000.-
BN Expl.         330'000.-
```

MB = 1'000'000 x 45 / 100 = 450'000
Résultat net = MB − FF = 450'000 − 120'000 = **330'000 bénéfice net**

FISCALITÉ

138

Quelle est la principale différence entre un impôt direct et indirect ?

L'impôt direct tient compte de la capacité financière du contribuable.

Complétez le tableau suivant

	Impôt direct	Impôt indirect
Le contribuable doit remplir une déclaration d'impôt	X	
Taxe sur la valeur ajoutée		X
Impôt progressif	X	
Impôt sur la fortune	X	
C'est la principale ressource des communes	X	
C'est la principale ressource de la Confédération		X

Les personnes morales paient-elles des impôts directs ? si oui lesquels ?

Impôt sur le bénéfice
Impôt sur le capital

44. CAS PRATIQUES (RÉCAP.)

LUM SA

Cette société exploite divers commerces de luminaires et autres lampes en Suisse.

Etablissez l'organigramme de l'entreprise à partir des éléments suivants: Direction, Achats, Ressources Humaines, Marketing-vente, Administration, Communication, Représentant, Responsable des succursales.

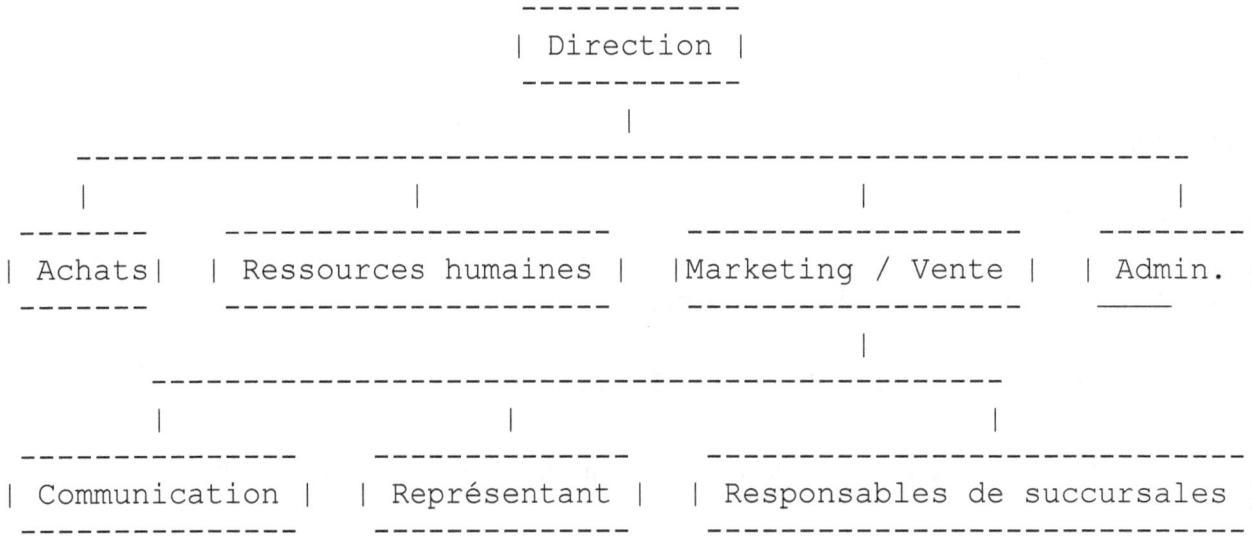

Lum désire ajouter une fonction "Finances et comptabilité" à son organisation. Indiquez deux tâches importantes de cette fonction.

- Assurer la trésorerie, la solvabilité de l'entreprise
- Placements
- Trouver des fonds à long terme pour les investissements
- Déterminer les prix de revient
- Etablir la situation financière de l'entreprise (comptabilité)

Imaginez une situation pratique où la fonction "Finances et comptabilité" et la fonction "Marketing-vente" collaborent pour résoudre un problème.

"Marketing-Vente" transfèrent les factures non payées à "Finances et comptabilité" pour procéder aux poursuites, ou toute autre réponse logique.

Dans le cadre de l'organisation de l'entreprise, à qui le directeur de LUM doit-il rendre des comptes ?

Au conseil d'administration.

La direction de la société vous demande de revoir la partie marketing du business plan de l'entreprise. Pour ce faire, répondez aux questions ci-après: mentionnez un produit complémentaire aux luminaires que pourrait envisager de commercialiser Lum dans ses succursales.

Des ampoules, des câbles et rallonges, variateurs, etc.

L'entreprise, qui bénéfice de réserves financières importantes, cherche à se développer et à se diversifier. En quoi consisterait une concentration verticale en amont?

Acheter un fournisseur.

Indiquez un avantage pour chaque média choisi par LUM pour communiquer.

Média	Avantage
Presse quotidienne	Ciblage possible, description du produit, rapidité d'insertion, etc.
Tout ménage	Large audience, faible coût, etc.
Sites internet	Actualisable rapidement, ciblage précis, liens commerciaux, etc.

Lum désire entreprendre différentes actions de relations publiques. Quel est le but principal de ces actions?

Améliorer l'image de l'entreprise.

Lum aimerait connaître les attentes et les besoins des consommateurs concernant les nouvelles ampoules écologiques. Que peut-elle entreprendre comme démarche marketing pour connaître l'avis de la population ?

Une étude de marché.

Lum décide de lancer sur le marché une nouvelle ampoule LED. Mentionnez les "4 P" du marketing-mix et indiquez un exemple pour chacun en lien avec ce nouveau produit.

4P	Produit	Prix	Promotion	Distribution
Exemple	Emballage attractif	Rabais de lancement	Campagne de pub dans les journaux valaisans	Organisation de l'approvisionnement des différentes succursales

Complétez l'échelle des prix pour une ampoule 60W afin de déterminer le PVB que l'entreprise doit afficher en tenant compte des informations suivantes. Les chiffres sont donnés pour 1'000 ampoules.

Prix d'achat brut 2'000.-. Lors de l'achat des marchandises, nous avons obtenu une remise de 20 %. Les frais d'achat se sont élevés à 50.-. Lors de la vente, un rabais de 5 % est accordé aux clients. En plus, Lum désire réaliser une marge de bénéfice brut de 25 % du prix de vente net.

Echelle de prix pour une ampoule

Schéma	Prix	%	%
PAB	2.00	100 %	
./. remise	0.40	20 %	
PAN	1.60	80 %	
+ FA	0.05		
PRA	1.65	75 %	
+ MB	0.55	25 %	
PVN	2.20	100 %	95 %
+ rabais	0.10		5 %
PVB	2.30		100 %

L'entreprise donne l'ordre à sa banque de régler une facture de EUR 19'875.-. De quel montant en le compte bancaire sera-t-il débité?

```
Cours de change      Achat      Vente
Billets              1.1865     1.2485
Devises              1.1995     1.2295
```

```
Cours de vente
19'875 x 1,2295 = 24'436.30
```

Journalisez les opérations suivantes selon la méthode au net. Les montants sont à arrondir aux 5 centimes. Lum reçoit la facture d'un fournisseur se présentant de la manière suivante:

```
Marchandises           14'000.-
+ TVA 7.7%              1'078.-
Total de la facture    15'078.-
```

Conditions de paiement : 3 % d'escompte à dix jours, paiement net à 30 jours. (2 points)

Achats luminaires	–	14'000.-	–
IP s/ march	–	1'078.-	–
–	Dettes fournisseurs	–	15'078.-

30 jours plus tard, Lum paie par e-banking le montant dû sans tenir compte de l'escompte.

Dettes fournisseurs	Banque	15'078.-	15'078.-

LUM comptabilise les ventes au comptant de la journée se montant à 9'261.-, TVA 7.7% comprise.

Caisse			9'261.-	
	Ventes	9261 / 107.7 x 100		8'598.90
	TVA due	8'598.90 x 7.7		662.10

A la fin du deuxième trimestre, selon le décompte extra comptable:

	Débit	Crédit
TVA due	8'972.85	179'456.65
IP s/marchandises	124'985.60	3'749.40

Déterminez si la société a une dette ou une créance envers l'AFC.

```
Solde TVA due   : 179'456.65 - 8'972.85   = 170'483.80
Solde IP s/march: 124'985.60 - 3'749.40   = 121'236.20
Dettes AFC      : 170'483.80 - 121'236.20 =  49'247.60
```

Il s'agit d'une dette

Fondée par l'émission d'un capital correspondant au capital actuel, Lum vous présente ses états financiers.

Bilan au 31 décembre 2016 (en milliers de francs)				
ACTIFS CIRCULANTS		225	CAPITAUX ETRANGERS à ct		190
Caisse	2		Fournisseurs	147	
Banque c/c	38		Dividendes, Tantièmes	43	
Créances clients 84			CAPITAUX ETRANGERS à lt		240
./. Ducroire 4	80		Dette hypothécaire	240	
Stock	105		CAPITAUX PROPRES		340
ACTIFS IMMOBILISES		545	Capital-actions	285	
Ordinateurs	40		Réserves	54	
Mobilier	65		Bénéfice reporté	1	
Véhicules	90				
Biens immobiliers	350				
		770			**770**

```
Compte de résultat pour  20__  (en milliers de francs)
```

Variation de stock	30	CAN	2'025
PRAMA	1'185		
Frais fixes d'exploitation	760		
Bénéfice net	50		
	2'025		**2'025**

Calculez la marge brute en francs et en % du CAN.

```
PRAMV = 30 + 1'185 = 1'215
MB    = 2'025  -  1'215 = 50 + 760 = 810
Taux de MB  = 810 / 2'025 = 40 %
```

Déterminez la valeur du seuil de rentabilité (CAN au point mort) ainsi que la date à laquelle il a été atteint.

```
Valeur du seuil de rentabilité
760 / 40 % = 1900

1'900 x 360 / 2'025 = 337.77 soit 338 jours -> 8 décembre
```

Calculez la cadence de rotation et la durée d'immobilisation du stock.

```
Stock final = 105
Stock initial 105 + 30 = 135
Stock moyen = (135 + 105) / 2 = 120

Cadence de rotation du stock
1215 / 120 = 10.125
Durée
360 / 10.125 = 35.55 soit 36  jours
```

Le secteur connaît un essor exceptionnel. L'entreprise fixe les objectifs financiers suivants pour l'année prochaine:
• hausse des ventes nettes de 30 %
• augmentation des frais fixes d'exploitation de 100
• augmentation du taux de marge brute de 5 %.

Calculez le résultat net prévisionnel.

```
Nouveau CAN
2'025 x 130 % = 2'632.50

Nouveau taux de MB
40 x 105  % = 42%
```

```
Donc
MB  2'632.50  x   42%  = 1'105.65
FF (760 + 100)            860.00
BN                        245.65
```

Complétez les tableaux suivants en indiquant les calculs

Ratios	Calcul + résultat (arrondi à l'unité)	Ratio N-1
Liquidités 2 (Liquidités + Créances) /Dettes à court terme	((2 + 38) + 80) / 190 = 63 %	97 %

Commentaires:

Ratio très mauvais (norme = 100 %) et fortement en baisse par rapport à N-1

Endettement Dettes / Total du bilan	430 / 770 = 56 %	70 %

Commentaire:

Baisse de l'endettement ce qui est positif car l'entreprise diminue ainsi sa dépendance envers ses bailleurs de fonds (créanciers).

Immobilisations 2 Capitaux permanents / Actifs immobilisés	(340 + 240) / 545 = 106 %	88 %

Commentaire:

Nette amélioration pour respecter la règle d'or (100%)

L'entreprise Lum dispose de plusieurs moyens de financement pour subvenir à ses besoins de liquidités. Parmi la liste indiquez le type de financement qui correspond aux opérations ci-dessous. Apport en nature - Apport en numéraire - Crédit de trésorerie - Emprunt obligataire - Crédit d'investissement - Factoring - Crédit lombard - Crédit hypothécaire - Crédit fournisseur.

Opération	Type de financement
Crédit bancaire permettant à Allux SA de pallier un manque de liquidités momentané.	Crédit de trésorerie
Allux SA vend une créance douteuse à une société de recouvrement.	Factoring
Allux SA obtient un crédit bancaire en mettant des titres en garantie.	Crédit lombard

Un employé de l'entreprise et sa femme désirent construire une maison individuelle. A l'aide du tableau de financement, vous les aidez à analyser la situation financière afin de savoir s'ils peuvent construire la maison de leur rêve.

A	Prix de l'immeuble avec frais annexes			1'000'000.-
./.	Fonds propres disponibles / épargne	70'000.-		
	Terrain	200'000.-		
	Montant du crédit nécessaire			730'000.-
B	1re hypothèque 1'000'000 x 65%			650'000.-
	2e hypothèque			80'000.-
C	Tableau des intérêts et amortissements Intérêts 1re hypothèque 2.5 % sur		650'000.-	16'250.-
	Intérêts 2e hypothèque 3% sur		80'000.-	2'400.-
	Amortissement 1 % sur		730'000.-	7'300.-
	Frais d'entretien 1 % sur		1'000'000.-	10'000.-
	Charges annuelles totales			35'950.-
D	Revenu brut du ménage			85'270.-

Le crédit est-il accordé?

Non

Indiquer deux critères financiers sur lesquels le banquier se base pour attribuer ou refuser le crédit.

Les fonds propres doivent atteindre 20 % : 270'000 x 100 / 1'000'000 = 27%; 27% —> en ordre.

Les charges annuelles totales ne doivent pas dépasser le 30 % du revenu : 35 950 x 100 / 85270 = 42%; 42% —> trop élevé.

A l'aide du tableau de répartition du BN suivant, journaliser uniquement:
• l'attribution des dividendes
• le montant attribué à la réserve générale
• le bénéfice reporté

Bénéfice distribuable	50'000 + 530	50'530.-
Attribution à la réserve générale	5 % du BN de l'exercice 5 % de 50'000	2'500.-

Dividendes	5 % du capital libéré, soit 5 % de 285'000.-.		14'250.-
Solde pour 2e répartition			33'780.-
Tantièmes			5'000.-
Réserve spéciale			2'000.-
Superdividende			22'800.-
Réserve générale	500 + 200 + 2'280		2'980.-
Bénéfice reporté			1'000.-
BRB ou Résultat	Dividendes	37'050.-	37'050.-
BRB ou Résultat	Réserve générale	5'480.-	5'480.-
BRB ou Résultat	Bénéfice reporté	1'000.-	1'000.-

Après acceptation de la répartition du bénéfice par l'assemblée générale des actionnaires, Lum a versé les dividendes aux actionnaires. Lors de cette opération, le comptable a oublié la retenue de l'impôt anticipé.

Dividendes	Dettes AFC	37'050 x 35%	12'967.50	12'967.50

TIF, JR

Sous la raison individuelle "TIF, JR", JR exploite deux salons de coiffure en Ville. Il projette de développer ses activités en ouvrant deux salons supplémentaires dans des centres commerciaux. Actuellement, il emploie 14 personnes, soit 10 coiffeurs-euses, 2 apprenti-es, 1 secrétaire comptable et 1 personne à 50 % pour le nettoyage.

JR engage F comme nouveau coiffeur. A réception de son premier salaire, F se pose quelques questions. Pourquoi le frère de F, qui travaille dans le canton de Berne, obtient-il une allocation de 190.- pour son fils de 13 ans, alors que F ne reçoit que 180.- pour le sien qui a le même âge?

```
Le système des allocations est cantonal. Chaque canton établit ses
tarifs. Il n'y a pas d'harmonisation fédérale.
```

Sous la rubrique cotisation AC figure un montant de 32.-. Que signifie l'abréviation AC et quelle est la part patronale minimum ?

```
Assurance chômage
La part patronale minimum est de 32.-. soit l'équivalent de la part
employé.
```

Pourquoi la LPP n'est-elle pas calculée sur le même montant que l'AVS?

```
Il s'agit de déduire un montant de coordination. La LPP représente un
deuxième pilier en sus de l'AVS. Il ne couvre que la part non prévue
par l'AVS.
```

Laquelle des déductions de salaire AVS/AI/APG/AC/AANP/APG/LPP n'est pas obligatoire selon la loi, mais voulue par l'employeur?

```
Assurance perte de gain
```

Suite à l'ouverture de ses nouveaux salons, JR vous demande de représenter la nouvelle structure de son entreprise. Il vous demande d'établir un organigramme par division qui met en évidence sa position de directeur, la place de sa secrétaire-comptable, ses 4 succursales avec chacune 1 responsable et 2 coiffeurs-euses (y compris les 2 apprentis). Il s'agit également de placer la personne responsable du nettoyage.

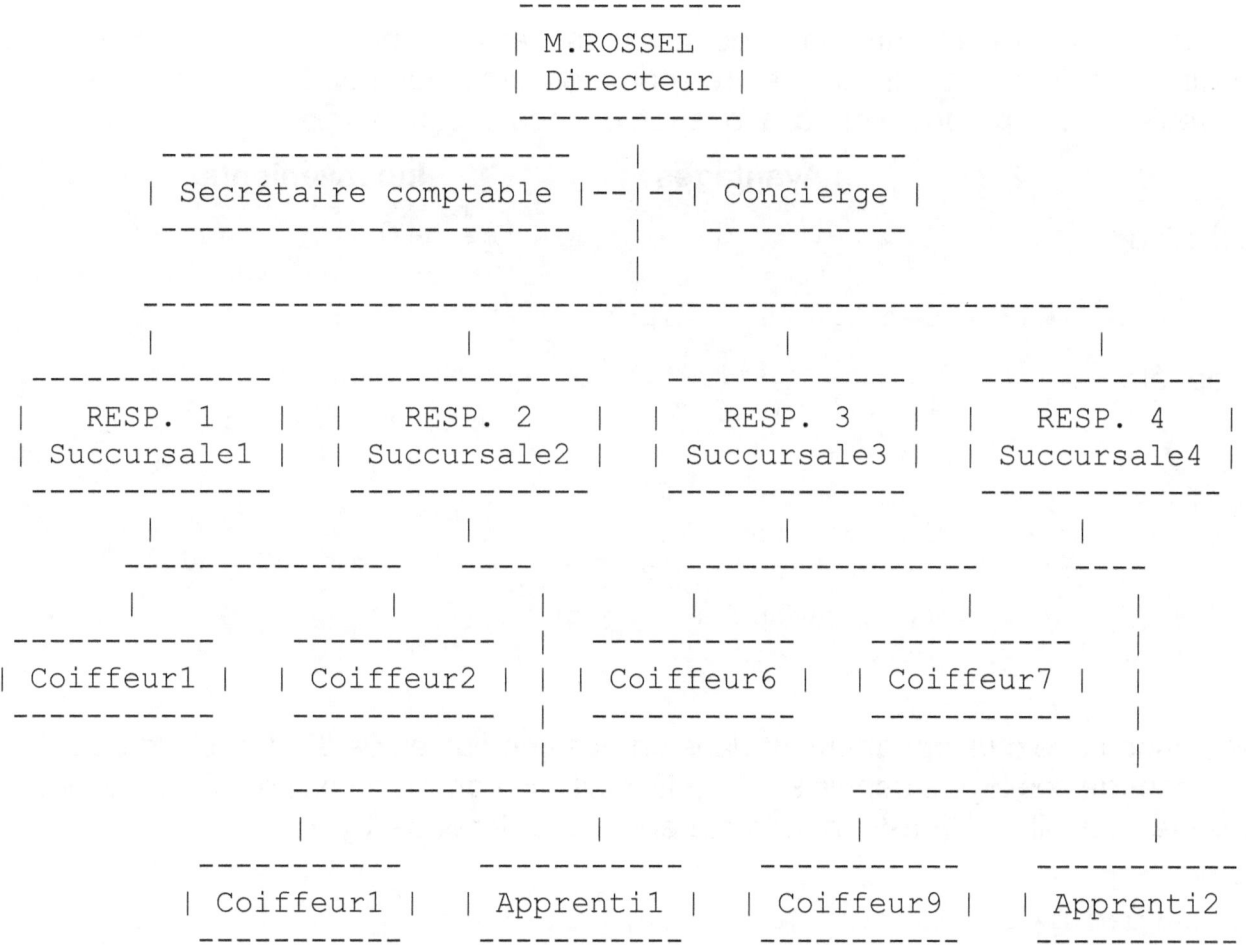

```
                  ------------
                 | M.ROSSEL   |
                 | Directeur  |
                  ------------
  -------------------------       |    ----------
 | Secrétaire comptable |--|--| Concierge |
  -------------------------       |    ----------
                                  |
    ---------------------------------------------------------
    |              |              |              |
 --------------  --------------  --------------  --------------
| RESP. 1      | | RESP. 2      | | RESP. 3      | | RESP. 4      |
| Succursale1  | | Succursale2  | | Succursale3  | | Succursale4  |
 --------------  --------------  --------------  --------------
    |              |              |              |
 --------------  --------------  --------------  ----
    |          |  |           |  |           |      |
 ----------  ----------  |  ----------  ----------    |
| Coiffeur1 | | Coiffeur2 | | | Coiffeur6 | | Coiffeur7 |  |
 ----------  ----------  |  ----------  ----------    |
                         |                          |
     ----------------                  ----------------
    |              |                  |              |
 ----------  ----------  ----------  ----------
| Coiffeur1 | | Apprenti1 | | Coiffeur9 | | Apprenti2 |
 ----------  ----------  ----------  ----------
```

Compte tenu de l'ouverture de ses 2 nouvelles succursales, JR se demande si la forme juridique "entreprise individuelle" convient. Il lui semble qu'une société de capitaux (SA) serait judicieuse. Préparez un tableau comparatif pour l'aider à décider.

	Responsabilité	**Charge fiscale**
Entreprise individuelle	Le propriétaire assume une responsabilité personnelle et illimitée sur l'ensemble des dettes de l'entreprise.	L'entreprise n'est pas soumise fiscalement. Le propriétaire inscrit le revenu et la fortune de l'entreprise dans sa propre déclaration.
Société anonyme	Les dettes de la société ne sont garanties que par l'actif social net (capital-actions). L'actionnaire ne répond que du montant de la valeur nominale des actions.	La société anonyme est soumise à l'impôt sur le bénéfice et sur le capital. L'actionnaire doit déclarer son revenu (dividendes) et la valeur des actions (fortune). On constate une double imposition.

JR est propriétaire des immeubles où se situent ses deux premiers salons de coiffure en ville. Il est locataire dans les centres commerciaux. Indiquez 1 avantage et 1 inconvénient de la propriété et de la location de locaux commerciaux.

	Avantages	**Inconvénients**
Location	Pas besoin de gros financement Résiliable facilement	Pas de bail garanti à vie Augmentation de loyers
Propriété	Pas de résiliation possible par le bailleur Coût moins élevé que la location dans un centre commercial Aménagement au gré du propriétaire	Financement important Moins de flexibilité Augmentation des taux d'intérêts Frais d'aménagement à charge du propriétaire

LP est locataire d'un appartement dans un des immeubles de JR. En retard dans le paiement de ses loyers depuis 9 mois, JR résilie le contrat de bail et LP déménage. Quelles possibilités JR a-t-il pour récupérer ses arriérés de loyer?

```
Mise en poursuite
Procédure civile (action juridique)
```

JR doit aménager ses deux salons des centres commerciaux. Il doit trouver un financement pour les aménagements de ses deux nouveaux salons. Il s'adresse à son banquier qui lui indique qu'il ne prêtera pas plus de 50 % du montant de ses investissements totaux en mobilier agencement. L'aménagement des 2 nouveaux salons des centres commerciaux lui coûtera 150'000.-. La situation avant les nouveaux investissements se présente comme suit:

Actif partiel du Bilan				Passif partiel du Bilan
Mobilier agencement	180'000		60000	Emprunt bancaire
Immeuble (2 salons)	320'000		160'000	Dette hypothécaire

De quel montant maximum l'emprunt bancaire peut-il augmenter?

```
180'000 (ancien) + 150'000 (nouveau) = 330'000
                                 330'000 / 2 = 165'00
Nouvel emprunt = 165'00 - 60'000 = 105'000
```

Que pouvez-vous suggérer à JR pour pouvoir financer le reste de ses aménagements? Imaginez 2 solutions autres que le financement par fonds étrangers?

```
Augmenter les fonds propres (par exemple trouver un associé qui ap-
porte des fonds). Vendre un des immeubles. Contracter un leasing.
```

Le banquier rend attentif JR sur la nécessité de calculer son point mort (seuil de rentabilité). Dans la branche, il se monte généralement à 5 clients par coiffeur et par jour. Expliquez ce que cela signifie concrètement.

```
Cela signifie que pour ne pas perdre d'argent (bénéfice = zéro ou
plus) il doit pouvoir compter sur une moyenne de 5 clients pour
chaque coiffeur employé.
```

JR désire annoncer l'ouverture de ses deux nouveaux salons de coiffure. Par rapport à sa zone de chalandise (zone de clientèle potentielle), quel type de médias ou manifestations lui conseillez-vous ? Choisissez 3 modes de communication et indiquez 1 avantage pour chacun.

Radio cantonale ou régionale	Annonces publicitaires, publi-reportages S'adresse à un public régional, faible coût
Journal local	Annonces publicitaires, publi-reportages Public régional, coût moyen
Pub dans les boîtes aux lettres, flyers, tout-ménage	On peut cibler parfaitement la zone touché Possibilité de mettre un bon de réduction, etc.

A la suite du développement de ses activités, JR souhaite vérifier son portefeuille d'assurances. Quel type d'assurance doit-il conclure s'il désire couvrir des éventuels dommages sur les habits des clients causés par ses coiffeurs qui renversent ou éclaboussent lors de l'utilisation de produits colorants ou de permanentes?

```
RC entreprise.
```

Pour les deux immeubles dont il est propriétaire, quelles assurances a-t-il conclues?

```
Assurance de choses pour les bâtiments (dégâts d'eau) / Assurance mé-
nage pour biens mobiliers du salon. Assurance incendie. RC Immeuble.
```

En dehors du premier pilier, en tant qu'indépendant, quel type de prévoyance peut-il éventuellement financer?

```
LPP (Loi sur la prévoyance professionnelle), 2e pilier ou 3e pilier
```

EXERCICES DE JOURNAL

Divers exercices interactifs de journalisation (avec corrigés) sont disponibles sur le site web qui complète cette ouvrage. Nous invitons le lecteur intéressé à se rendre sous

ecol2.com/u/journal

JEAN CLIENT

L'entreprise de Jean Client (le client) possède des comptes bancaires chez ecol2bank et a récemment bénéficié des services d'une de ses filiales, ecol2fabrik. Selon votre niveau, prendre le temps d'identifier les différences existantes entre ces documents, puis de réconcilier les positions. Même pour un professionnel, il est toujours bon d'ensuite visualiser, voir simuler, comment les différentes informations sont traitées: on pense notamment aux montants, mais aussi aux différents détails relatifs aux débiteurs et créanciers (garde-t-on une liste des fournisseurs? suit-on le détails des factures ouvertes? pour son propre comte, va-t-on suivre les montants dû? un portefeuille de titres? comment va-t-on gérer les rappels, la TVA ou encore le niveau des stock?...).

 **ecol2bank**

AVIS DE TRANSACTION

Client 486 797

IBAN CH96 0878 1000 0 486 7970 0

Jean CLIENT

Ch. sous l'Eglise 10

CH-3000 Bern

Lausanne, le 23 janv. 2018

N/Réf. 103978706

TRAFIC DES PAIEMENTS - DEBIT

Conformément à votre demande, nous avons porté l'écriture suivante au débit de votre compte

Compte	4867 9701		
Date valeur	23 janv. 2018		
Paiement		EUR	1'400.00
Taux de change	1.1121		
Montant		CHF	1'556.94

Total		**CHF**	**1'556.94**

MEXICANO

52 rue de Berne, 1201 Genève

T.: 022 456 9874

Servi le 3 janv. 2018 à 12h00

TVA CH 2035 2929 1031

Facture   2018-01-03   14

Guacamole

```
        9.80        x 2         19.60
```

Faritas grande

```
        19.80       x 4         79.20
```

Boissons

```
        3.50        x 4         14.00
```

```
TOTAL AVANT FRAIS            112.80
FRAIS BANCAIRE (3.0%)          3.40
```

TOTAL EN CHF   116.20

```
DONT TVA (7.7%)               7.31
DONT TVA (2.5%)               0.34
```

```
TOTAL EN EURO (1.1121)      104.50
```

Merci de votre visite et à
bientôt

Pablito

PHOTO SERVICE

1201 GENEVE

T.: 022 789 3214

TVA CH 2035 2929 1030

Facture   2018-01-05   / 28

Photo d'identité

```
        12.00       x 2         24.00
```

```
TOTAL AVANT REMISE            24.00
REMSIE CT. FIDELITE 12.0%      2.90
```

TOTAL EN CHF   21.10

```
DONT TVA (7.7%)               1.51
```

```
TOTAL EN EURO (1.1121)       19.00
```

Merci de votre fidélité et à
bientôt

ecol2bank, 24 rte de Bâle, CH-1000 Lausanne / TVA CH 115.013.079

Support client: 0848 848 848

Cet avis sans signature et l'opération qui y est décrite sont soumis aux conditions générales et règlement de dépôt de notre banque

 **ecol2bank**

AVIS DE TRANSACTION

Client 486 797

IBAN CH96 0878 1000 0 486 7970 1

Jean CLIENT

Ch. sous l'Eglise 10

CH-3000 Bern

Lausanne, le 23 janv. 2018

N/Réf. 103978707

TRAFIC DES PAIEMENTS - CREDIT

Conformément à votre demande, nous avons porté l'écriture suivante au crédit de votre compte

Compte	4867 9701		
Date valeur	23 janv. 2018		
Paiement		CHF	1'556.94
Taux de change	1.1121		
Montant		EUR	1'400.00

Total		**EUR**	**1'400.00**

ecol2bank, 24 rte de Bâle, CH-1000 Lausanne / TVA CH 115.013.079

Support client: 0848 848 848

Cet avis sans signature et l'opération qui y est décrite sont soumis aux conditions générales et règlement de dépôt de notre banque

 **ecol2bank**

AVIS DE TRANSACTION

Client 486 797

IBAN CH96 0878 1000 0 486 7970 0

Jean CLIENT

Ch. sous l'Eglise 10

CH-3000 Bern

Lausanne, le 24 janv. 2018

N/Réf. 88018860

TRANSACTION BOURSIERE - VENTE

Conformément à votre demande du 23 janv. 2018, nous avons procédé aux transactions

Titre		Lieu d'execution
CS GROUP ANR	**ISIN**: CH03 0199 2506	SIX Swiss Exchange

Quantité	Prix	Lieu d'execution
99	0.6	59.40 CHF

Total	CHF	59.40
Commission ecol2bank	CHF	9.85

Montant en votre faveur	**CHF**	**49.55**

Montant crédité sur votre compte 4867 9702, date valeur 24 janv. 2018

Dans le cadre de cette transaction, ecol2bank a agi en qualité de commissionnaire

Nous vous remercions pour votre confiance

ecol2bank, 24 rte de Bâle, CH-1000 Lausanne / TVA CH 115.013.079

Support client: 0848 848 848

Cet avis sans signature et l'opération qui y est décrite sont soumis aux conditions générales et règlement de dépôt de notre banque

 **ecol2fabrik**

DEVIS 123

Client 852 369

Date du devis	5 janvier 2018
Date de validité du devis	4 février 2018
Modalité de paiement	30 jours
Début du mandat	6 mars 2018
Durée estimée de réalisation	3 jours
Garantie	1 an

Jean CLIENT
Ch. sous l'Eglise 10
CH-3000 Bern

La livraison sera effectuée dans les 4 semaines après réception de la commande.

Description	Quantités	Prix u. HT	TVA	TOTAL TTC
Main-d'œuvre	25 h.	60.00	120.00	1'620.00
Produit	10 pce	98.50	78.80	1'063.80

Total HT	2'485.00
TVA	198.80
Total TTC	**CHF 2'683.80**

Signature (précédée de la mention « Bon pour accord »)

Merci d'avoir choisi ecol2fabrik pour vos réalisations.

ecol2fabrik	**Contact**	**Détails bancaires**
90 rte de Bâle	Pierre Fournisseur	Banque ECOL2BANK
1000 Lausanne	T.: +41 22 654 1230	Compte 486'797
Suisse	pierre@ecol2fabrik.com	IBAN CH96 0878 1000 0 486 ⁊
TVA CH 115.013.079		SWIFT/BIC CHXXCXX1001

 **ecol2bank**

AVIS DE TRANSACTION

Client 486 797

IBAN CH96 0878 1000 0 486 7970 1

Jean CLIENT

Ch. sous l'Eglise 10

CH-3000 Bern

Lausanne, le 25 janv. 2018

N/Réf. 103978705

TRAFIC DES PAIEMENTS - DEBIT

Conformément à votre demande, nous avons porté l'écriture suivante au débit de votre compte

Compte	4867 9702		
Date valeur	25 janv. 2018		
Paiement		EUR	1'400.00
Frais de transaction		EUR	2.00

Total		**EUR**	**1'402.00**

Bénéficiaire	Etienne BENEFICE
	FR7 6300 0301 5870 0027 0005 4079
	SJ Banque
Communication	Instrument de musique

ecol2bank, 24 rte de Bâle, CH-1000 Lausanne / TVA CH 115.013.079

Support client: 0848 848 848

Cet avis sans signature et l'opération qui y est décrite sont soumis aux conditions générales et règlement de dépôt de notre banque

⊜ ecol2bank

RELEVE DE COMPTE

Jean CLIENT

Ch. sous l'Eglise 10

CH-3000 Bern

Compte	486'797
IBAN	CH96 0878 1000 0 486 7970 0
SWIFT/BIC	CHXXCXX1001

Du 1 janv. 2018 au 31 janv. 2018

Lausanne, le 31 janv. 2018

Votre compte en un coup d'oeil

	Débits	Crédits	Solde du compte
Solde initial			9'129.56
Total des crédits		49.55	
Total des débits	1'704.24		
Solde final			**7'474.87**

Date	Détails	Débits	Crédits	Solde du compte
1 janv. 2018	SOLDE INITIAL			9'129.56
3 janv. 2018	MEXICANO	116.20		9'013.36
5 janv. 2018	PHOTO SERVICE	21.10		8'992.26
23 janv. 2018	VERSEMENT	1'556.94		7'435.32
24 janv. 2018	VENTE TITRE		49.55	7'484.87
31 janv. 2018	DECOMPTE DE PRESTATIONS	10.00		7'474.87
		-------	-------	
	MOUVEMENTS	1'704.24	49.55	

31 janv. 2018 SOLDE FINAL   **7'474.87**

Aperçu des soldes sans les valeurs en dépôt

Désignation du compte	Numéro	Montant (monnaie du compte)
Compte personnel CHF	486 7970 0	7'474.87
Compte personnel EUR	486 7970 1	-1'402.00

Nous vous remercions pour votre confiance

 **ecol2fabrik**

LIVRAISON 123

Client 852 369

		Jean CLIENT
Date du devis	5 janvier 2018	
Début de la prestation	4 février 2018	Ch. sous l'Eglise 10
Durée de réalisation	3 jours	CH-3000 Bern
Date de livraison	7 février 2018	
Garantie	1 an	

Description	Quantités	Prix u. HT	TVA	TOTAL TTC
Main-d'œuvre	25 h.	60.00	120.00	1'620.00
Produit	10 pce	98.50	78.80	1'063.80
			Total HT	2'485.00
			TVA	198.80
			Total TTC	CHF 2'683.80

Signature (précédée de la mention « Bon pour accord »)

Une réduction de 83.80 sera accordée sur la facture pour un paiement à 10 jours.

Merci d'avoir choisi ecol2fabrik pour vos réalisations.

ecol2fabrik	**Contact**	**Détails bancaires**
90 rte de Bâle	Pierre Fournisseur	Banque ECOL2BANK
1000 Lausanne	T.: +41 22 654 1230	Compte 486'797
Suisse	pierre@ecol2fabrik.com	IBAN CH96 0878 1000 0 486 ⁊
TVA CH 115.013.079		SWIFT/BIC CHXXCXX1001

 **ecol2fabrik**

FACTURE 123

Client 852 369

Date du devis	5 janvier 2018	Jean CLIENT
Début de la prestation	4 février 2018	Ch. sous l'Eglise 10
Date de la facture	7 février 2018	CH-3000 Bern
Modalité de paiement	30 jours	
Paiement dû au	9 mars 2018	
Garantie	1 an	

Description	Quantités	Prix u. HT	TVA	TOTAL TTC
Main-d'œuvre	25 h.	60.00	120.00	1'620.00
Produit	10 pce	98.50	78.80	1'063.80
		Total HT		2'485.00
		Réduction si paiement à 10 jours: 3%		77.59
		TVA		192.59
		Total TTC		**CHF 2'600.00**

Merci d'avoir choisi ecol2fabrik pour vos réalisations.

ecol2fabrik	**Contact**	**Détails bancaires**	
90 rte de Bâle	Pierre Fournisseur	Banque	ECOL2BANK
1000 Lausanne	T.: +41 22 654 1230	Compte	486'797
Suisse	pierre@ecol2fabrik.com	IBAN CH96 0878 1000 0 486 7	
TVA CH 115.013.079		SWIFT/BIC CHXXCXX1001	

Empfangsschein / Récépissé / Ricevuta	Einzahlung Giro	Versement Virement	Versamento Girata

Einzahlung für / Versement pour / Versamento per

ECOL2BANK

1000 Lausanne

Zugunsten von / En faveur de / A favore di

ecol2fabrik

90 rte de Bâle

1000 Lausanne

Konto / Compte / Conto   01-1010-7
CHF

2'600 . --

Einbezahlt von / Versé par / Versato da

31 0123 9870 4569
8523 6912 3

Die Annahmestelle
L'office de dépôt
L'ufficio d'accettazione

Einzahlung für / Versement pour / Versamento per

ECOL2BANK

1000 Lausanne

Zugunsten von / En faveur de / A favore di

ecol2fabrik

90 rte de Bâle

1000 Lausanne

Konto / Compte / Conto   01-1010-7
CHF

2'600 . --

609

Keine Mitteilungen anbringen

Pas de communications

Non aggiungete comunicazioni

Referenz Nr./N° de référence/N° di riferimento

31 0123 9870 4569 8523 6912 3

Einbezahlt von / Versé par / Versato da

000002 60000>31 0123 9870 4569 8523 6912 3+
01-1010-7

COMPLÉMENTS

C0. CORRESPONDANCE AVEC LE PLAN D'ÉTUDE ROMAND

Références

1.5.1.3 — **Rendement du capital et de la fortune**   1B 1E 1M +
VE V1 - C. 2   - pourcentages
ecol2 § 01 et 021   - année commerciale 360 jours   Semestres et filières
- calcul et journalisation de l'intérêt simple

1.5.4.1 — **Besoins et types de biens**   1B 1E 1M
V1 - C. 11   - types de biens et services
§ 111   - pyramide de Maslow
- biens libres et économiques
- biens de production et de consommation
- facteurs de production

1.5.2.1-4 — **Modèle et stratégie d'entreprise**   1B 1E 1M
V1 - C. 4 à 7   - environnement micro et macro-économique
§ 112 à 114   - groupes d'intérêts et secteurs d'activités
- valeurs et conflits d'intérêts
- formes d'organisation et organigramme   ev. 2B 2E 2M
- fonctions (incl. cahier des charges) et départements   --"--
- centre de profits par produits ou zones géographiques   --"--

---

1.5.1.1 — **Structure du bilan et du résultat**   1B 1E 1M
V1 - C. 1   - actifs circulants, immobilisés, dettes et capitaux propres (incl. privé)
§ 12 et 13   - origine et emploi des fonds
- journal et grand livre (incl. clôture)
- plan comptable (groupe 1 à 9)

1.5.1.10 — **Impôt anticipé**   1B 1E 1M
V1 - C. 3   - impôt anticipé sur les revenus
§ 324   - calcul et comptabilisation

1.5.2.6+7 — **Notions de base de marketing**   2B 2E 2M
V1 - C. 8 et 9   - le produit (type, qualité, gamme, volume) et son cycle de vie
§ 03   - segmentation et formes de marchés

- étude de marché et positionnement
- marketing-mix (4P)

1.5.1.4	**Monnaies**	2B	2E	2M +
V2 - Ch. 13	- montants à l'achat et à la vente de monnaies étrangères			
§ 022				

1.5.1.2	**Comptabilité de l'entreprise commerciale**	2B	2E	2M
V2 - C. 12	- opération commerciale (rabais, remises, escomptes, frais, TVA)			
§ 141 à 143	- stock de marchandises			
	- prestations propres			
	- pertes sur clients			
	- schéma des prix			
	- Comptes de résultat à trois degrés (brut, exploitation et net)			

1.5.1.5	**Taxe sur la valeur ajoutée**	2B	2E	2M +
V2 - C. 14	- différences entre la méthode au net et au brut			
§ 15	- comptabilisation et journalisation au net (sans déduction)			

1.5.1.6	**Pertes sur créances**	3B	3E	3M
V3 - C. 22	- clients douteux			
§ 144	- procédure de poursuite (sans ristourne de TVA)			
	- récupération de créances après clôture			

1.5.1.8	**Amortissements**	3B	3E	3M +
V3 - C. 23	- linéaire ou dégressif (incl. prorata)			
§ 242	- journalisation direct et indirect			

1.5.1.9	**Comptes de régularisation / provision**	3B	3E	3M
V3 - C. 24	- provisions / risques (client, stock, etc.) ou /engagements (contrats)			
§ 241	- actifs et passifs transitoires			
	- extournes			

1.5.2.5	**Personnel**	3B	3E	3M
V3 - C. 26	- description de poste			
§ 113	- recrutement			
	- administration et rémunération			
	- évaluation et développement			

1.5.1.7	**Décompte de salaire**	3B	3E	3M +
V3 - C. 25	- Structure			
§ 231 et 234	- Calculs et déductions (taux donnés)			

1.5.2.8	**Risques, prévoyance et assurances**	3B	3E	3M
V3 - C. 27	- 1e pilier (AVS, AI, APG)			

§ 232 et 233   - 2e pilier (LPP)
                - 3e pilier (assurance-vie)
                - autres assurances professionnelles (chômage, maladie, accidents)
                - notions de franchise et recours (responsabilité civile, casco, mobi-
lière)

1.5.3.10	**Impôts**	**3B** **3E** **3M**	
V3 - C. 30	- notions de souveraineté et d'objet fiscal		
§ 25	- directs (revenu, bénéfice, fortune, capital, anticipé)		
	- indirects (TVA, taxes diverses)		
	- déclaration d'impôt		

1.5.1.12	**Clôture des entreprises individuelles**	**4B** **4E** **4M**	
V4 - C. 35	- journalisation du compte privé		
§ 223	- revenu du propriétaire		
	- compte de résultat à quatre degrés		

	Titres	**4M +**	
C. 54	- valeur nominale, cotée ou de clôture		
§ 324	- intérêts courus et divers frais		
	- bordereaux d'achat et de vente et comptabilisation		

	Immeubles	**4M +**	
C. 55	- achats et ventes d'immeubles (incl. comptabilisation)		
§ 26	- emprunt et intérêts hypothécaires		
	- amortissements et entretien		
	- investissements et location		

1.5.1.13	**Clôture des sociétés anonymes**	**4E 4M +**	
V4 - C. 36	- réserves légales, statutaires, etc.	GE: 5E 5M +	
§ 243	- répartition du bénéfice	--"--	
	- tantièmes et dividendes	--"--	

	Règles internationales de présentation	**5M**	
C. 58	- dispositions nationales et internationales		
§ 21	(SWISS GAAP RPC, IFRS, US-GAAP)		

	Tableau des flux de trésorerie	**5M**	
C. 57	- cash-flow (y compris cash drain) direct et indirect		
§ 243	- calcule et interprétation du free cash-flow		
	- tableau de flux de trésorerie		

1.5.4.2	**Circuit économique, prestations économiques**	**5B** **5E** **5M**	
V4 - C. 40	- agents économiques		
§ 112	- rapports entre les agents économiques		

- impacts macro. / micro.

1.5.1.11   **Évaluation et réserves**   **5E 5M +**
V4 - C. 37   - valeur d'acquisition vs comptable vs marché
§ 341   - réserves latentes

1.5.2.9   **Financement et placements**   **5B 5E 5M**
V4 - C. 38   - financement (externe/interne, propre/étranger, autofinancement)
§ 322   - crédits bancaires et hypothèques
- rendements des actions et obligations
- gestion de portefeuille et répartition du risque

1.5.1.15   **Rentabilité, marge contributive et gestion des stocks**   **5E 5M**
V5 - C. 44   - coûts fixes vs variables
§ 323   - calculs de marge (PRAMV = frais variables)
- point mort (incl. calcul de date)
- rotation des stocks

     Comptes de résultat à plusieurs degrés   **5M**
V5 - C. 56   - EBIT et EBITDA
§ 342   - Revenus de prestations propres
- Variations du stock de produits finis et semi-finis

1.5.1.14   **Analyse de bilan et du résultat**   **6B 6E 6M**
V5 - C. 51   - structure du bilan, marge brute, EBIT, EBITDA
§ 342   - ratios de liquidité 1 et 2 (quick ratio)
- rendement (chiffre d'affaires, capitaux investis, fonds propres)
- autofinancement, endettement et couverture des immobilisations

     Comptabilité analytique d'exploitation   **6M**
C. 59   - analyse des natures de charges (directes, indirectes, supplétives)
§ 331   - centre de coûts et clés de répartition
- charges et résultat par produit (incl. TVA)
- coûts complets / partiels
- coûts unitaire, d'approvisionnement et de production

1.5.2.10   **Instruments et méthodes en économie d'entreprise 6B   6E   6M**

V5 - C. 52   - graphiques/diagrammes (pt. mort, parts de marché, évolution CA)

§ 343   - analyse coûts-avantages

                - arbre décisionnel

                - arguments pour et contre

....

1.5.2.11   **Planification (business plan) et analyse des risques   6E   6M**

V5 - C. 53   - l'entreprise: portrait, produit et organisation (équipe)

et 61   - valeur ajoutée: concurrents, marketing et part de marché

§ 332 et 35   - planification: positionnement et budgets

C1. INDEX

C2. PLANS COMPTABLES

BILAN (SIMPLIFIÉ)

ACTIFS

ACTIFS CIRCULANTS
- 10 Titres et liquidités
- 11 Créances (débiteurs)
- 12 Stocks et prestations non facturées
- 13 Actifs de régularisation (transitoire)

ACTIFS IMMOBILISÉS
- 14 Immobilisations financières
- 15 Immobilisations corporelles
- 16 Immobilisation corporelles immeubles
- 17 Immobilisations incorporelles
- 18 Charges activées
- 19 Capital non libéré

PASSIFS

CAPITAUX ÉTRANGERS À COURT TERME
- 20 Dettes liées aux achats / prestations
- 21 Dettes à court terme avec intérêts
- 22 Autres dettes à court terme
- 23 Passifs de régularisation (transitoire)

CAPITAUX ÉTRANGERS À LONG TERME
- 24 Dettes financières à long terme
- 25 Autres dettes à long terme
- 26 Provisions et prêts postposés

CAPITAUX PROPRES
- 28 Capital et compte privé
- 29 Réserves légales et résultats reportés

COMPTE DE RÉSULTAT (PERTE & PROFIT)

CHARGES

CHARGES DE PRESTATIONS
- 42 Achats marchandises
- 47 Prestations de tiers (services)
- 48 Déductions /achat
- 49 Diminution de stock

CHARGES DE PERSONNEL
- 52 Salaires et charges sociales
- 58 Autres charges de personnel

AUTRES CHARGES D'EXPLOITATION
- 60 Charges de locaux
- 61 Entretien, réparations, remplacements
- 62 Charges de véhicules et de transport
- 63 Assurances, droits, taxes & patentes
- 64 Charges d'énergie et déchets
- 65 Charges d'administration
- 66 Marketing et publicité
- 68 Résultat financier
- 69 Amortissements

PRODUITS / REVENUS

CHIFFRE D'AFFAIRES
- 32 Ventes de marchandises
- 34 Honoraires
- 37 Prestations propres
- 38 Déductions /ventes et autres produits
- 39 Augmentation de stock

CHARGES (SUITE)

ACTIVITÉS HORS EXPLOITATION
- 70 Résultat des activités annexes
- 74 Résultat des placements financiers
- 75 Résultat d'immeuble locatif

RÉSULTATS EXCEPTIONNEL ET IMPÔTS
- 80 Résultat hors activités d'exploitation
- 85 Résultat exceptionnel
- 89 Charges d'impôt
- 90 Clôture et différence de change

PLAN COMPTABLE SIMPLIFIÉ / PAR ORDRE ALPHABETIQUE

Achats marchandises	42	Dettes liées aux achats / prestations	20
Actifs de régularisation (transitoire)	13	Diminution de stock	49
Amortissements	69	Entretien, réparations, remplacements	61
Assurances, droits, taxes & patentes	63	Immobilisation corporelles immeubles	16
Augmentation de stock	39	Immobilisations corporelles	15
Autres charges de personnel	58	Immobilisations financières	14
Autres charges d'exploitation	58	Immobilisations incorporelles	17
Autres dettes à court terme	22	Marketing et publicité	66
Autres dettes à long terme	25	Passifs de régularisation (transitoire)	23
Capital	28	Prestations de tiers (services)	47
Capital non libéré	19	Prestations propres	37
Charges activées	18	Provisions et prêts postposés	26
Charges d'administration	65	Réserve légale et résultats reportés	29
Charges d'énergie et déchets	64	Résultat d'immeuble locatif	75
Charges d'impôt	89	Résultat des activités annexes	70
Charges de locaux	60	Résultat des placements financiers	74
Charges de véhicules et de transport	62	Résultat exceptionnel	82
Clôture et différence de change	90	Résultat financier	68
Créances (débiteurs)	11	Salaires et charges sociales	52
Déductions /achat	48	Stocks et prestations non facturées	12
Déductions /ventes et autres produits	38	Titres et liquidités	10
Dettes à court terme avec intérêts	21	Ventes de marchandises	32
Dettes financières à long terme	24	Ventes de prestations	34

Soit pour les débuts, dans des **opérations sans influences sur le résultat**: Capital (28), Créances (11), Dettes (20), Immobilisation (14), Stock (12), Liquidités (10).

Puis avec des **opérations avec influences sur le résultat**: Achats marchandises (42), Amortissements (69), Assurances (63), Augmentation de stock (39), Autres charges d'exploitation (58), Bénéfice brut (49), Capital (28), Charges d'administration (65), Charges d'impôt (89), Charges de locaux (60), Charges de transport (62), Créances (11), Déductions /achat (48), Déductions /ventes et autres produits (38), Dettes à court terme (21), Dettes à long terme (24), Dettes fournisseurs (20), Diminution de stock (49), Entretien et réparations (61), Immeubles (16), Immobilisations corporelles (15), Immobilisations incorporelles (17), Marketing et publicité (66), Perte brut (39), Prestations de tiers (services) (47), Prestations propres (37), Réserves et résultats reportés (29), Résultat des activités annexes (70), Résultat exceptionnel (82), Résultat financier (68), Salaires et charges sociales (52), Stocks (12), Titres et liquidités (10), Ventes de marchandises (32), Ventes de prestations (34).

PLAN COMPTABLE STANDARD

PAR ORDRE CHRONOLOGIQUE & CATÉGORIES

1000	Caisse	(CSE)	2000	Dettes fournisseurs	(DFO)
1010	Poste	(POS)	2100	Dettes envers des org. publiques	(DOP)
1020	Banque - c/c	(BQE)	2200	Autres dettes à court terme	(ADC)
1050	Titres et placements	(TPA)	2300	Charges à payer	(CAP)
1100	Créances clients	(CCL)	2310	Provisions à court terme et produits constatés d'avance	(PCA)
1120	Créances douteuses	(CDO)			
1170	Impôts payés d'avance	(IPA)	2500	Dettes et provisions à long terme	(DPL)
1180	Créances assurances sociales	(CAS)			
1190	Autres créances à court terme	(ACC)	2600	Provisions	(PRO)
1200	Stock et travaux en cours	(STC)	2800	Capital	(CPL)
1300	Charges payées d'avance	(CPA)	2850	Privé	(PRV)
1310	Produit à recevoir	(PAR)	2900	Réserves et résultats reportés	(RRR)
1400	Immobilisations financières	(IFI)			
1500	Machines	(MAC)			
1510	Mobilier	(MOB)	1590	Autres immobilisations mobilières	(AIM)
1520	Télécom et technologie d'info.	(TTI)			
1530	Véhicules	(VEH)	1600	Immeubles, terrains et entrepôts	(ITE)
			1700	Immobilisations incorporelles	(IMI)

4200	Achat de marchandise	(ADM)	3200	Ventes de marchandises	(VDM)
4700	Prestations de tiers (services)	(PDT)	3400	Honoraires	(HON)
4800	Déductions obtenues /achat	(DOA)	3700	Prestations propres	(PPR)
4900	VS (-) et autres charges liées aux prestations	(DSC)	3800	Déductions accordées /ventes	(DAV)
			3820	Pertes sur créances	(PSC)
			3900	VS (+) et autres revenus liées aux prestations	(ASR)

5200	Salaires et charges sociales	(SAL)	7000	Résultats des activités annexes	(RAA)
6000	Loyer et charges de locaux	(LOY)	7500	Résultats d'immeubles locatifs	(RIL)
6100	Entretien, réparations, remplacements	(ERR)	8000	Résultats hors des activités d'exploitation	(RHE)
6200	Charges de véhicules	(CVH)	8500	Résultats exceptionnels	(RXC)
6300	Assurances	(ASS)	8900	Charges d'impôt	(CIM)
6400	Charges d'énergie et déchets	(CED)	9000	Chiffre d'affaire net	(CAN)
6500	Charges d'administration	(CAD)	9010	Marge brute	(MBR)
6600	Marketing et publicité	(MKT)	9040	Résultat d'exploitation (EBITA)	(EBA)
6700	Autres charges d'exploitation	(ACE)	9050	Résultat opérationnel (EBIT)	(EBI)
6800	Intérêts et résultats financier	(IRF)	9090	Résultat de l'exercice (BN/PN)	(REX)
6900	Amortissements	(AMO)			

PLAN COMPTABLE STANDARD / PAR ORDRE ALPHABETIQUE

Achat de marchandises	(ADM)	4200	Loyer des locaux	(LOY)	6000
Amortissements	(AMO)	6900	Machines	(MAC)	1500
Assurances	(ASS)	6300	Marge brute	(MBR)	9010
Autres charges d'exploitation	(ACE)	6700	Marketing et publicité	(MKT)	6600
Autres créances à court terme	(ACC)	1190	Mobilier	(MOB)	1510
Autres dettes à court terme	(ADC)	2200	Pertes sur créances	(PSC)	3820
Autres immobilisations mobilières			Poste	(POS)	1010
	(AIM)	1590	Prestations de tiers (services)	(PDT)	4700
Banque - c/c	(BQE)	1020	Prestations propres	(PPR)	3700
Caisse	(CSE)	1000	Provisions	(PRO)	2600
Capital	(CPL)	2800	Privé	(PRV)	2850
Charges d'administration	(CAD)	6500	Produits à recevoir	(PAR)	1310
Charges de véhicules	(CVH)	6200	Provisions à court terme et produits constatés		
Charges d'énergie et déchets	(CED)	6400	d'avance	(PCA)	2310
Charges d'impôt	(CIM)	8900	Réserves et résultats reportés	(RRR)	2900
Charges payées d'avance	(CPA)	1300	Résultat de l'exercice (BN/PN)	(REX)	9090
Chiffre d'affaire net	(CAN)	9000	Résultats des activités annexes	(RAA)	7000
Créances assurances sociales	(CAS)	1180	Résultat d'exploitation (EBITA)	(EBA)	9040
Créances clients	(CCL)	1100	Résultats d'immeubles locatifs	(RIL)	7500
Créances douteuses	(CDO)	1100	Résultats exceptionnels	(RXC)	8200
Déductions obtenues /achat	(DOA)	4800	Résultats hors des activités d'exploitation		
Déductions accordées /ventes	(DAV)	3800		(RHE)	8000
Dettes et provisions à long terme			Résultat opérationnel (EBIT)	(EBI)	9050
	(DPL)	2400	Salaires et charges sociales	(SAL)	5200
Dettes envers des org. publiques	(DOP)	2100	Stock et travaux en cours	(STC)	1200
Dettes fournisseurs	(DFO)	2000	Télécom et technologie d'info.	(TTI)	1520
Entretien, réparations, remplacements			Titres et placements	(TPA)	1050
	(ERR)	6100	Véhicules	(VEH)	1530
Honoraires	(HON)	3400	Ventes de marchandises	(VDM)	3200
Intérêts et résultats financier	(IRF)	6800	Variation de stock (-) et autres charges liées		
Immeubles, terrains, entrepôts	(ITE)	1600	aux prestations	(DSC)	4900
Immobilisations financières	(IFI)	1400	Variation de stock (+) et autres revenus liées		
Immobilisations incorporelles	(IMI)	1700	aux prestations	(ASR)	3900
Impôts payés d'avance	(IPA)	1170			

PLAN COMPTABLE ÉTENDU

ACTIFS

ACTIFS CIRCULANTS

10 Titres et liquidités
1000 Caisse principale
1010 Compte postal
1020 Compte bancaire (c/c)
1050 Placements fixes
1060 Actions propres
11 Créances (débiteurs)
1100 Créances client ou d'institutions
1110 Notes de crédit reçues
1120 Créances douteuses
1130 Provision (incl. ducroire)
1150 Impôt préalable /marchandises
1160 Impôt préalable /ace
1170 Impôt payé d'avance
1190 Acompte fournisseurs
12 Stocks et prestations non facturées
1200 Stocks
1210 Travaux en cours
13 Actifs de régularisation (transitoires)
1300 Salaires et charges payées d'avance
1310 Produits à recevoir

ACTIFS IMMOBILISÉS

14 Immobilisations financières
1400 Obligations et bons de trésor
1410 Participations
1420 Prêts accordés
15 Immobilisations corporelles
1500 Machines et appareils
1509 Amortissement cumulé /machines
1510 Mobilier et installations
1519 Amortissement cumulé /mobilier
1520 Infrastructure informatique
1529 Amortissement cumulé /informatique
1530 Véhicules
1539 Amortissement cumulé /véhicules
16 Immobilisation corporelles immeubles
1600 Immeuble
1601 Terrains
1609 Amortissement cumulés /immeuble
17 Immobilisations incorporelles
1700 Brevets
1709 Amortissement cumulé /brevets
1770 Goodwill
1779 Amortissement cumulé /goodwill
18 Charges activées - capital non libéré
1800 Frais de fondation
1801 Autres charges activés
1809 Amortissement cumulé /charges activées
1850 Capital social non libéré

PASSIFS

CAPITAUX ÉTRANGERS À COURT TERME

20 Dettes liées aux achats et prestations
2000 Dettes fournisseurs (créanciers)
2010 Notes de crédit émises
2020 Acomptes de clients
21 Dettes à court terme avec intérêts
2100 Dettes bancaires à court terme
2110 Dettes compte postal
2120 Autres dettes financières à court terme
2140 Salaires à payer
2150 Dettes d'assurances sociales (AVS, etc.)
2160 Dettes d'impôts liées aux salaries
2170 Autres dettes liées aux salaires
2180 Provisions 13ème et vacances à payer
2190 Indemnités d'assurances
22 Dettes à court terme sans intérêts
2200 TVA due
2210 Dette envers l'AFC
2230 Dividendes
23 Passifs de régularisation (transitoires)
2300 Charges à payer
2310 Produits constatés d'avance
2320 Autres provisions

CAPITAUX ÉTRANGERS À LONG TERME

24 Dettes à long terme avec intérêts
2400 Dettes bancaires à long terme
2410 Dettes hypothécaires
25 Dettes à long terme sans intérêts
2500 Emprunts à long terme à des tiers
2510 Emprunts à long terme aux actionnaires
26 Provisions et prêts postposés
2600 Provisions pour assainissement
2610 Provisions pour impôts
2700 Prêts postposés

CAPITAUX PROPRES

28 Capital
2800 Capital social
2810 Agio (prime à l'émission)
2850 Prélèvements privés
29 Réserves légales et résultats reportés
2900 Réserves légales issues du capital
2910 Réserves légales issues du bénéfice
2920 Réserves statuaires
2930 Autres réserves
2980 Bénéfice reporté / perte reportée
2990 Bénéfice exercice / perte de l'exercice

2999 Différence de change (capital)

PRODUITS

CHIFFRE D'AFFAIRES
32   Ventes de marchandises
3200 Ventes de marchandises (net de rabais)
3290 VS et autres revenus liées aux ventes
34   Ventes de prestations
3400 Honoraires
37   Prestations propres
3700 Prestations à soi-même
38   Divers frais ou déductions /ventes
3800 Escomptes et réductions accordées
3810 Frais de recouvrement
3820 Pertes sur créances
3830 Frais accessoires de ventes
3840 Fret et ports lors de ventes
3890 Frais de rappels encaissés
39   VS et autres revenus liées aux prestations

CHARGES

CHARGES DE PRESTATIONS
42   Charges marchandises
4200 Achats de marchandise (net de rabais)
4230 Frais d'achats
4240 Fret et ports liés aux achats
47   Prestations de tiers (services)
4700 Charges pour prestations de tiers
48   Divers frais ou déductions /achat
4800 Escomptes et réductions obtenues
4810 Ristourne sur achats
4890 Frais de rappel reçus
49   VS et autres charges liées aux prestations

CHARGES DE PERSONNEL
52   Salaires et charges sociales
5200 Salaires de base
5210 Salaires variables et commissions
5220 Primes occasionnelles
5230 Avantages accessoires
5240 Honoraires et indemnités CA
5270 AVS, AI, APG, assurance-chômage
5271 Caisse d'allocations familiale
5272 Prévoyance professionnelle
5273 Assurance-accidents
5274 Autres assurances
5275 Impôts à la source payé par employeur
5278 Caisse professionnelle
5279 Arrondis sur charges sociales
58   Autres charges de personnel
5800 Recherche de personnel
5810 Formation continue
5820 Frais de voyages
5830 Frais de repas
5840 Frais de logement
5850 Frais de télécommunication
5860 Autres frais de représentation effectifs
5870 Tantièmes et indemnités forfaitaires

59   Prestations de travail de tiers
5900 Employés temporaires

AUTRES CHARGES D'EXPLOITATION
60   Charges de locaux
6000 Loyer et intérêts hypothécaires
6010 Loyer du garage, du parking
6030 Charges accessoires
6050 Entretien des locaux
61   Entretien, réparations, remplacements
6100 ERR de machines
6110 ERR mobilier et installations
6120 ERR informatique
62   Charges de véhicules et de transport
6200 Réparation et nettoyage des véhicules
6210 Carburants
6220 Assurances pour véhicules
6230 Taxes véhicules
6240 Mise à disposition de véhicules
6250 Frais de transport
63   Assurances, droits, taxes et patentes
6300 Primes ass. dommages, bris, vols
6310 Assurance responsabilité civile
6320 Assurance protection juridique
6360 Droits et taxes
6370 Autorisations et patentes
64   Charges d'énergie et déchets
6400 Electricité
6410 Gaz
6420 Mazout
6430 Eau
6460 Evacuation des déchets
65   Charges d'administration
6500 Matériel de bureau et imprimerie
6510 Téléphone / Fax
6520 Frais de port
6530 Cotisations
6560 Charges pour organe de révision
6570 Licence / Update
6575 Fournitures et support d'enregistrement
6580 Développement informatiques
6585 Coûts d'installation et mise en œuvre
6590 Investissements de faible montant
66   Marketing et publicité
6600 Publicité dans les journaux
6610 Publicité sur Internet
6620 Imprimés et matériel publicitaires
6640 Frais de voyage
6650 Conseils à la clientèle
68   Résultat financier
6800 Charges financières - crédit bancaire
6810 Charges financières pour emprunts
6820 Frais de banque et compte postal
6830 Pertes de change sur liquidités et titres
6850 Produits sur avoirs
6890 Gains de change sur liquidités et titres

69   Amortissements
6900 Dépréciations sur titres
6910 Amortissement sur machines
6920 Amortissement mobilier et installations
6930 Amortissement informatique
6540 Dons et cadeaux
6550 Honoraires fiduciaire (hors révision)
6555 Honoraires pour conseil
6940 Amortissement sur véhicules
6950 Amortissements sur bâtiments
6960 Amortissements autres immobilisations

ACTIVITÉS HORS EXPLOITATION

70   Résultat des activités annexes
7000 Activités annexes, produits
7010 Activités annexes, charges
74   Résultat des placements financiers
7400 Produits de placements
7410 Frais de banque et chèques postaux
75   Résultat d'immeuble locatif
7500 Produit d'immeubles
7510 Intérêts hypothécaires d'immeubles locatifs
7520 Entretien de l'immeuble
7530 Droits, taxes, impôts fonciers
7540 Charges d'administration

RÉSULTATS EXCEPTIONNEL ET IMPÔTS

85   Résultat exceptionnel
8500 Produits exceptionnels
8510 Charges exceptionnelles
89   Charges d'impôt
8900 Impôts des cantons et des communes
8910 Impôts fédéraux directs
8920 Impôts hors exercices

CLÔTURE

90   Clôture et différence de change
9000 Chiffre d'affaire net (CAN)
9010 Résultat net des ventes (RNV)
9020 Résultat brut d'exploitation (RBE)
9030 Résultat brut d'exploitation après charges de personnel
9040 Résultat d'exploitation (EBITDA)
9050 Résultat opérationnel (EBIT)
9070 Résultat opérationnel avant impôts (EBT)
9080 Résultat de l'exercice avant impôts
9090 Résultat de l'exercice (BN / PN)
9100 Différence de change
9200 Bilan d'ouverture
9210 Bilan de clôture

C3. FLUX DE TRÉSORERIE

±   Bénéfice annuel (+) ou perte annuelle (-)

±   Amortissements / ajustements de valeurs (+) et attribution (-) aux comptes d'immobilisation

±   Constitutions (+) et dissolutions (-) de réserves

±   Dépréciation (+) et augmentation de la valeur (-) des avoirs à court terme cotés en bourse

±   Diminution (+) ou augmentation (-) des créances provenant de livraisons et de prestations

±   Diminution (+) ou augmentation (-) des créances à court terme

±   Diminution (+) et augmentation (-) des stocks et des prestations non facturées

±   Diminution (+) et augmentation (-) des comptes de régularisation d'actifs

±   Augmentation (+) et diminution (-) des dettes à court terme résultant d'achats et de prestations de services

±   Augmentation (+) et diminution (-) des dettes à court terme

±   Augmentation (+) et diminution (-) des comptes de régularisation de passifs

±   Pertes (+) et bénéfices (-) sur cessions d'immobilisations

±   Autres charges (+) et produits (-) sans effet sur la trésorerie

=   **Flux de trésorerie provenant de l'activité d'exploitation**

%   Investissements dans les immobilisations financières

+   Désinvestissements dans les immobilisations financières

%   Investissements dans les participations

+   Désinvestissements dans les participations

%   Investissements dans les immobilisations corporelles meubles

+   Désinvestissements dans les immobilisations corporelles meubles

%   Investissements dans les immobilisations corporelles immeubles

+   Désinvestissements dans les immobilisations corporelles immeubles

%   Investissements dans les immobilisations incorporelles

+   Désinvestissements dans les immobilisations incorporelles

=   **Flux de trésorerie provenant de l'activité d'investissement**

±   Augmentation (+) ou remboursement (-) de dettes financières à court et à long terme

%   Versements de dividendes

±   Augmentation (+) ou réduction (-) du capital

±   Achat (-) ou vente (+) de propres actions

=   **Flux de trésorerie provenant de l'activité de financement**

=   **Augmentation ou diminution de la trésorerie**

VARIATION DE LA TRÉSORERIE

+   Trésorerie initiale

%   Trésorerie finale

=   Augmentation ou diminution de la trésorerie

C4. COMPTE DE RÉSULTAT (CHARGES PAR NATURE)

Chiffre d'affaire net résultant des ventes et prestations de services

±   Variation des travaux en cours et des prestations non facturées

=   **Produit net des ventes et des prestations de service**

%   Charges de marchandises et de matériel

=   **Résultat brut d'exploitation**

%   Charges de personnel

=   **Résultat brut d'exploitation après charges de personnel**

%   Autres charges d'exploitation

=   **Résultat d'exploitation avant intérêts, impôts et amortissements (EBITDA)**

%   Amortissements et corrections de valeur des immobilisations

=   **Résultat d'exploitation avant intérêts, impôts (EBIT)**

%   Charges financières

+   Produits financiers

=   **Résultat d'exploitation avant impôts (EBT)**

±   Résultats accessoires d'exploitation

%   Charges hors exploitation

+   Produits hors exploitation

%   Charges exceptionnelles, uniques ou hors période

+   Produits exceptionnels, uniques ou hors période

=   **Résultat de l'exercice avant impôts**

%   Impôts directs

=   **Résultat de l'exercice**

C5. CHECK-LIST POUR UN AUDIT DES COMPTES

Les comptes ci-dessous feront l'objet d'une attention particulière:

CAISSE

Desc. : Comprend tous comptes de caisse, comme les caisses à fonds variables, à fonds fixes, reprise petite caisse, petites caisses à analyser.

A faire : Etablir le PV de prise de caisse (à la fin d'exercice ou date proche) rapproché du solde selon les comptes + copies des prises de caisses à l'improviste.

COMPTES POSTAUX

Desc. : Comptes par division/dept. (sauf comptes hors compta générale)

A faire : Soldes selon le(s) relevé(s) de CCP et selon comptabilité doivent être rapprochés.

COMPTES BANCAIRES

A faire : Soldes selon le(s) relevé(s) de(s) banque(s) et selon comptabilité doivent être rapprochés.

COMPTES HORS COMPTABILITE

Desc. : Comptes en banque ou CCP dont les opérations ne sont pas comptabilisées dans nos comptes (tiers unique inclus)

A faire : Etablir la liste contenant le nom de l'institution financière (banque, CCP), le montant du compte au 31.12 et une copie du relevé de banque (ou CCP).

ACCREDITIFS

Desc. : Avance sur frais

A faire : Etablir la liste détaillée des avances contenant, au minimum, le nom de la personne ayant reçu l'avance, moyen utilisé (caisse, CCP, banque), date de l'avance, date de remboursement prévue ou date de comptabilisation de la dépense en charge prévue.

COMPTES COURANTS

Desc. : Comptes d'avances

A faire : Etablir la liste détaillée des avances contenant, au minimum, le nom de la personne ayant reçu l'avance, moyen utilisé (caisse, CCP, banque), date de l'avance, date de remboursement ou date de comptabilisation de la dépense en charge prévue. Le montant total du solde des comptes doit être justifié.

DEBITEURS

A faire : Etablir les balance de payements par échéance, vérifier que le montant correspond au solde selon GL. Définir et comptabiliser le montant de la provision nécessaire selon l'analyse des balance de payement, préparer les informations pour les annexes; pour les débiteurs douteux, obtenir les reconnaissances avant le bouclement pour le solde restant et établir le détail du poste.

MARCHANDISES ET APPROVISIONNEMENT

Desc. : Stock de matières premières, Economat

A faire : Etablir un inventaire physique au 31.12 (ou date le plus proche possible) et rapprocher du solde selon GL.

ACTIFS TRANSITOIRES

Desc. : Charges payées d'avance, produits à recevoir. Garder en tête la matérialité de l'opération et analyser la nécessité de créer un actif transitoire pour les charges payées annuellement (locations, abonnements, contrats d'entretien etc.).

A faire : Etablir la liste détaillée des montants comptabilisés. Le montant total du solde du compte doit être justifié.

PRETS AUX INSTITUTIONS

A faire : Vérifier contrats à jour, vérifier le respect du plan de remboursement et paiement des intérêts. Calculer et comptabiliser le montant de la provision si nécessaire.

CREANCIERS

A faire : Etablir la liste détaillée des montants comptabilisés. Le montant total du solde du compte doit être justifié.

DÉPOTS

Desc. : Garanties, comme des clefs, télécommandes, badges, compte de dépôt, etc.

A faire : Etablir la liste détaillée des montants comptabilisés. Le montant total du solde du compte doit être justifié.

SUBVENTIONS À REDISTRIBUER

Desc. : Devrait être égal à zéro

A faire : Justifier le solde et reclasser si nécessaire

PROVISIONS

Desc. : Provisions pour risques et charges (pour les provisions pour dépréciation d'actifs, se référer aux comptes "débiteurs")

A faire : Justifier le montant, sa description, but, méthode d'évaluation, préparer tableau de variation des provisions, préparer les informations au 31.12 de l'exercice et celui de l'année précédente.

TVA DUE

Desc. : Devrait être à zéro au moment de la clôture (montant net viré au compte "TVA due")

A faire : Le solde éventuel devrait correspondre au montant dû selon la déclaration TVA, le cas échéant, passer la différence ou justifier.

PASSIFS TRANSITOIRES

Desc. : Produit encaissés à l'avance ou charges à payer (pas les fournisseurs) y compris les notes de frais pas encore envoyées

A faire : Vérifier que les transitoires 31.12 de l'exercice précédent ont bien été extournés et établir la liste détaillée des montants encore comptabilisés. Le montant total du solde du compte doit être justifié.

FONDS PROPRES

A faire : Etablir la liste fonds propres, vérifier la comptabilisation d'éventuels changement durant l'année et préparer les informations pour les annexes des comptes de l'exercice et celui de l'année précédente.

COMPTES DE FONCTIONNEMENT

A faire : Vérifier qu'il n'y pas de soldes négatif, les compte de charge au crédit et compte de recette au débit, le cas échéant corriger ou reclasser.

COMPTES D'INVESTISSEMENT

Desc. : Comptes soldés et activés au bilan en fin d'exercice

A faire : Vérifier qu'il n'y pas de solde négatif (au crédit) dans les comptes d'investissement.

C6. ARTICLES DE LOIS

PAR ORDRE CHRONOLOGIQUE

CO

Autres: art. 24, 188 et 189, 191, 200, 206, 210, 258, 262, 264, 321, 322, 324, 327, 334.

PAR ORDRE ALPHABÉTIQUE ET CODE

CO

Autres: défauts (art. 200), dommages (art. 191), exécution imparfaite du contrat (art. 258), livraison (art. 210), matériel (art. 327), obligations de l'employeur (art. 322), obligations du vendeur (art. 206), rapports de travail (art. 334), responsabilités du travailleur (art. 321), restitution anticipée (art. 264), salaires (art. 324), sous-location (art. 262), transport (art. 24).

PAR ORDRE ALPHABÉTIQUE

C7. INDICATEURS FINANCIERS

CALCULS

Liquidité I
Liquidités/Fonds étrangers CT
Liquidité II
(Liquidités+Créances)/Fonds étrangers CT
Liquidité III
Circulants/Fonds étrangers CT
Endettement
Fonds étrangers/Total du bilan
Financement propre
Fonds propres/Total du bilan
Couverture des immobilisations I
Fonds propres/Immobilisés
Couverture des immobilisations II
(Fonds propres+Dettes LT)/Immobilisés

Autofinancement
(Réserves+Bén. reporté)/Capital actions
Rendement des capitaux investis (RCI/ROI)
(BN + Intérêts payés)/Total du bilan
Rendement des fonds propres
BN/Total des fonds propres
Rendement du CAN
BN/CAN
Cash Flow en % de l'investissement
CF/Investissements
Cash Flow en % du capital propre
CF/Fonds propres
Cash Flow en % du CAN
CF/CAN

RAPPORTS FINANCIERS

Compte de résultat
Bilan

Flux de trésorerie
Informations complémentaires

INDICATEURS DU COMPTE DE RÉSULTAT

Résultat opérationnel (EBIT)
Excédent brut d'exploitation (EBITDA)
Bénéfice avant impôts
Résultat net
Résultat financier
Résultat net d'exploitation
Quote-part d'impôts

Quote-part des frais de recherche et déve-loppement
Coût des ventes /charges opérationnelles
Intensité d'amortissement
Pourcentage d'amortissement
Structure d'amortissement
Intensité en personnel
Intensité en travail
Chiffre d'affaires (CA) par employé

INDICATEURS DU BILAN

Réserves latentes
Endettement net
Sur-valeur
Stock moyen
Capital investi

Pourcentage des provisions
Intensité en réserves
Intensité en stocks
Degré d'amortissement des immobilisations corporelles

INDICATEURS DE CASH FLOW

Cash Flow opérationnel
Cash Flow d'investissement
Cash Flow de financement

Cash Flow libre
Cash Flow
CAPEX (investissement) /amortissements
CAPEX (investissement) /chiffre d'affaires

INDICATEURS DE RENTABILITÉ

Marge opérationnelle
Marge d'exploitation
Marge brute sur chiffre d'affaires
Rendement sur passif total
Rendement des capitaux propres
Retour sur total de l'actif moyen
Rendement du capital investi (RCI/ROI)
Rendement des capitaux engagés
Rendement de l'investissement
Retour sur chiffre d'affaires
Marge du Cash Flow
Taux de réinvestissement
Fonds de roulement /chiffre d'affaires

Chiffre d'affaires /stocks
Immobilisations corporelles /chiffre d'affaires
Amortissements /niveau moyen des immobilisations corporelles
Chiffre d'affaires sur actif circulant
Chiffre d'affaires sur total de l'actif
Chiffre d'affaires sur créances
Créances en jours chiffre d'affaires
Durée des dettes fournisseurs
Coût des ventes /stocks
Coût des ventes /dettes fournisseurs
Chiffre d'affaires /passif total

RATIOS DE LIQUIDITÉ

Ratio des fonds propres
Ratio des dettes (effet de levier)
Coefficient d'endettement
Structure de l'endettement
Endettement dynamique
Fond de roulement (FDR)
Degré de liquidité II
Degré de liquidité III
Structure de l'actif
Quote-part des immobilisations corporelles

Intensité de l'actif circulant
Autofinancement de l'investissement
Amortissements sur investissements
Taux d'amortissement
Règle d'or du bilan
Règle d'or du financement
Taux de couverture des immobilisations
Passif exigible /chiffre d'affaires
Créances /passif exigible
EBIT /dettes à court terme
Couverture des intérêts

INDICATEURS DE VALORISATION DES ENTREPRISES

Bénéfice par action
Rapport cours-bénéfice
Rapport cours-bénéfice dynamique
EBITDA par action
Cash Flow par action
Capitalisation boursière
Rapport cours-Cash Flow
Rapport cours-chiffre d'affaires
Rapport cours-valeur comptable
Valeur comptable par action
Valeur d'entreprise (VE)

Valeur d'entreprise /EBIT
Valeur d'entreprise /EBITDA
Taux de distribution
Dividende par action
Rendement en dividendes
Bêta
Coût des fonds propres
Coût de la dette
Coût moyen pondéré du capital (CMPC)
Méthode du Discounted Cash Flow (DCF)
Création de valeur d'un exercice (CVE)
Valeur de marché créée (VMC)

C8. GLOSSAIRE

A

A vue
Disponible en tout temps, sans préavis.

Acceptation
1. Acte par lequel un débiteur reconnaît, en apposant sa signature sur un effet de change (traite), devoir à un créancier la somme inscrite sur l'effet et s'engage ainsi à la payer. La déclaration d'acceptation et la signature du débiteur sont apposées au recto de la traite. La simple signature du débiteur suffit toutefois pour une acceptation.
2. Effet accepté. Lettre de change.

Acceptation bancaire
Lettre de change acceptée par la banque sur laquelle elle est tirée. Cette forme de financement n'est pas usuelle en Suisse mais très répandue aux Etats-Unis. Les BA sont des titres du marché monétaire reposant sur des transactions commerciales. Libellées généralement en dollars, ce sont des lettres de change à 90-180 jours acceptées par les grandes banques américaines. Elles sont rémunérées sur la base de l'escompte et servent notamment à financer les importations et les exportations.

Accréditif
Instrument de crédit en vertu duquel une banque s'engage sur ordre de son client à mettre une somme déterminée à disposition d'un bénéficiaire (l'accrédité) généralement par l'intermédiaire d'une banque, le correspondant. Lettre de crédit. Crédit documentaire.

Acte authentique
En Suisse: prescription formelle très stricte pour la validité d'un contrat: l'officier public doit non seulement contrôler les signatures, mais aussi confirmer que la teneur du contrat est conforme à la volonté des parties et que celles-ci sont conscientes de ses conséquences.

Actif circulant
Eléments de fortune absorbés et transformés dans le cycle de production. Outre les liquidités, il comprend les stocks et les créances facilement réalisables. Contraire: Immobilisations.

Actif d'exploitation
Actif circulant et immobilisations, soit liquidités, installations de production, ateliers, etc. qui permettent l'exploitation commerciale. Contraire: Actif hors exploitation.

Actif immobilisé
L'actif immobilisé ou immobilisation correspond à la partie d'actif destiné à rester durablement dans l'entreprise et réutilisable. Ce type d'actif est divisé en immobilisation incorporelle (sans substance physique, comme les brevets ou le goodwill), immobilisation corporelle (comme des terrains, du mobilier ou un véhicule) et des immobilisations financières (titres voués à rester durablement comme des participations, actions ou obligations long terme). A noter l'utilisation du mot CAPEX (Capital expenditures) liés aux dépenses d'investissement lié à l'achat d'actifs immobilisés). Contraire: Actif circulant.

Actif net
Actif comptable (actif circulant et immobilisations) diminué du passif exigible. L'actif net réel résulte d'une évaluation à la valeur vénale.

Actif(s)
Eléments de fortune (disponibilités, créances, stocks, placements, participations, etc.). Contraire: Passif(s)

Actifs (classe d')
Catégorie d'investissement ou de valeurs.

Actifs nets
Ils correspondent au patrimoine du fonds calculé à la valeur vénale, déduction faite des dettes éventuelles.

Actifs transitoires
Postes de régularisation à l'actif du bilan comprenant des charges engagées dans l'exercice en cours, mais concernant un exercice ultérieur ou des produits qui concernent l'exercice, mais qui ne se matérialiseront qu'ultérieurement. Contraire: Passifs transitoires.

Action
Titre cessible et négociable, nominatif ou au porteur, représentant une participation au capital social d'une société par actions, auquel sont attachés différents droits définis dans la législation ou les statuts de la société.

Action au porteur
Action dont le détenteur est considéré comme l'actionnaire légitime. Contraire: Action nominative.

Action nominative
Action établie au nom de l'actionnaire et inscrite sous son nom ou sous celui de l'usufruitier sur le registre des actions tenu par la société. Pour la transférer, il faut l'endosser (endossement), car il s'agit d'un titre à ordre. Contraire: Action au porteur.

Actualiser
Opération mathématique qui permet de relier une valeur future à une valeur présente. Valeur actuelle d'une somme à recevoir dans le futur, qui correspond au montant de la somme, moins les intérêts à courir jusqu'à l'échéance.

Affacturage / Factoring
Forme de financement apparentée au crédit contre cession. Une entreprise transfère tout ou partie de ses créances sur débiteurs (la plupart du temps à 30-90 jours) au factor (généralement un établissement affilié d'une grande banque). Ce dernier assure le recouvrement des créances et tient la comptabilité débiteurs moyennant paiement d'une commission et, le cas échéant, accorde des avances sur débiteurs. Le factor assume alors normalement le risque d'insolvabilité.

Affidavit
Déclaration bancaire destinée aux porteurs étrangers de certaines valeurs mobilières, établie dans le but d'obtenir l'exonération d'impôt touchant ces valeurs, déjà taxées dans leur pays d'origine.

Agio
En matière de change : plus-value du cours à terme sur le cours au comptant. Dans le commerce des billets : différence à payer à l'échange de billets contre devises ou inversement.

Agio fonds de placement immobiliers
Pour les fonds de placement immobiliers, différence entre leur valeur boursière et leur valeur de rachat.

Aliéner
Transférer la propriété d'une chose ou d'un droit (vendre, céder, remettre en gage, etc.).

Allocation des actifs
Répartition des catégories d'investissement dans un portefeuille.

Alpha (facteur)
Paramètre permettant de mesurer la surperformance d'un fonds de placement cor-

rigé du risque, et utilisé pour évaluer la performance du gestionnaire du portefeuille.

Amortir

Réduire la valeur au bilan des immobilisations ou des titres en portefeuille pour tenir compte de leur dépréciation.

Amortissement

Remboursement graduel ou constitution d'un fonds pour l'extinction d'une dette suivant un plan d'amortissement prévoyant l'extinction du principal et le paiement des intérêts s'y rapportant.

Amortissement direct

Remboursement d'une dette (par ex. prêt hypothécaire) au créancier, suivant un plan, afin de diminuer l'endettement. L'amortissement se fait directement sur la prestation concernée dont le nominal est diminué d'autant.

Amortissement indirect

Le preneur de crédit n'amortit pas son hypothèque mais il paie la contre-valeur de l'amortissement à titre de prime d'une assurance vie mixte ou liée: il peut également effectuer ce versement sur un compte bancaire de prévoyance (Epargne 3). Simultanément, le débiteur cède à la banque ses prétentions résultant de la police-vie ou du compte de prévoyance. Ce genre d'amortissement indirect peut procurer au débiteur hypothécaire certains avantages fiscaux.

Analyse de bilan

Examen critique (par un gestionnaire de crédit) d'un bilan et des comptes annuels d'une entreprise pour juger de sa solvabilité.

Analyse financière

Etude systématique d'un marché, secteur ou entreprise, pour déterminer des recommandations de placement en vertu des bénéfices prévisionnels. Elle repose sur l'observation des comptes du bilan, et sur l'environnement économique et politique.

Analyse fondamentale

Etude fondée sur les statistiques économiques et d'entreprises.

Analyse graphique

Aide à la décision apportée par la lecture et l'interprétation de graphiques, liée à une action, à une devise ou à une valeur traitée en Bourse. Les spécialistes parlent aussi d'analyse technique.

Analyste

Spécialiste d'études économiques et financières de sociétés ou de marchés.

Annotation

Inscription au registre foncier de droits personnels déterminés (droits de préemption, d'emption et de réméré, baux à ferme et à loyer) ainsi que de restriction au droit d'aliéner.

Annuité

Somme versée annuellement par un débiteur, comprenant à la fois le remboursement d'une partie du capital emprunté (amortissement) et le paiement des intérêts. Annuité variable : versements inégaux. Annuité constante : versements égaux: la part des intérêts diminue et la part des amortissements augmente.

Apostille

Légalisation d'une signature par un officier public conformément à la Convention de La Haye sur l'apostille. L'apostille est exigée notamment pour valider juridiquement (rechtskräftig) l'ouverture d'un compte ou d'un dépôt titres pour une société étrangère.

Arrhes

Somme versée à la signature d'un contrat et qui reste acquise au vendeur si l'acheteur rompt le contrat. Si le vendeur ne peut l'exécuter, il doit alors verser à l'acheteur le double des arrhes reçues.

Assainissement

Train de mesures destinées à rétablir la viabilité économique d'une entreprise en pratiquant une politique financière plus stricte, en réduisant le capital et en général les dettes ou en fournissant de nouveaux fonds propres, etc.

Assignation

Contrat par lequel l'assigné est autorisé à remettre à l'assignataire, pour le compte de l'assignant, une somme d'argent, des papiers-valeurs (titres) ou d'autres choses fongibles (biens fongibles), que l'assignataire a mandat de percevoir en son propre nom (art. 466 CO). Les assignations qui ne sont pas définies dans le titre comme effets de change mais sont expressément créées à ordre et, par ailleurs, satisfont aux conditions requises pour la lettre de change, sont assimilées à celle-ci (art. 1 147 CO).

Au mieux

Ordre de bourse à exécuter au meilleur cours possible selon le choix de l'opérateur. Inversement, un ordre limité sera exécuté uniquement si la limite de cours exigée est atteinte.

Augmentation de capital

Opération qui consiste à augmenter le capital-actions d'une société par une émission d'actions qualifiée de secondaire. Cette opération est liée à un droit préférentiel réservé aux anciens actionnaires.

Authentification

Confirmation de l'authenticité d'un document, d'une copie ou d'une signature, sans se référer au contenu. Légalisation.

Autofinancement

Affectation aux investissements d'une partie des bénéfices ou des fonds propres d'une entreprise. Contraire: Recours à l'emprunt.

Autorité de surveillance des marchés financiers (FINMA)

Organe de surveillance des banques et des fonds de placement.

Aval

Convention par laquelle une personne (nommée donneur d'aval) se porte garante d'une dette, d'une lettre de change, d'un billet à ordre ou d'un chèque. L'opération s'apparente à un cautionnement.

Avance à terme fixe

Prêt bancaire d'une certaine somme à rembourser à une échéance déterminée. Les avances à terme fixe sont aussi souvent des crédits à taux fixe (taux fixe pour toute la durée).

Avance contre nantissement

Voir Prêt garanti par un gage ou Crédit lombard.

Avis de crédit

Document indiquant qu'une écriture a été passée au crédit d'un compte. Contraire: Avis de débit.

Avis de débit

Document indiquant qu'une écriture a été passée au débit d'un compte. Contraire: Avis de crédit.

Avoir

Somme figurant au crédit d'un compte ou d'un livret et représentant l'excédent des crédits sur les débits.

Ayant droit économique

Véritable propriétaire d'une chose, lequel ne peut être qu'une personne physique.

Balanced scorecard

Tableau de bord équilibré. Modèle d'analyse continu élaboré pour faciliter l'aide à la décision stratégique. Permet de mesurer la performance interne et externe d'une entreprise en confrontant les résultats obtenus aux objectifs stratégiques. Le système de référence est bâti sur des indicateurs traditionnels (financiers) et d'ordres qualitatifs (satisfaction du client, efficacité des processus internes,..).

Bancomat

Système international de distributeurs de billets de banque. Les distributeurs munis du logo "Maestro" sont accessibles avec une carte Maestro et un code personnel.

Banque dépositaire

Banque auprès de laquelle sont déposés les montants investis dans un fonds.

Banque Nationale Suisse (BNS)

Sans but lucratif, elle détient le monopole de l'émission des billets (confié par la Confédération). Elle décide de la politique monétaire à appliquer : contrôle de croissance de la masse monétaire et évolution du taux de change, par exemple.

Banque restante

Garde par la banque du courrier d'un client jusqu'à ce qu'il vienne en prendre livraison ou qu'il donne l'ordre de le lui faire parvenir.

Battre l'indice

Arriver à de meilleures performances que l'indice de référence.

BAVIT

Abréviation de Bénéfice Avant Intérêts et impôts. Voir EBIT.

Benchmark

Valeur de référence (par exemple, indice).

Bénéfice

Dans le compte de pertes et profits: excédent des produits sur les charges pour une certaine période (bénéfice de l'exercice, par exemple).

Bénéfice comptable

Plus-value résultant de la revalorisation de postes de l'actif ou de la dépréciation de postes du passif (réserves, etc.). Contraire: Perte comptable.

Besoin en fond de roulement

Le besoin en fond de roulement (BFR) correspond à un besoin de financement créé par l'activité courante de l'entreprise et, en particulier, par son activité d'exploitation.

Bêta (facteur)

Facteur déterminant le comportement d'un titre par rapport à l'évolution du marché. Un titre ayant un bêta de 1 fluctuera dans la même proportion que le marché de référence. Avec un bêta de 1.1, le titre devrait surperformer le marché de 10 %.

Biens fongibles

Objets pouvant être remplacés par d'autres de même nature. Des titres au porteur sont fongibles et peuvent s'échanger sans autre.

Bilan

Inventaire périodique de tous les postes de l'actif et du passif à un jour de référence. Etabli sous forme de balance, il indique à l'actif l'utilisation des ressources qui figurent au passif (capitaux permanents, dettes).

Bilan consolidé

Bilan d'un groupe établi en fusionnant les bilans des entreprises du groupe. Pour y arriver, on élimine les participations et les comptes courants (créances, dettes) réciproques, ainsi que les livraisons et prestations à l'intérieur du groupe. Le compte de pertes et profits consolidé est dressé de la même façon.

Billet à ordre
Titre cambiaire contenant une promesse de payer. Le tireur (ou souscripteur) s'engage à payer à vue ou à une date déterminée une somme déterminée contre présentation de ce document.

Blanchiment d'argent
Blanchir de l'argent sale provenant d'activités criminelles. On distingue 3 phases : 1. introduire les capitaux dans le circuit financier.2. masquer l'origine des fonds par de multiples transferts, transformation en d'autres valeurs, etc.3. Réintégrer les valeurs dans l'économie légale.En 1998, la loi fédérale sur le blanchiment d'argent a été introduite en complément des dispositions pénales déjà existantes.

Blue-chip
Actions de grandes sociétés dont les capitalisations sont classées parmi les premières sur le plan international. Présentent peu de risque, à l'opposé des valeurs de croissance, les start-up. Sont généralement les plus grosses valeurs de la cote.

Bon du trésor - Treasury Bill (TB)
Titre à court ou moyen terme émis par le Trésor (ministère des Finances). Rémunéré sur la base de l'escompte, il peut également être réescompté. En Suisse, les bons du trésor sont émis par la Banque Nationale.

Bottom-up
Style de gestion de portefeuille qui met l'accent sur la sélection des titres plutôt que sur l'analyse macroéconomique.

Bouclement
Double signification:
1. Clôture du bilan et du compte de pertes et profits d'une entreprise.

2. Opération consistant à solder un compte, un livret en décomptant les intérêts et les frais.

Boucler
Calculer le solde d'un compte ou d'un livret à un jour de référence en incluant dans le calcul les intérêts courus et les frais. Synonyme: Solder.

Bourse
Marché public organisé où se négocient, selon la loi de l'offre et de la demande, les actions, les obligations ou autres biens fongibles.

Broken date
Echéance qui n'est pas standard.

Broker
Courtier ou intermédiaire dans l'achat et la vente de titres.

Budget d'exploitation
Etat prévisionnel des recettes et des dépenses durant une période déterminée.

Bull
Bullish, orienté à la hausse.

Bulletin de versement avec référence bancaire - BVR
Bulletin de versement utilisé pour effectuer des versements auprès des banques. Il permet de rationaliser à peu de frais la facturation et la comptabilité débiteurs. Les avis de paiement sont fournis sur un support électronique qui automatise la mise à jour des débiteurs.

Business plan
Plan d'affaire ou plan d'entreprise. Il est le reflet de l'entreprise et de son avenir. Il sert à fixer ses perspectives et ses objectifs ainsi qu'à l'affectation des moyens d'organisation et financiers. Il apporte aux futurs par-

tenaires de l'entreprise les éléments indispensables à leurs décisions.

Call

Terme américain lié au droit d'acheter une valeur selon les termes d'un contrat. Le call, ou contrat d'options d'achat, spécifie la durée du contrat, la taille du contrat et le prix fixé pour l'achat de la valeur concernée.

Cap

Option sur taux permettant de fixer un taux maximum. Le Cap confère à son acheteur le droit de jouir d'une compensation lorsque le taux du marché est supérieur au taux du Cap. Un Cap lié à un emprunt est une manière de garantir à son détenteur un taux d'intérêt maximum.

Capacité bénéficiaire

Aptitude d'une entreprise à obtenir un bénéfice convenable par rapport à ses fonds propres. Elle peut s'exprimer également en pour cent du bénéfice net par rapport aux capitaux investis. En projection, elle sert de base à l'évaluation de ses actions.

Capital actuariel de prévoyance

C'est le montant, calculé par l'expert en prévoyance professionnelle, qui est nécessaire pour assurer les engagements de l'Institution envers ses assurés. Il s'agit essentiellement des capitaux d'épargne des assurés actifs et des réserves mathématiques constituées en faveur des rentiers.

Capital autorisé

Droit accordé au conseil d'administration d'une société anonyme d'émettre des actions jusqu'à concurrence du montant autorisé du capital-actions (art. 650 ss CO).

Capital risque / Venture Capital

Capital investi dans une opération comportant des risques particulièrement élevés, notamment pour le financement de sociétés du secteur technologique de pointe (innovation) qui nécessitent de gros capitaux pour leurs investissements et l'exploitation. Des banques et des sociétés spécialisées mettent à disposition le capital risque (financement téméraire).

Capital social

Capital d'une société fixé dans les statuts. Pour une société anonyme, il est constitué du capital-actions et éventuellement du capital-participation.

Capital-actions

Capital social formé par les apports des actionnaires. Fixé dans les statuts, il est régi en Suisse par les art. 621 ss CO. Il correspond toujours à la valeur nominale de toutes les actions émises.

Capital-participation

En plus d'un capital-actions, une entreprise peut émettre, conformément à l'art. 656b CO, un capital participation divisé en bons de participation. Les dispositions sur le capital minimum et sur l'apport minimum total valables pour le capital-actions ne sont pas applicables au capital-participation, qui ne peut cependant dépasser le double du capital-actions. Fixé dans les statuts, il correspond toujours à la valeur nominale de tous les bons de participation émis.

Capitalisation boursière

Valeur boursière d'une entreprise. Cette valeur fluctue puisqu'elle équivaut au nombre de titres multiplié par leur cours (ou 'valeur vénale').

Capitaliser

Opération par laquelle une somme est augmentée selon la durée du placement et le taux d'intérêt attribué, appelé facteur de capitalisation.

Capitaux permanents

Ensemble des capitaux à disposition de l'entreprise qui sont stables ou durables (fonds propres, dettes à long terme) par opposition aux dettes à court terme.

Carte de crédit

Instrument de paiement international sous la forme d'une carte personnelle qui permet à son titulaire, identifié par sa signature, d'acheter des biens ou des services sans numéraire dans des entreprises liées par contrat avec l'organisation émettrice de la carte. Le décompte est fait mensuellement.

Carte Maestro

Instrument de paiement du système international Eurochèque à fonctions multiples, notamment : carte de débit permettant de retirer des billets au Bancomat, d'acheter des marchandises dans des commerces affichant le logo "EC-Direct" (EFT-POS), de faire le plein de carburant, de payer des montants peu importants dans des commerces arborant le logo "CASH". Par son caractère de carte de débit, la carte Maestro est toujours rattachée à un compte bancaire provisionné.

Cash

Porte-monnaie électronique sous la forme d'une carte à puce pouvant être chargée d'un certain montant au Bancomat. Est utilisée principalement pour les paiements de peu d'importance dans les commerces arborant le logo CASH. Le montant payé est débité de la carte sans procédure d'identification.

Cash-flow

Terme anglo-saxon désignant le flux de trésorerie, c'est-à-dire la différence entre les recettes et les dépenses d'un exercice (ou d'une autre période déterminée). On distingue le cash-flow brut: bénéfice d'exploitation avant amortissements et dotation des provisions, et le cash-flow net, qui est égal au cash-flow brut après impôts. Les recettes et dépenses extraordinaires ou non liées à la période analysée ne doivent pas entrer dans le calcul, si l'on veut que le cash-flow soit le reflet précis de la capacité bénéficiaire de l'entreprise. Tout comme il y a lieu d'éviter les distorsions résultant de la constitution ou de la dissolution de réserves latentes. Le cash-flow est un important élément d'appréciation d'une société, soit en vue de placement, soit pour l'octroi de crédit.

Caution

Double signification:
1. Montant déposé en garantie d'un engagement pouvant résulter d'une atteinte à un droit, notamment de la non-observation d'une convention.
2. Personne physique ou morale qui, dans le cadre d'un contrat de cautionnement, s'engage envers le créancier principal à payer la dette du débiteur en cas de défaillance de ce dernier.

Cautionnement

Contrat par lequel une personne s'engage envers le créancier principal à garantir le paiement de la dette contractée par le débiteur. Formes principales du cautionnement:- Cautionnement simple (art. 495 CO). La caution ne peut être tenue de payer que si le débiteur est tombé en faillite, a obtenu un sursis concordataire ou a été l'objet de poursuites de la part du créancier jusqu'à ce que soit délivré un acte de défaut de- Cautionnement solidaire (art. 496 CO). Sous cette forme qu'exigent généralement les banques suisses, la caution est tenue en même temps que le débiteur et peut être poursuivie au choix du créancier, pour autant que le débiteur soit en retard dans le paiement.

Cédant

Personne transmettant un droit à un tiers. Contraire: Cessionnaire.

Cédule hypothécaire

Titre incorporant une créance personnelle garantie par un gage immobilier. La cédule peut être nominative ou au porteur.

Certificat de Depôt - Certificate of Deposit (CD)

Titre indiquant qu'un investisseur a confié une somme précise à une banque ou à une autre établissement financier pour un temps déterminé (max. 5 ans), moyennant des intérêts versés périodiquement au déposant. Peut être négocié au Etats-Unis sur le marché secondaire.

Cession

Transmission par le cédant à un tiers (cessionnaire) d'un droit de créance surtout et d'autres droits personnels. Dans les cessions de créances, on distingue la cession individualisée, par laquelle une seule créance est cédée, et la cession générale, dans le cadre de laquelle plusieurs créances sont cédées.

Cessionnaire

Personne à qui une cession est faite. Contraire: Cédant.

Changes flottants

Marché des changes où les prix des monnaies sont déterminés librement au gré de la loi de l'offre et de la demande, sans aucune restriction. On parle dans ce cas d'appréciation ou de dépréciation monétaire.

Charge foncière

Elle assujettit envers un tiers le propriétaire d'un terrain à certaines prestations (p. ex. entretien d'un chemin) pour lesquelles le propriétaire n'est tenu que sur son immeuble.

Chartiste

Spécialiste en analyse graphique. Il fonde son opinion et ses recommandations d'achat ou de vente uniquement sur la base de l'histoire de l'action, exprimée sous forme de graphiques ou de courbes.

Chèque

Titre payable à vue, par lequel le tireur donne mandat au tiré de payer une somme déterminée. Le chèque est seulement un instrument de paiement, à la différence de l'effet de change qui peut être également employé comme instrument de crédit. Les chèques payables en Suisse ne peuvent être tirés que sur une banque ou la poste: l'émetteur doit disposer d'un certain montant destiné à honorer ses chèques.

Chèque à porter en compte

Chèque portant au recto la mention transversale "à porter en compte" ou une expression équivalente. Ce chèque ne peut être payé en espèces et ne donne lieu qu'à un règlement par écritures. Le biffage de la mention "à porter en compte" est réputé non avenu.

Chèque bancaire

Chèque tiré par une banque sur elle-même ou sur une banque tierce.

Chèque barré

Chèque dont l'emploi est restreint par certaines spécifications représentant une garantie contre une utilisation abusive.- Le chèque à barrement général ne porte au recto que deux traits parallèles ou, le cas échéant, la mention "banquier" ou un terme équivalent entre les deux traits. Un tel chèque ne peut être payé qu'à une banque ou à un client de la banque sur laquelle l-Sur le chèque à barrement spécial figure, entre les deux traits, le nom d'une banque. Ce chèque ne pourra être payé par la banque tirée qu'à la banque désignée sur le titre ou, si celle-ci est elle-même le tiré, à un de ses clients.Le barrement général peut être transformé en barrement spécial, mais le contraire n'est pas admis.

Chèque en blanc
Chèque incomplet remis par le tireur et permettant ainsi à son nouveau détenteur de le remplir lui-même dans le cadre de conventions passées entre le tireur et lui. La responsabilité du tireur demeure entière

Clause de nantissement négative
Promesse écrite d'un débiteur (emprunteur) au créancier (bailleur de fonds) de ne pas nantir des actifs (titres, marchandises, créances, etc.) sans son assentiment.

Clause hypothécaire négative
Promesse faite par un débiteur au créancier de ne pas constituer de gage immobilier au profit d'un tiers ni de relever le montant du gage déjà constitué sur ses immeubles. Cette promesse fait généralement l'objet d'une convention écrite.

Clause négative
Engagement de l'émetteur d'un emprunt de ne pas nantir ou grever d'actifs en faveur d'autres engagements de la société sans accorder aux porteurs d'obligations des garanties équivalentes jusqu'au remboursement de l'emprunt.

Clearing
Système de compensation de créance assuré par un office central pour rationaliser les mouvements de fonds et de titres.

Coefficient d'autofinancement
Part des fonds propres d'une entreprise à la totalité de son capital.

Coefficient d'endettement
Rapport entre les dettes à moyen et long terme et les capitaux permanents.

Coefficient de couverture du dividende
Dividende distribué par une entreprise exprimé en pour cent du bénéfice net. Il sert à évaluer la politique de répartition et la capacité bénéficiaire d'une entreprise. Un coefficient de couverture faible traduit une politique financière prudente permettant une dotation supérieure aux réserves.

Coefficient de liquidité
Rapport indiquant la liquidité d'une entreprise et permettant de juger son équilibre financier. Pour l'obtenir, on divise l'actif circulant par les dettes à court terme.

Commission
Pourcentage de retenues sur une opération, perçu par celui qui l'effectue en échange de son travail. Suivant l'opération, c'est une commission de gestion, de transaction, de courtage, etc.

Communication
La transmission est une phase durant laquelle certaines craintes liées au futur de l'entreprise peuvent exister au sein du personnel, ainsi que chez les clients et les fournisseurs. Une bonne communication permet de répondre efficacement à ces craintes. La communication au sein de la famille est aussi importante.

Compartiment
Sous-fonds ou partie d'un fonds à compartiments/segments (= umbrella fund).

Compliance
Respect. En parlant d'une règle, action de la respecter, de s'y conformer, de l'appliquer. Le compliance officer est l'agent chargé de l'application des normes et des règlements d'entreprises concernant la qualité des services, ainsi que l'observation des principes et des usages de la société.

Compte courant
Compte servant à enregistrer, par ordre chronologique, au débit ou au crédit, toutes les opérations intervenant dans le cadre des transactions professionnelles du titulaire. Il est bouclé trimestriellement ou semestriellement. Le compte courant est moins rémunéré que d'autres comptes, mais son

avoir est disponible en tout temps et sans préavis.

Compte d'épargne

Dépôt d'épargne sous forme de compte bénéficiant d'une protection légale particulière (privilège en cas de faillite). Il est généralement rémunéré à un taux d'intérêt supérieur à celui versé sur un compte privé mais les possibilités de retraits sont limitées.

Compte de libre passage

Le compte de libre passage permet de placer de manière temporaire les avoirs de prévoyance professionnelle dans l'attente du transfert à une autre institution de prévoyance, lors d'un arrêt de travail ou d'un changement d'employeur ou lors de l'installation en tant qu'indépendant.

Compte de pertes et profits

Compte qui confronte les charges et les produits enregistrés par une entreprise durant un exercice. Son solde, bénéfice ou perte, est reporté au bilan.

Compte privé

Compte d'un particulier ou propriétaire d'une entreprise, destiné essentiellement à son service des paiements ainsi qu'au versement de son salaire, des intérêts sur le capital et/ou de ses rentes. Désigne aussi les comptes de bilan qui concernent les opérations liées aux propriétaires de l'entreprise.

Comptes annuels

Pour une société anonyme, ils sont constitués du compte de pertes et profits, du bilan et de l'annexe (art. 662 ss CO).

Conditions générales des banques

Partie intégrante d'un contrat passé avec la banque (ouverture d'un compte, d'un dépôt titres, etc.). Elles ont pour but de régler sans équivoque les relations de la banque avec ses clients.

Conseil d'administration

Il représente, avec l'assemblée générale, l'organe suprême de l'entreprise, celui qui prend toutes les décisions stratégiques et contrôle la gestion de la société. Il est composé d'administrateurs et d'un président du conseil.

Consolidation

Transformation de dettes à court terme ou flottantes en dettes à long terme. Intégration des bilans de filiales d'un groupe dans son bilan global, qui deviendra le bilan consolidé.

Consortium

Réunion d'entreprises en une société simple dans le but d'exécuter des opérations communes. Les banques, par exemple, se groupent pour des opérations importantes (émissions d'emprunts, augmentations de capital, crédits, etc.).
Synonyme: Syndicat.

Construire ses positions

Pour un fonds : trouver et acheter les actions qui constitueront le portefeuille en suivant la politique établie au départ. Cette 'construction des positions' peut s'avérer délicate dans le cas des valeurs secondaires, puisque les actions de ces dernières ne sont pas nombreuses ou sont peu disponibles sur le marché.

Convention de diligence des banques

Les banques parties à cette convention s'obligent envers l'Association Suisse des Banquiers à observer le code de déontologie de la profession et se soumettent ainsi à un système sévère de sanctions. Elle comprend de nombreuses règles détaillées concernant l'obligation des banques de vérifier l'identité de leurs cocontractants et d'identifier les ayants-droit économiques, l'interdiction de l'assistance active à la fuite de capitaux, à la fraude fiscale et à des actes analogues.

Convertibilité

Obligation faite à l'Etat de remettre de l'or ou des devises convertibles en or à tout détenteur de billets ou monnaies métalliques qui en demanderait la contre-valeur.

Coopérative de cautionnement
Coopératives d'utilité publique délivrant contre paiement de primes des cautionnements destinés à garantir des prêts de rang postérieur ou des crédits.

Copropriété
Cas de la propriété où plusieurs personnes ont, chacune pour sa quote-part, la propriété d'une chose qui n'est pas divisée matériellement. Un copropriétaire n'a pas un droit sur une fraction de la chose, c'est le droit lui-même qui est partagé.

Corbeille
Enceinte circulaire dans la salle de Bourse, autour de laquelle les crieurs se rassemblent et négocient.

Corporate finance
Finance d'entreprise.

Corporation de droit public
On entend par Corporation de droit public : Confédération, canton, communes, associations de communes, écoles publiques, universités, paroisses, régie fédérale, entreprises de correction fluviale, syndicats d'améliorations foncières, justice de paix, registre foncier, office du tuteur général, office des poursuites et faillites, tribunal de district.

Correction
En Bourse, ce terme signifie généralement une baisse importante des cours. Les spécialistes parlent parfois de correction à la hausse.

Corrélation
Rapport entre deux indices ou entre un fonds et son indice (valeur comprise entre +1 et -1).

Cotation
Admission d'un titre à la bourse

Coupon
Intérêt de l'obligation fixé à l'émission et longtemps matérialisé par un coupon détachable. Cette pratique disparaît progressivement avec l'avènement des nouveaux systèmes informatiques, qui suppriment le papier.

Cours
Valeur boursière ou prix d'une action à un moment donné (par opposition à la valeur nominale). Le cours monte ou baisse en fonction du prix demandé par le vendeur et celui offert par l'acheteur.

Cours à l'achat
Cours demandé par un acheteur. La quantité demandée augmente avec la baisse des cours (et inversement). Pour un 'market maker', c'est aussi le cours auquel l'opérateur s'oblige à acheter une valeur pour assurer la liquidité de son marché.

Cours à la vente
Cours offert par un vendeur. La quantité offerte augmente avec la hausse des cours. Le 'market maker' s'oblige aussi à vendre au prix du marché, pour en assurer la liquidité.

Cours d'émission
Prix auquel une part de fonds (ou une action) est mise sur le marché la première fois.

Court terme
Concerne une opération devant être dénouée dans un délai relativement court (marché monétaire). Pour les obligations, celles dont la durée n'excède pas trois ans.

Courtage
Montant prélevé par les courtiers qui négocient en Bourse

Coussin
Pourcentage prédéterminé de perte maximale autorisé pour les fonds à cliquet. Par exemple : 10%, si le plancher (floor) initial a été fixé à 90%

Créance
Droit à une prestation en nature ou en espèces.

Créance Chirographaire
Une créance est chirographaire lorsque son titulaire (le créancier chirographaire) ne jouit pas sur les biens de son débiteur d'un droit particulier par rapport aux autres créanciers. Par exemple, après faillite, tous les créanciers chirographaires sont payés au prorata des sommes qui leur sont dues sur l'actif net (3ème classe). On parle également de créance chirographaire dans le cadre du prêt octroyé par son actionnaire à une société anonyme (S.A.) à caractère de propriété par actions (PPA) en vue de la construction ou de l'achat du bien immobilier.

Créancier
Celui qui détient un droit de créance. Il existe des catégories de créanciers privilégiées par rapport à d'autres (ordre des créanciers dans la loi fédérale sur la poursuite pour dettes et la faillite). Le produit résultant, le cas échéant, de la réalisation des actifs est réparti selon l'état de collocation. Contraire: Débiteur.

Crédit à la consommation
Crédit octroyé à un particulier pour l'achat de biens de consommation courante ou de biens de consommation durables, voire pour le financement de voyages ou de vacances, par opposition au crédit commercial (crédit d'exploitation, crédit d'équipement).
Synonyme : Prêt personnel.

Crédit à taux fixe
Voir Avance à terme fixe.

Crédit contre cession
Crédit garanti par la cession de créances à la banque qui avance des fonds en fonction de ces créances.

Credit crunch
Crise de liquidité (ou resserrement de crédit) : phénomène selon lequel les banques rationnent quantitativement leur offre de crédit, quel que soit le taux auquel l'emprunteur est prêt à prendre le crédit et indépendamment de toute politique officielle. Source : arrêté du 7 juillet 1994 (J.O. du 31 juillet 1994).

Crédit d'exploitation
Crédit destiné à renforcer la trésorerie d'une entreprise ou à lui permettre de passer un certain stade du cycle de production. Voir Crédit saisonnier ou Crédit de soudure.

Crédit d'investissement
Crédit octroyé pour financer des immobilisations (immeubles, machines, etc.).

Crédit de construction
Crédit en compte courant garanti par hypothèque destiné au financement de la construction ou de la transformation d'un immeuble. Il ne peut être utilisé que pour le paiement des entreprises participant aux travaux de construction.

Crédit de soudure
Crédit à court terme accordé à une entreprise pour lui fournir des capitaux d'exploitation dont elle a passagèrement besoin.
Synonyme : Crédit saisonnier.

Crédit documentaire
Engagement écrit que prend une banque, sur ordre de l'acheteur (donneur d'ordre), de verser un certain montant au vendeur (bénéficiaire) dans un délai fixé et contre remise de documents prouvant qu'une marchandise définie a été expédiée. Un crédit documentaire peut être révocable,

mais est dans la grande majorité des cas irrévocable.

Crédit en blanc
Crédit accordé sans que le débiteur n'ait à fournir de garantie (honorabilité, solvabilité).

Crédit en compte courant
Crédit pouvant être utilisé par prélèvements successifs jusqu'à la limite convenue durant une période déterminée. C'est la forme habituelle du crédit d'exploitation. Il peut être octroyé en blanc (crédit en blanc) ou contre garantie (crédit garanti).

Crédit fournisseur
Crédit qui n'est pas consenti par une banque, mais par un fabricant, un commerçant ou une entreprise de services à son client. Il consiste à accorder des délais de paiement plus ou moins longs.

Crédit garanti
Crédit octroyé contre remise de gages (garanties réelles ou personnelles).

Crédit hypothécaire direct
Crédit garanti par la constitution d'une hypothèque ou d'une cédule hypothécaire en faveur du créancier. En cas d'insolvabilité du débiteur, le créancier (la banque ayant accordé le crédit) peut demander la vente de l'immeuble gagé.

Crédit hypothécaire indirect
Crédit garanti par la mise en nantissement d'une cédule hypothécaire ou d'une lettre de rente. En cas d'insolvabilité du débiteur, le créancier (la banque ayant accordé le crédit) doit d'abord acquérir le titre nanti (par la poursuite en réalisation du gage, par exemple) pour pouvoir ensuite se rembourser.

Crédit immobilier
Toute forme de crédit ou prêt destiné au financement d'un bien immobilier. Un crédit immobilier peut être couvert par une garantie directe ou indirecte. Dans le premier cas,

elle consiste soit en une cédule hypothécaire ou en une hypothèque en capital ou maximale. Dans le second cas, elle consiste en la remise en nantissement d'une cédule hypothécaire ou d'une lettre de rente. Le crédit immobilier figure au bilan bancaire sous "placements hypothécaires", "avances et prêts à terme fixe garantis par hypothèque", et "comptes courants débiteurs garantis par hypothèque". *Synonymes: Crédit foncier, Crédit hypothécaire.*

Crédit lombard
Crédit accordé contre nantissement de titres facilement réalisables.

Crédit réel
Crédit pour lequel la banque reçoit en garantie, outre l'honorabilité et la solvabilité de l'emprunteur, divers éléments de fortune. Les crédits réels se subdivisent en crédits immobiliers, crédits mobiliers et crédits contre cession.

Crédit roll-over
Crédit à court ou moyen terme sur l'euromarché pour lequel le taux d'intérêt, variable, est fixé à nouveau tous les trois, six ou douze mois en fonction du LIBOR.

Crédit saisonnier
Crédit accordé à une entreprise (mode, fourrure, etc.) pour lui fournir des capitaux d'exploitation à court terme.

Cycle (positif/négatif)
Période durant laquelle le cours d'un ou de plusieurs titres (ou d'un groupe de titres) évolue vers le haut puis vers le bas (ou inversement).

Cujus
Expression latine dont la formule entière est «Is de cujus successione agitur» et qui désigne celui de la succession duquel on débat.

Débit

Ecriture passée au débit d'un compte, autrement dit au Doit. Contraire: Crédit.

Débiteur

Est débiteur toute personne, physique ou morale, qui a pour obligation le paiement d'une dette qui fait l'objet d'une somme d'argent résultant d'un contrat relatif à la livraison d'un bien ou d'un service.

Débiteurs solidaires

Des débiteurs sont réputés solidaires s'ils déclarent s'obliger de manière qu'à l'égard du créancier chacun d'eux soit tenu pour le tout. Le créancier peut, à son choix, exiger de tous les débiteurs solidaires ou de l'un d'eux l'exécution de l'obligation.

Découvert

Un compte présente un découvert si son titulaire a effectué des prélèvements supérieurs à l'avoir existant ou à la limite de crédit octroyée. Le client bénéficie alors d'une facilité de caisse.

Déduction d'intérêt

Réduction opérée sur l'intérêt rémunérant un dépôt d'épargne, si un prélèvement est effectué sans que le préavis convenu ait été respecté.

Déflation

Baisse du niveau moyen des prix des biens et services dans une économie. Ne pas confondre avec la désinflation qui indique une décélération de l'inflation.

Degré de couverture

Le degré de couverture est le rapport entre l'ensemble des actifs à la date du bilan et à la valeur de marché (diminués des engagements, des passifs de régularisation et des réserves de cotisations de l'employeur) et le capital de prévoyance actuariel nécessaire à la date du bilan, y compris les renforcements nécessaires. Si le degré de couverture est inférieur à 100%, on parle de découvert.

Délit d'initié

Acte illicite d'un opérateur en Bourse ou d'un privé qui profite d'informations confidentielles pour s'enrichir.

Delta

Différence entre deux quantités illustrée par la lettre grecque du même nom (D). On parle aussi de Delta comme coefficient mesurant la variation absolue du prix d'une option par rapport à une variation d'une unité de la valeur de base.

Dénonciation

Résiliation d'un contrat de prêt en vertu d'une déclaration unilatérale du créancier ou du débiteur.

Dépassement de crédit

Utilisation d'un crédit au-delà de la limite ratifiée. Voir aussi Découvert.

Dépôt valeur

Titres déposés dans une banque qui se charge des travaux administratifs (encaissement des coupons, mutations du portefeuille, avis concernant les augmentations de capital, etc.). On peut également remettre à la banque un mandat de gestion ou d'administration (gestion de fortune), afin de gérer au mieux un portefeuille.

Désinflation

Décélération de l'inflation.

Dette

Obligation à l'égard d'un tiers ayant pour contrepartie une créance. Cette obligation résulte d'une relation bilatérale ou est imposée par la loi.

Dévaluation

Modification brutale (décidée par un gouvernement national) du cours d'une monnaie, qui entraîne une baisse de sa valeur par rapport aux autres monnaies.

Devises
Créances sur l'étranger libellées en monnaies étrangères et payables à l'étranger. Dans le trafic bancaire, on distingue les devises (avoirs en banque, chèques, effets de change, etc.) des billets de banque.

Dilution
Résultat d'une augmentation de capital.· Dilution du capital, c'est-à-dire des droits sociaux et patrimoniaux d'une action.· Dilution du bénéfice par action, si le bénéfice global reste inchangé.

Direction du fonds
Société qui émet un fonds et qui est chargée, vis-à-vis des investisseurs et des organes de surveillance, de répondre légalement de la gestion d'un fonds.

Disagio
Double signification:
1. En bourse : moins-value, écart entre la valeur nominale d'un titre et le prix du marché.
2. En matière de change : moins-value, écart entre un cours à terme et le cours au comptant. Déport.

Disponibilités
Liquidités d'une entreprise, auxquelles s'ajoutent les créances mobilisables (dont effets à recevoir, chèques et coupons à encaisser, stocks).

Diversification
Répartition d'un investissement sur plusieurs valeurs de placement pour limiter le risque de fluctuation du revenu.

Dividende
Part de bénéfice distribuée aux actions (sociétés anonymes), parts sociales (sociétés coopératives), bons de jouissance et bons de participation. Le dividende est fixé par l'assemblée générale sur proposition du conseil d'administration. On connaît le dividende en espèces, en titres et en nature. Le dividende est généralement encaissé contre remise du coupon prévu à cet effet et se prescrit, en droit suisse, par cinq ans.

Doit
Partie d'un compte enregistrant les dettes et les dépenses du titulaire.

Domicile de fonds
Lieu où la législation fait force de loi pour un fonds.

Droit d'emption
Droit annoté au registre foncier pour dix ans au maximum, renouvelable, constitué en la forme authentique et autorisant l'acheteur à exiger d'un propriétaire le transfert d'un bien immobilier contre paiement d'un prix convenu.

Droit de gage
Droit réel limité, conférant à son titulaire une maîtrise partielle de la chose servant de garantie à une créance. En cas de défaut du débiteur, le créancier gagiste a le droit de réaliser le gage en remboursement de la dette. Les droits de gage se subdivisent en deux catégories, les droits de gage mobiliers et les droits de gages immobiliers.

Droit de gage immobilier
En droit suisse, le gage immobilier peut être constitué sous forme d'hypothèque, de cédule hypothécaire ou de lettre de rente inscrite au registre foncier. Le créancier gagiste a droit au produit de la réalisation du gage selon le rang déterminé.

Droit de gage légal
Droit de garantie réel ancré dans la loi.

Droit de gage subséquent
Se dit d'un droit de gage immobilier garantissant deux ou plusieurs dettes selon un

ordre préférentiel dans un même titre hypothécaire.

Droit de garde
Droit prélevé annuellement par une banque pour la garde et l'administration des titres en dépôt.

Droit de préemption
Droit qui autorise le bénéficiaire à acquérir un bien-fonds, de préférence à tout autre amateur, lorsque le propriétaire a l'intention de vendre à un tiers. Un droit de préemption oblige le propriétaire à informer l'ayant droit qu'un contrat a été conclu avec un tiers et à l'inviter à exercer son droit dans les trente jours.

Droit de rétention
Droit de garantie réel donnant la possibilité au créancier de retenir les choses mobilières ou les titres d'un débiteur qui se trouvent en sa possession et de les réaliser comme un gage. Le bailleur d'un immeuble bénéficie vis-à-vis du locataire (fermier) d'un droit de rétention sur les meubles garnissant les locaux loués et servant soit à l'aménagement, soit à l'utilisation des locaux ou du bien-fonds loué, si le locataire est en retard dans le paiement du loyer (fermage). (Art. 895 ss CC: art. 268 ss CO.)

Droit de superficie
C'est le droit d'avoir ou de construire un bâtiment (ou d'autres ouvrages) sur le fonds d'autrui, avec pour conséquence que la propriété de ce bâtiment n'est pas celle du propriétaire du sol, mais celle du bénéficiaire du droit de superficie. Cette servitude doit être inscrite au registre foncier: si elle a le caractère d'un droit distinct et permanent, elle peut être immatriculée comme immeuble au registre foncier (art. 675 CC).

Droit préférentiel de souscription
Droit accordé aux anciens actionnaires par une compagnie qui augmente son capital. Ces actionnaires sont servis avant les nouveaux venus, afin de profiter en premier des conditions avantageuses d'une nouvelle émission.

Droits de mutation
Impôt cantonal perçu sur les transferts immobiliers.

Droits de timbre fédéraux
Taxes perçues à l'émission, à la négociation de titres, au paiement de primes d'assurance et au transfert de propriété d'autres documents servant à la constatation d'actes juridiques.

Droits patrimoniaux
Droits afférents à une action, un bon de participation, un bon de jouissance (part au bénéfice de l'exercice de la société, participation à une augmentation de capital, part de liquidation).

Droits réels
Situations juridiques se rapportant à un immeuble, résultant d'un droit d'emption, de préemption ou d'un acte d'achat/vente.

Droits sociaux
Droits incorporés à une action (participation à l'assemblée générale, vote, contrôle de la marche de la société).

DTA
Echange de supports de données.

Ducroire
Multiple signification:
1. Risque attaché au paiement d'une créance.
2. Garantie du risque d'insolvabilité.
3. Provision (réserve) pour débiteurs douteux.

Duration
Durée de vie moyenne d'une obligation en année. Instrument permettant de mesurer le risque lié aux variations des taux d'intérêt.

EBIT

Abréviation de "Earnings Before Interest & Taxes" soit, en français, le bénéfice avant intérêt et impôts. A partir de l'EBIT, une entreprise doit pouvoir assurer le service de sa dette ainsi qu'un remboursement de ses engagements bancaires.

EBITDA

Abréviation de "Earnings Before Interest & Taxes, Depreciation and Amortization" soit, en français, le bénéfice d'exploitation avant amortissement et provisions.

Echéance

Date à laquelle une prestation doit être fournie, par exemple le remboursement d'une dette (emprunt). Si le débiteur ne s'exécute pas à la date prévue, il est tenu au paiement d'intérêts moratoires.

Effet de change

Titre émis selon les prescriptions légales et contenant soit un mandat (lettre de change), soit une promesse de payer (billet à ordre). C'est un titre à ordre transmissible par endossement.

Effet de levier

S'utilise pour dire que le cours d'un titre a des chances de monter ou de baisser plus fortement que celui d'un autre titre (ou indice) qui lui sert de support, par exemple : bons de souscription, bons d'option, etc.

Effet de lissage

Nivellement résultant de deux stratégies contradictoires

Efficient

Se dit d'un marché financier 'liquide' et 'transparent'.

EFT/POS

Sigle de Electronic Funds Transfer at the Point of Sale.Est appelé aussi TPV (Terminal point de vente) et est utilisé dans le système EC-Direct pour le paiement d'achats.

Electronic Banking

Terme générique pour désigner l'ensemble des prestations bancaires informatisées.

Emetteur d'obligations

Société qui emprunte en créant et en plaçant dans le public des créances appelées obligations.

Emission d'actions

Procédé qui consiste, pour une entreprise, à créer des actions par voie de souscription publique, et à les introduire en Bourse, où elles seront négociées. Les Anglo-Saxons parlent d'IPO, ou "Initial Public Offering". En français, on parle de nouvelle émission.

Encaissement documentaire

Opération d'encaissement effectuée par la banque d'un exportateur (ou un correspondant) sur son ordre. La banque ne remettra les documents (d'expédition ou d'embarquement) à l'acheteur que lorsque ce dernier aura fourni la prestation prévue. La Chambre de Commerce Internationale, Paris, a publié à cet effet les Règles uniformes relatives aux encaissements (RUE).

Endossataire

Celui qui se voit transférer la propriété d'un titre et les droits y afférents par voie d'endossement.

Endossement

Déclaration écrite au dos d'un titre (effet de commerce, action nominative, etc.) pour en transférer la propriété à l'endossataire. Voir Transfert.

Endossement par procuration

Par cet endossement, l'endossataire n'acquiert pas la propriété de l'effet de change ni de la créance. Il est seulement représentant de l'endosseur aux fins d'encaissement. L'endossataire peut transmettre l'effet, mais seulement au moyen d'un endossement par procuration.

Endosseur

Celui qui transfère la propriété d'un titre par voie d'endossement.

Engagement conditionnel

Engagement résultant d'une acceptation, d'un cautionnement, etc., et ne devenant effectif que sous certaines conditions.

Entreprise par participation / Joint venture

Engagement de personnes ou de sociétés pour réaliser des objectifs économiques, tels que la construction d'une fabrique ou d'un barrage, une activité de recherche, etc. Cette entreprise peut avoir une base contractuelle ou se réaliser par la création de filiales communes. Certains organismes internationaux de financement pratiquent aussi cette forme de collaboration avec succès dans l'aide au développement.

Epargne

Mise en réserve d'une somme d'argent, fraction du revenu individuel ou national, qui n'est pas affectée à la consommation. Voir aussi Compte Epargne.

Escompte

Opération (inverse de la capitalisation) par laquelle une banque paie d'avance un effet à recevoir pour le compte d'un client. Selon le principe de l'actualisation, la banque déduit du paiement au client les intérêts calculés jusqu'à l'échéance, et prélève les frais habituels. En Bourse, escompter signifie aussi anticiper.

Etat de collocation

Ordre de priorité des créanciers établi par l'office des poursuites ou l'administrateur de la faillite.

Eurodevise

Monnaie, telle que l'eurodollar, etc., dans laquelle sont constitués des dépôts de banques ou d'entreprises établies hors du pays d'origine de la monnaie concernée ou effectués dans des banques sises également hors du pays d'origine de la monnaie. Les eurodevises se traitent sur l'euromarché.

Euromarché

Marché international de l'argent et des capitaux sur lequel se négocient des monnaies se trouvant hors de leur pays d'origine (eurodollar, euromark, eurofranc, etc.). En dépit de son nom, il n'est pas limité à l'Europe.

Externalisation

Du point de vue économique, c'est un accord (forme juridique : le contrat) passé entre une PME/une entreprise et un partenaire tiers (partenaire externe), lequel va prendre en charge une activité spécifique qui ne fait pas partie des compétences de base de la PME/de l'entreprise.

Extrait du registre foncier

Enumération officielle de toutes les inscriptions (annotations, etc.) faites au registre foncier pour un immeuble.

Facteurs de production

Ce sont les éléments de base nécessaires pour produire : le sol et les ressources naturelles, le travail et le capital technique. On peut parfois rajouter deux autres éléments : le savoir-faire et les connaissances ainsi que l'information. Ce sont les entreprises qui combinent les facteurs de production.

Factor

Etablissement financier qui se charge, moyennant une commission, du recouvrement de créances clients et de la tenue de la comptabilité débiteurs d'entreprises lui transférant leurs créances.

Faillite

Réalisation forcée, après décision du juge, de la fortune globale d'un débiteur inscrit sur le registre du commerce, ensuite d'insolvabilité. Le produit de la liquidation est ultérieurement réparti entre les créanciers.

Financement

Mise à disposition de capitaux pour la réalisation de projets déterminés ou pour des investissements. Le passif du bilan d'une entreprise dévoile la structure de son financement.

Financement nécessaire

Dans certains cas de transmission, le problème du financement peut être résolu par le transfert de patrimoine hors exploitation au propriétaire de l'entreprise, par des avances d'hoirie ou des donations, par des prêts, par l'octroi de rentes viagères ou encore par l'entrée de plusieurs investisseurs dans le capital. Les banques jouent également un rôle clé en matière de transmission, notamment pour financer le repreneur.

Financements structurés

Assistance-conseil et suivi financier qu'une banque apporte aux entreprises clientes. Ex : solution quant à la structure du capital et du bilan d'une entreprise, choix de formes et d'instruments de financement, plans de financement et de trésorerie, etc.
Synonyme : ingénierie financière.

Floor

Produit dérivé sur taux d'intérêt qui fixe un taux minimum. Le Floor confère à son acheteur le droit de jouir d'une compensation lorsque le taux du marché est inférieur au taux du Floor. Un Floor lié à un dépôt est une manière de garantir à son détenteur un taux d'intérêt minimum.

Flottant (le)

Partie des actions détenue par le public et susceptible de changer de mains lors de transactions boursières. Le reste du capital appartient aux actionnaires stables, par exemple les descendants de la famille fondatrice.

FMI

Fonds Monétaire International. Constitué en 1946, il est chargé des tâches suivantes : promouvoir la stabilité des cours de change, couvrir les déficits passagers de la balance des Etats membres, contrôler la politique monétaire et budgétaire de ses membres. La Suisse a adhéré au FMI en 1992.

Fondamental (analyse fondamentale)

Analyse financière classique, basée sur l'étude des comptes et des rapports annuels et sur des visites d'entreprises

Fonds 'offshore'
Fonds domicilié à des places financières dont la législation présente des avantages économiques et fiscaux.

Fonds de placement
En droit suisse : fortune réunie par des investisseurs à la suite d'un appel au public afin de procéder à des placements collectifs de capitaux et gérée par la direction du fonds pour le compte des investisseurs, en appliquant généralement le principe de la répartition des risques.

Fonds de roulement
Le fonds de roulement constitue un indicateur classique largement utilisé dans les démarches d'analyse financière ou de diagnostic financier. Le Fonds de Roulement Net doit être défini à partir du bilan schématisé sur la base d'un critère de durée des emplois et des ressources. Ce découpage permet d'introduire deux définitions du FRN: - par le haut du bilan : FRN =capitaux permanents - actifs immobilisés. Ainsi, le FRN représente un excédent des capitaux durables par rapport aux actifs également durables. - Par le base du bilan : FRN = actifs circulants - dettes à moins d'un an. Selon cette formulation, le FRN représente un excédent des actifs circulants, liquides ou transformables en monnaies à moins d'un an, par rapport aux dettes à court terme. Ces deux formulations sont strictement équivalentes et conduisent au même résultat chiffré.

Fonds étrangers
Fonds dont le domicile est à l'étranger et qui répondent aux prescriptions légales (notamment en matière fiscale) correspondantes. Les fonds commercialisés en Suisse doivent toutefois tous être agréés par la CFB et sont soumis à la 'LFP'.

Fonds fermé (closed-end fund)
Fonds qui n'émet pas de nouvelles parts au-delà de la période de souscription.

Fonds indiciel
Fonds de placement dont la composition reflète précisément celle d'un indice de référence.

Fonds ouvert
Fonds qui peut émettre de nouvelles parts.

Fonds propres
Ensemble des capitaux appartenant à l'entreprise (capital-actions, réserves) et qui ne sont pas empruntés. Aux termes de l'art. 11 de l'ordonnance d'exécution de la loi sur les banques, les fonds propres des banques sont constitués du capital libéré, des réserves apparentes, y compris le report de bénéfice, des réserves latentes formées conformément à l'art. 663 CO, à condition qu'elles soient attribuées à un compte spécial et imposées au titre de l'impôt sur les bénéfices et, depuis 1981, dans une certaine mesure de prêts et emprunts de rang postérieur. Leur rapport minimal en pour cent des engagements est fixé par la loi. Contraire: Fonds de tiers.

For
Lieu dont les tribunaux sont compétents pour régler des procédures engagées. Dans leurs contrats et sur leurs formules, les banques indiquent toujours comme for leur lieu de domicile.

Forex
Abréviation de Foreign exchange, soit devises étrangères.

Fortune de fonds
Total des montants investis dans un fonds.

Fortune de prévoyance
La somme des actifs d'une Institution de prévoyance à la valeur de marché diminuée des dettes, soit le montant total disponible pour couvrir les engagements de prévoyance de l'Institution.

FRA

Abréviation de Forward Rate Agreement. Le FRA est un produit dérivé sur taux permettant de fixer aujourd'hui un taux d'intérêt pour une période future.

Frais financiers

Intérêts payés par une entreprise pour rémunérer les capitaux empruntés.

Frais fixes d'administration

Commissions versées à la 'banque dépositaire' et à la 'direction du fonds', ainsi que tous autres frais par cette dernière pour la gestion du fonds (impression des rapports annuels, publications officielles telles que la publication des cours, frais de révision, etc.).

Franchisage

Accord de coopération portant sur l'organisation et le financement de la distribution dans le commerce de détail, la restauration et l'industrie. Le franchiseur (propriétaire de l'enseigne) remplit certaines fonctions de gestion et garantit une partie des investissements et des dépenses d'exploitation, alors que le franchisé (preneur de licence) travaille à son compte dans le cadre de la convention passée.

Free Cash Flow

Le free cash flow correspond au résultat opérationnel après impôts et après investissements en actifs immobilisés ainsi que des variations en fonds de roulement. L'appellation française est cash flow libre ou disponible.

Fréquence d'ouverture

Fréquence à laquelle les parts d'un fonds ouvert peuvent être achetées ou vendues.

Frontière efficiente

Courbe dont les points représentent les meilleurs rapports 'rendement'/'risque' possibles.

Fusion

Regroupement de deux ou plusieurs entreprises en une seule entité. Selon le droit suisse des sociétés anonymes, ce regroupement se fait par absorption (art. 748 CO) ou par fusion et création d'une nouvelle société (art. 749 CO). Le leveraged buy out constitue une forme particulière de fusion.

Future

Contrat standardisé par lequel l'acheteur ou le vendeur s'engage à acheter, l'autre à vendre, une certaine quantité d'un instrument financier donné. Le prix du contrat est fixé d'avance ainsi que la date de l'échange.

Gage

Bien mobilier (gage mobilier) ou immobilier (gage immobilier) remis par un débiteur ou par un tiers à un créancier en garantie d'une dette.

Gage général (clause de)

Cette clause figurant sur les formules bancaires indique que les valeurs nanties répondent de toutes les créances actuelles ou futures de la banque contre le débiteur ou la personne ayant constitué le gage.

Gage immobilier

Garantie d'une créance par un droit de gage sur un immeuble inscrit au registre foncier. En Suisse, on connaît trois formes de gage immobilier: l'hypothèque, la cédule hypothécaire et la lettre de rente.

Gage mobilier

Biens meubles donnés en garantie d'une dette.

Gain en capital

Plus-value enregistrée sur le cours d'une obligation (ou d'une action), par opposition au rendement lié au coupon.

Garantie bancaire

Promesse écrite d'une banque de payer un montant déterminé si les conditions énumérées dans le texte de la garantie sont remplies. Les principales sont: garanties de soumission, de bonne exécution et de restitution d'acomptes.

Garantie de bonne exécution (Performance Bond)

Cette garantie a pour but d'assurer qu'une livraison ou une prestation soit exécutée conformément au contrat et au moment convenu. Le bénéficiaire peut la faire valoir pour les raisons suivantes : défaut de la chose, retard dans l'exécution, inexécution totale ou partielle du contrat pour des raisons économiques.

Garantie de paiement (Letter of Indemnity)

La garantie de paiement a pour but d'assurer que l'exportateur sera payé pour la marchandise qu'il aura livrée conformément au contrat.

Garantie de restitution d'acompte / Advance Payment Guarantee

La garantie de restitution d'acompte a en principe pour but d'assurer qu'un acompte payé soit utilisé conformément au contrat. En effet, l'acompte doit donner au fournisseur les moyens, par exemple, d'acheter du matériel et des composants, de transporter des machines sur le lieu d'exécution, d'engager du personnel ou de financer d'autres travaux préparatoires.

Garantie de soumission / Bid Bond

La garantie de soumission a pour but d'empêcher que le fournisseur retire son offre. L'acheteur entend ainsi s'assurer contre des offres non sérieuses ou des partenaires non qualifiés. Le bénéficiaire peut faire valoir la garantie de soumission lorsque l'offrant : - n'est pas disposé à respecter son engagement, c'est-à-dire signer le contrat de vente ou d'entreprise, - ne peut pas ou ne veut pas fournir la garantie de bonne exécution.

Garantie fédérale contre les risques à l'exportation

Elle couvre les risques encourus par l'exportateur par suite de longs délais de fabrication, de paiement ou de transfert, soit entre autres :- le risque de transfert et de prime,- le risque ducroire à l'égard de l'auteur de la commande ou du garanti (s'il s'agit de collectivités publiques),- le risque politique,- le risque avant livraison (risque de fabrication). Cette garantie peut aussi être accordée pour d'autres prestations, telles la location de biens d'équipement ou des travaux de construction.

Garantie loyer
Montant déposé par un locataire pour garantir ses engagements, soit, légalement, trois mois de loyer maximum. Il figure sur un compte bancaire rémunéré et le locataire peut disposer du produit net des intérêts.

Gérant de fonds
Celui qui définit la politique de placement d'un fonds et sur les conseils duquel les positions sont achetées ou vendues. Il peut être indépendant de la direction du fonds.

Gérant de fortune
Celui qui conseille la clientèle pour la répartition de ses biens ou/et qui gère ceux-ci sur la base d'un mandat de gestion.

Gestion de trésorerie / Cash management
Planification, réalisation et surveillance des mesures destinées à assurer la trésorerie d'une entreprise. Dans ce contexte, les sociétés à vocation internationale doivent résoudre les problèmes posés par la tenue et le placement des liquidités en diverses monnaies. Voir aussi Gestion de crédits.

Gestion passive (active)
Style de gestion qui reproduit l'indice de référence, par opposition à une gestion active qui sur/sous-pondère certains titres de ce même indice, dans le but de le battre.

Giro bancaire
Transfert d'une somme d'un compte ouvert dans une banque à un compte ouvert dans une autre banque en utilisant le système du clearing bancaire.

Global custody
Service qu'une banque propose aux investisseurs institutionnels pour regrouper l'administration, le traitement, le dépôt et le contrôle de leurs titres et liquidités.

Going public
Entrée en bourse d'une société.

Gouvernance publique
La gouvernance publique peut être assimilée à la responsabilité sociale des entreprises (RSE). Aujourd'hui, les entreprises doivent collaborer étroitement avec divers acteurs de leur environnement. En effet, elles déterminent en grande partie le développement économique et le climat social, et assument dès lors une responsabilité qui dépasse le cadre de leurs propres intérêts et englobe des aspects sociaux et écologiques.

Gré à gré
Contrat réalisé entre deux parties en dehors des standards habituels. La plupart des opérations liées aux dérivés peuvent être attribuées au gré à gré, et ne sont souvent ni publiées, ni divulguées.

Hedging

Au sens étroit, c'est une opération de change à terme pour couvrir un risque monétaire. Par extension, le hedging concerne toute opération visant à couvrir un risque. Liée au marché à terme ou aux options, cette opération est réalisée dans le but de diminuer ou de transférer un risque lié à un investissement.

Historique des performances

Récapitulatif de l'évolution d'un fonds, d'une action, d'un indice, etc., pour observer leurs cycles positifs/négatifs.

Holding

Société détenant des participations permanentes dans des entreprises juridiquement indépendantes aux fins de contrôle et de financement. En Suisse, les holdings bénéficient d'avantages fiscaux.

Hypothèque

Significations multiples:

1. Droit réel dont est grevé un immeuble pour garantir le paiement d'une créance personnelle, actuelle, future ou éventuelle. L'hypothèque permet de constituer un immeuble en garantie d'une créance quelconque. Une hypothèque peut aussi être constituée sur un immeuble qui n'appartient pas au débiteur.
2. Document établi en la forme authentique attestant l'inscription d'un droit de gage immobilier sur le registre foncier. Ce document n'est pas un papier-valeur.
   Synonyme: acte hypothécaire.
3. Créance à long terme garantie par un gage immobilier. Elle se réalise par le versement des fonds, en principe en une seule fois, au débiteur qui s'est engagé à payer les intérêts et les amortissements éventuels selon les termes du contrat.
   Synonyme à préférer: prêt hypothécaire.

Hypothèque de rang postérieur

Hypothèque précédée d'un ou de plusieurs rangs.

Hypothèque en capital

Hypothèque constituée pour un montant déterminé. Le gage garantit la créance en capital, les frais de poursuite ainsi que les intérêts de trois ans échus au prononcé de la faillite ou à la présentation de la réquisition en réalisation du gage et les intérêts courus depuis la dernière échéance.

Hypothèque en deuxième rang

Créance garantie par un gage immobilier de rang postérieur venant s'ajouter à l'hypothèque en premier rang.

Hypothèque en premier rang

Créance garantie par un gage immobilier sans rang antérieur.

Hypothèque légale

Droit de gage immobilier destiné à garantir les prétentions d'un tiers bénéficiaire d'un privilège.Une hypothèque légale, selon les cas, peut être ou non inscrite au registre foncier. Les hypothèques légales créées par les lois cantonales existent pour garantir le paiement de redevances dérivant du droit public et des contributions du propriétaire immobilier dans le cadre de travaux publics. Ces dernières ne sont pas inscrites au registre foncier.Par contre, les hypothèques légales protégeant le vendeur d'un immeuble, les cohéritiers en garantie des créances résultant d'un partage et les créances des artisans et entrepreneurs sont inscrites au registre foncier.

Hypothèque maximale

Hypothèque constituée pour une créance indéterminée. A la différence de l'hypothèque en capital, le gage ne garantit que le montant maximum inscrit au registre foncier.

IBAN

Abréviation de International Bank Account Number. Norme internationale concernant les numéros de comptes bancaires. L'IBAN a une structure identique dans tous les pays. En Suisse, il totalise 21 positions. Ces dernières déterminent sans équivoque les trois principales caractéristiques nécessaires à l'identification d'un compte bancaire : pays, établissement financier et numéro de compte. Un chiffre de contrôle est également inclus afin de garantir une détection optimale des erreurs de saisie. Voir IPI.

Immeuble

Au sens de la loi, on entend par immeuble non seulement un bâtiment mais toute parcelle de terrain, bâtie ou non, ainsi que certains droits fondés sur la propriété foncière. C'est ainsi que le CCS considère comme immeuble :- les biens-fonds : ce sont des parties délimitées de la surface terrestre, bâties ou non, dont les limites sont naturelles ou artificielles,- les mines,- les droits distincts et permanents immatriculés au registre foncier, principalement le droit de superficie et le droit de source, A284.

Immobilisations

Eléments d'actif corporel d'une entreprise servant de façon permanente à son exploitation (terrains, bâtiments, installations, machines, etc.) et incorporel (brevets, licences, etc.) ainsi que les participations permanentes. Voir Actifs d'exploitation.

Impôt anticipé

En Suisse, impôt fédéral prélevé à la source sur les revenus de capitaux (intérêts, dividendes, etc.), les gains de loterie et diverses prestations d'assurance. Sous certaines conditions, il peut être récupéré ou être imputé sur les impôts cantonaux. Les résidents des pays avec lesquels la Suisse a conclu une convention contre la double imposition peuvent également en réclamer le remboursement ou l'imputation (partielle ou totale). Les intérêts sur les avoirs en comptes (comptes à vue, comptes d'épargne,...) payés annuellement sont exonérés de l'impôt anticipé (35%) s'ils ne dépassent pas CHF 200.00.

Indexation

Procédure liant le montant d'une créance à l'évolution d'un élément pris pour référence (ex : taux de change, LIBOR).

Indice boursier

Indicateur de l'évolution d'un marché boursier ou d'une portion de celui-ci. Valeur moyenne qui reflète les cours des actions, des obligations ou des matières premières qui entrent dans la composition de l'indice. Les indices permettent de comparer dans le temps les différentes places boursières, et de dégager les performances respectives de chaque secteur ou place de Bourse.

Indice pondéré

Il est déterminé en tenant compte du poids relatif de chaque société. La capitalisation boursière est prise en compte, et une pondération est appliquée. Une valeur peut ainsi représenter 12% des variations de l'indice, par exemple. D'autres indices sont de simples moyennes arithmétiques. Les cours sont cumulés puis divisés par le nombre de valeurs.

Inflation

Expansion excessive de la masse monétaire aboutissant à une hausse généralisée des prix des biens et services, l'offre demeurant inférieure à la demande.

Ingénierie financière

Mise à contribution systématique d'instruments financiers de pointe pour lever les capitaux nécessaires à une entreprise et placer de manière judicieuse les liquidités disponibles. *Synonyme : Financements structurés.*

Initié
Personne profitant d'informations confidentielles obtenues dans le cadre de sa profession pour spéculer en Bourse.

Insolvabilité
Incapacité d'un débiteur d'honorer ses engagements de paiement. Contraire: Solvabilité.

Instruments dérivés
Terme générique désignant les produits financiers synthétiques en rapport avec d'autres instruments tels qu'actions, obligations, indices, marchandises, etc.

Instruments du marché monétaire
Instruments activement traités sur les marchés secondaires, qui permettent de se procurer des fonds à court terme. Ce sont les billets de trésorerie, les certificats de dépôts négociables de montant élevé, les rémérés et les fonds fédéraux.

Instruments financiers
Outils dont dispose la finance pour gérer, faire circuler et fructifier l'argent (ex : les fonds de placement sont un instrument financier à la portée du grand public).

Intérêt intercalaire
Double signification:
1. Intérêt payé aux actionnaires d'un ouvrage en construction, de la constitution de la société au démarrage de la production (pour un barrage de centrale hydro-électrique par exemple).
2. Intérêt payé à la banque pour un crédit de construction au fur et à mesure de l'avancement des travaux.

Intérêt moratoire
Intérêt dû légalement ou convenu, qu'un débiteur est tenu de payer s'il n'a pas pro-

cédé au règlement de sa dette à la date d'échéance.

Intérêt net
Intérêt, déduction faite d'un impôt à la source (impôt anticipé). Contraire: Intérêt brut.

Intérêts actifs
Intérêts encaissés pour les actifs du bilan. Contraire : Intérêts passifs ou Intérêts créditeurs.

Intérêts courus
Intérêts non encore échus, autrement dit calculés de la dernière échéance à un jour de référence précédant la prochaine échéance.

Intérêts créditeurs (ou créanciers)
Intérêts payés par la banque à ses clients pour les fonds mis à sa disposition. Contraire: Intérêts débiteurs.

Intérêts débiteurs
Intérêts versés à la banque par ses clients pour les fonds mis à leur disposition. Contraire: Intérêts créditeurs.

Intérêts passifs
Intérêts grevant des postes au passif du bilan. Contraire : Intérêts actifs ou Intérêts débiteurs.

Investissement
Formation de capital fixe. On distingue: - les investissements corporels (immeubles, machines, etc.) - les investissements incorporels (brevets, licences, enseigne, recherche, etc.) - les investissements financiers (titres, prises de participations).

Investissement direct
Investissement réalisé directement en actions et non en passant par le biais d'un fonds

Investisseur
Particulier ou institution qui acquiert des titres, dans le but de réaliser un revenu et un placement à long terme.

Investisseur institutionnel
Investisseurs professionnels qui réunissent des capitaux très importants, comme les banques, les caisses de pension et les assurances, par opposition aux investisseurs privés.

IPI
Abréviation de International Payment Instruction. L'IPI est un bulletin de versement standardisé dont le principal avantage est de traiter d'autres monnaies que le franc suisse tout en offrant la possibilité au bénéficiaire d'indiquer une référence. Voir IBAN.

IRS
Abréviation de Interest Rate Swap.

Joint venture
Voir Entreprise en participation.

Jouissance (date de)
Point de départ du droit au dividende d'une action ou date à laquelle commencent à courir les intérêts d'une obligation.

Large cap

Société dont la capitalisation est grande (en comparaison du marché boursier sur lequel elle est traitée).

Leasing

Crédit-bail. Le leasing est un genre particulier de bail de biens d'investissement ou de biens de consommation durables. Il s'agit de la cession de l'usage d'une chose pour une certaine durée sans intention d'en acquérir la propriété au moment de la conclusion du contrat. Toutefois, le leasing peut conduire à l'acquisition de la propriété au terme du contrat (exercice du droit d'option).

Lettre de change

Titre par lequel le tireur donne mandat au tiré de payer un certain montant à une date déterminée à un bénéficiaire ou à son ordre. *Synonyme: Traite.*

Lettre de gage

Titre assimilable à une obligation, destiné à permettre aux banques de financer le crédit foncier. (Voir Hypothèque en premier rang). Depuis 1930, ces titres sont exclusivement émis par les centrales d'émission de lettres de gage. En comparaison des obligations ordinaires, ils bénéficient de garanties exceptionnelles. Ils sont également traités à la majorité des Bourses suisses. En Allemagne, ces titres peuvent être émis par des établissements hypothécaires. La situation est semblable aux Etats-Unis.

Lettre de rente

Gage immobilier créé sous la forme d'une charge foncière pécuniaire. Le créancier ne peut être satisfait que par la réalisation de l'immeuble grevé. Ce titre est exclusif de toute obligation personnelle.

Leveraged buyout (LBO)

Terme anglo-saxon désignant la reprise d'une société par une entreprise qui s'est procuré les capitaux nécessaires en recourant à l'emprunt. En garantie des crédits obtenus, elle donne les actifs de la société à reprendre.

LFP

Loi fédérale du 18 mars 1994 sur les fonds de placement.

LIBOR

Abréviation de London Interbank Offered Rate. Taux d'intérêt interbancaire servant généralement de base pour fixer la rémunération des eurocrédits et calculer les taux d'intérêt variables.

Limite de crédit

Montant maximum à concurrence duquel la banque accorde un crédit.

Liquider une position

Revendre un groupe de titres.

Liquidité

En Bourse, c'est le volume ou le nombre de titres négociés. Potentiel de circulation des actions d'une société ou d'une classe d'actifs, ou équilibre entre le nombre des acheteurs et des vendeurs de ces titres.

Livret au porteur

Papier-valeur au sens de l'art. 978 CO. La banque reconnaît le porteur comme ayant droit sans avoir à procéder à une vérification d'identité.

Long terme

Désigne une opération conclue pour une longue durée. Pour les obligations, cela vaut à partir de huit ans.

Loop
Ordre à répétition (utilisé principalement sur les ordres limités).

LPP
Loi sur la prévoyance professionnelle vieillesse, survivants et invalidité. Base légale imposant un standard minimal pour le 2ème pilier de la sécurité sociale concernant tous les salariés travaillant en Suisse.

Management buyout (MBO)
Reprise du capital-actions ou d'un paquet important d'actions par les cadres d'une entreprise, généralement assortie d'un réaménagement de la gestion et de la forme juridique de l'entreprise.

Mandat de gestion
Mandat donné à la banque par le titulaire d'un dépôt titres aux fins d'administration de ce dépôt (mutations de portefeuille, etc.), mais n'accordant pas le droit de disposition.

Marché
Lieu théorique où sont négociées les valeurs financières.

Marché bid
Marché orienté à la hausse.

Marché de l'argent
Marché où les établissements financiers empruntent ou prêtent des fonds à court terme. En plus des marchés nationaux, il y a encore le très puissant euromarché. Synonyme: Marché monétaire. Contraire: Marché des capitaux.

Marché des capitaux
Lieu (théorique) de rencontre de l'offre et de la demande de capitaux à moyen et long terme. Synonyme: Marché financier. Contraire: Marché de l'argent.

Marché des changes
Système organisé principalement par les banques, qui permet à chacun d'acheter ou de vendre une monnaie nationale contre une autre à un cours officiel.

Marché domestique/ intérieur
Environnement restreint à une dimension locale ou nationale.

Marché efficient
Marché financier efficace, qui n'est pas influencé par des manipulations ou distorsions indésirables.

Marché offert
Marché orienté à la baisse.

Marchés émergents
Pays ou régions en plein développement économique.

Marge brute d'autofinancement
Cash flow net.

Marge d'intérêts
Ecart existant entre les taux d'intérêt créditeurs et débiteurs, c'est-à-dire entre les taux auxquels la banque rémunère les fonds qui lui sont confiés et ceux auxquels elle les remploie.

Marge ou pread
Ecart entre le cours ou le prix à l'achat et celui à la vente, qui entre dans la poche du 'market maker'. Plus la concurrence est importante et plus cette marge se rétrécit.

Market maker
En traduction littérale, faiseur ou teneur de marché. Opérateur qui accepte et assume le rôle d'intermédiaire, dans le cadre de négociations de cours liés à une ou plusieurs valeurs. Il assure la liquidité des transactions en se portant aussi bien vendeur qu'acheteur, en fonction des contreparties qui se présentent.

Market timing
Moment idéal, compte tenu de la situation du marché, pour effectuer une opération.

Méthode hambourgeoise
Méthode la plus répandue pour calculer les intérêts d'un compte courant. Les intérêts,

calculés en fonction des jours de valeur courant depuis la dernière modification du solde, sont totalisés à la fin de la période comptable.

Micro cap
Société dont la capitalisation est très petite (en comparaison du marché boursier sur lequel elle est traitée).

Mid cap
Société dont la capitalisation est moyenne (en comparaison du marché boursier sur lequel elle est traitée).

Mispricing
Mauvaise évaluation de la valeur réelle d'une société ou de ses titres.

Modalités de gestion
Elles permettent, par le biais d'outils informatiques sophistiqués, de suivre en tout temps les écarts, en termes de rendement et de risque, des mandats de gestion et des portefeuilles gérés selon la politique de placement BCV, par rapport aux stratégies de référence.

Monnaie de référence
Monnaie dans laquelle l'évolution d'un produit est calculée.

Monnaie fiduciaire
Billets de banque.

Moratoire
Sursis de paiement ou fixation d'une nouvelle date de paiement d'une dette échue.

Moyen terme
Désigne la durée d'une opération. Pour les obligations, on entend généralement une durée de trois à cinq ans.

Multiple
Permet de décider le niveau d'exposition que l'on veut prendre dans l'actif risqué, en fonction du risque maximum défini par le coussin.

N

Nantissement
Contrat par lequel un débiteur remet en gage à un créancier, pour garantie de sa dette, un bien (en général mobilier) ou une créance. Il lui concède ainsi un droit réel sur ce bien. Le créancier qui n'est pas désintéressé a ainsi le droit de se faire payer (exécution) sur le produit de la réalisation du gage.

Nasdaq
National Association of Securities Quotation System: bourse américaine spécialisée dans les valeurs secondaires.

Netting
Compensation réciproque de créances et d'engagements concernant des opérations du même genre entre deux partenaires.

Nikkei
Indice boursier japonais constitué de 225 valeurs. Depuis le premier trimestre 1994, l'indice Nikkei des 300 valeurs a été introduit en Bourse. Après une phase transitoire, il sera appelé à remplacer l'indice Nikkei 225.

Notification
Avis au débiteur que le créancier a cédé (cession) ou nanti (une police d'assurance vie, par exemple) sa créance.

Novation
Substitution d'une créance à une ancienne par extinction de l'ancienne et création de la nouvelle. Dans les opérations en compte courant, par exemple, cela se passe par bouclement du compte et reconnaissance du solde.

Nue-propriété

Droit de propriété ne conférant à son titulaire (le nu-propriétaire) que le droit de disposer d'un bien mais non d'en user et d'en percevoir les fruits.

Numéraire

Terme générique regroupant la monnaie fiduciaire et la monnaie divisionnaire. Synonyme: Espèces.

Obligation

Droit de créance matérialisé par un titre et une prestation en espèces. La société qui emprunte émet des obligations souscrites par les obligataires, qui reçoivent un intérêt généralement fixe et le remboursement de l'obligation à l'échéance.

Obligation de caisse

En Suisse, reconnaissance de dette à moyen terme émise par une banque au fur et à mesure de ses besoins.

OMC

Organisation Mondiale du Commerce : elle remplace le GATT depuis 1995, tout en étant dotée de compétences supplémentaires.

OPA

Offre Publique d'Achat : procédé par lequel une entreprise prend le contrôle d'une autre société cotée en Bourse. Elle lance alors une offre d'achat sur tout ou partie de son capital, et propose un prix fixe et unique largement supérieur au dernier cours enregistré, pendant toute la durée de l'offre, pour chaque action convoitée.

Opérations actives

Opérations inscrites à l'actif du bilan d'une banque: prêts, avances, crédits, placements hypothécaires, escompte d'effets de change, etc. Contraire: Opérations passives.

Opérations passives

Opérations inscrites au passif du bilan d'une banque et qui représentent donc des engagements (acceptation de dépôts d'épargne, émission d'emprunts et d'obligations de caisse, etc.). Contraire: Opérations actives.

Options

Droit contractuel, mais non obligation, d'acheter ou de vendre durant une période déterminée et à un prix fixé d'avance un certain montant en devises, une certaine quantité en métaux précieux, un certain nombre de titres ou des lots de marchandises. A la conclusion du contrat, l'acheteur est tenu de payer au vendeur une prime. Call : option d'achat. Put : option de vente.

Ordre de paiement

Mandat donné à la banque du bénéficiaire d'un paiement par la banque du donneur d'un ordre de virement.

Ordre de virement

Mandat donné par un client à la banque d'effectuer un paiement au bénéfice d'un tiers.

Ordre permanent

Dans le trafic des paiements, ordre de paiement donné par un client à la banque qui l'exécutera régulièrement aux dates fixées (loyer, primes d'assurances, etc.).

OTC (Over The Counter)

Marché secondaire organisé directement entre les opérateurs, en dehors des bourses officielles. Ce marché joue un rôle important aux USA. Les échanges ne sont pas limités à une place de Bourse, et se déroulent par des réseaux de télécommunication électroniques.

P/E ratio (Price-earnings ratio)

Rapport cours/bénéfice. Permet de juger si une action est chère ou bon marché. On divise donc le cours de l'action par le bénéfice par action de la société considérée.

Papier-valeur

Appellation suisse (tirée de l'allemand) pour les titres que la France désigne sous le nom de 'valeurs mobilières'. Les papiers-valeurs regroupent toutes les actions, obligations, lettres de gage, Bons du Trésor, et même les billets de banque.

Parité

Egalité attendue entre deux cours dont l'un découle de l'autre. Ainsi, le cours de l'action IBM à Paris est normalement le cours de l'action à New York en dollars, multiplié par le cours de change dollar/franc français. Le décalage horaire permet parfois à des événements qui surviennent après la clôture de Wall Street d'influencer le cours d'IBM négocié le lendemain à Paris, avant la réouverture de New York.

Parties prenantes

Les parties prenantes (ou stakeholders en anglais) comprennent l'ensemble des acteurs ayant un intérêt dans l'entreprise. En plus des actionnaires et des dirigeants, cette notion comprend les employés, les bailleurs de fonds, les fournisseurs, les clients, l'Etat, l'environnement, etc. Si globalement, les intérêts de ces stakeholders convergent en matière de pérennité de l'entreprise, ils peuvent également diverger sur certains aspects de la gestion de l'entreprise, tels que la redistribution des bénéfices, la croissance de l'entreprise et son financement, les systèmes de rémunération, la gestion des stocks, le niveau de risque pris par l'entreprise, etc

Parts de fonds de placement

Titres attestant la participation à un fonds de placement.

Parts détenues par des institutionnels

Cette indication est cruciale pour l'investisseur. En effet, si un investisseur important se retire d'un fonds, les investisseurs restant dans le fonds peuvent être lésés, si le 'gérant' est forcé de vendre rapidement des titres dans un marché peu 'liquide'.

Passif(s)

Créances sur le patrimoine de l'entreprise (fonds propres, dettes). Contraire: Actif(s).

Passifs transitoires

Postes de régularisation au passif du bilan pour tenir compte de charges qui ne se matérialiseront qu'ultérieurement ou pour ne pas tenir compte de produits qui concernent un exercice ultérieur. Contraire: Actifs transitoires.

Pays émergents

Selon les critères établis par la Banque Mondiale, un pays est qualifié d'émergent s'il répond à deux critères : a) son PNB par habitant est inférieur à la moyenne mondiale, soit 8300 dollars par année et b) ce pays est déjà doté d'une Bourse.

PER (Price Earning Ratio)

Ou multiple de capitalisation boursière. Ratio qui indique combien de fois le bénéfice par action est contenu dans le cours de l'action. Généralement, plus le PER est élevé, plus l'action est chère, et inversement. Cette affirmation mérite toutefois d'être relativisée selon les cas envisagés.

Pérennité

Dans la plupart des cas de transmission, l'entrepreneur est sensible au maintien de l'emploi, de la localisation de l'entreprise, des produits - prestations vendus aux clients, des relations avec les fournisseurs, parfois aussi au maintien du nom et du logo de l'entreprise.

Performance

Evolution de la valeur des parts d'un fonds (vers le haut ou vers le bas).

Performance/ volatilité (couple)

Rapport entre le gain potentiel et la variation de la valeur des parts d'un fonds. Si cette variation est trop grande, l'investissement présente un 'risque' important .

Perte comptable

Moins-value résultant d'une dépréciation de postes de l'actif ou d'une revalorisation de postes du passif. Contraire: Bénéfice comptable.

Pertes sur débiteurs

Pertes subies par un créancier en raison du défaut d'un débiteur (faillite, saisie infructueuse, dividende insuffisant lors d'un concordat). Elles doivent être amorties par le débit du compte de pertes et profits.

Pilier 3a

Composant du principe des 3 piliers, fondement du système de prévoyance suisse. Le 3ème pilier constitue la prévoyance privée et est divisé en 3a (prévoyance fiscalement privilégiée) et 3b (épargne libre). Les versements effectués par une personne active au pilier 3a bénéficient d'un traitement fiscal privilégié à hauteur d'un montant maximal par année.

Placement

Emploi de l'épargne aux fins de revenu, de plus-value et de protection contre l'érosion du pouvoir d'achat. On distingue les placements à court terme (marché de l'argent), à moyen et long terme (marché des capitaux), immobiliers, en valeurs mobilières, en métaux précieux, en objets d'art, etc.

Places de Bourse

Lieux ou villes où sont négociés les cours des valeurs financières. Progressivement, l'ordinateur remplace la corbeille, lieu où les acheteurs et les vendeurs se réunissent pour les échanges.

Plancher (floor)

S'emploie dans le cadre des fonds dits 'à cliquet', pour désigner la limite qui sépare la partie de ces fonds qui est protégée, de celle qui ne l'est pas. Au lancement du fonds, le plancher correspond à la différence entre l'investissement initial (100 %) et le risque maximum défini par le coussin.

PME

Abréviation de Petite et Moyenne Entreprise.

Point mort

Le point mort correspond au niveau ou au volume d'activité pour lequel l'entreprise ne réalise ni gain ni perte, mais couvre strictement ses coûts par son chiffre d'affaires.

Politique d'attribution du dividende

Un fonds peut choisir de distribuer régulièrement (généralement une fois par année) les éventuels dividendes à ses clients, ou de les réinvestir dans la fortune du fonds pour le bénéfice de chacun.

Politique d'investissement

Mode de gestion d'un portefeuille. On définit un style (actif/passif), un univers d'investissement (par ex. les Small Caps), ainsi que toutes sortes de contraintes, comme le montant minimal/maximal des 'liquidités' en portefeuille, le recours ou non aux instruments dérivés, etc.

Pondérer (pondération)
Accorder, à un marché (ou à un secteur du marché), un poids relatif plus/moins grand que celui qu'il représente dans l'indice de référence (surpondérer/sous-pondérer).

Portefeuille
Double signification:
1. Ensemble des titres appartenant à une personne ou à une entreprise.
2. Département d'une banque qui traite les affaires ayant trait aux effets de change et aux chèques.

Position
Groupe de titres (actions) détenus par un fonds dans une même société.

Postposition
Double signification:
1. Déclaration au registre foncier attestant qu'un droit réel est déclassé par rapport à un autre droit réel dans l'échelle des rangs.
2. On parle de postposition au terme de l'art. 725 CO al. 2 lorsque des créanciers d'une société anonyme acceptent que leur créance soit placée en rang inférieur à celui de toutes les autres créances, dans la mesure de l'insuffisance de l'actif découlant d'un état de surendettement (les dettes sociales ne sont couvertes ni lorsque les biens sont estimés à leur valeur d'exploitation, ni lorsqu'ils le sont à leur valeur de liquidation). La postposition permet de parer artificiellement au surendettement, donc d'éviter l'avis au Juge par le conseil d'administration.

Poursuite en réalisation de gage
Procédure de la poursuite pour dettes appliquée lorsqu'elle a pour objet une créance garantie par gage.

Poursuite par voie de faillite
Procédure de la poursuite pour dettes engagée contre un débiteur inscrit au registre du commerce.

Poursuite par voie de saisie
Forme ordinaire de la poursuite pour dettes.

Poursuite pour dettes
Procédure légale engagée contre un débiteur ne remplissant pas ses obligations.

Poursuite pour effets de change
Procédure sommaire et particulièrement rapide de la poursuite qui ne peut être utilisée que contre des débiteurs inscrits au registre du commerce, en demeure du paiement d'effets de change ou de chèques.

PPE
Voir Propriété par étage.

Prescription
Extinction d'une créance ou libération d'une dette au terme d'une certaine période. On ne peut recouvrir par voie de poursuite une créance prescrite. Les principaux délais de prescription sont: - 10 ans pour toutes les créances, lorsque le droit civil fédéral ne prévoit pas de délai plus court,- 5 ans pour les intérêts du capital (loyers), les coupons pour le paiement des intérêts ou des dividendes,- 3 ans pour les effets de change et les chèques.Les créances garanties par un gage immobilier sont imprescriptibles.

Prêt
Contrat par lequel un bailleur de fonds (une banque par exemple) met un certain montant à disposition d'un tiers. Il prévoit le remboursement à une échéance déterminée ou sur dénonciation préalable.

Prêt hypothécaire
Prêt garanti par un gage immobilier inscrit au registre foncier.

Prêt hypothécaire en 1er rang
Prêt garanti par un immeuble jusqu'à concurrence des deux-tiers environ (pourcentage fixé par les banques) de sa valeur vénale.

Prêt hypothécaire en deuxième rang
Prêt venant s'ajouter au prêt hypothécaire en 1er rang et portant le pourcentage d'avance entre 65 et 80 % de la valeur vénale. Il doit généralement être amorti et se rémunère à un taux d'intérêt supérieur à celui du prêt hypothécaire en premier rang.

Prêt personnel
Crédit généralement en blanc d'un montant relativement peu élevé, remboursable par mensualités, octroyé à des particuliers, généralement des salariés. Il est employé pour satisfaire des besoins personnels ou pour l'achat de biens de consommation. Synonyme: Crédit à la consommation.

Prime de risque
Rémunération supplémentaire exigée par les investisseurs pour prendre un risque. Cette rémunération sera comparée à un placement sans certitude. Plus le risque apparaît important, et plus la prime exigée grandit. Ainsi, les investisseurs admettent généralement qu'une prime de risque de 2 % doit accompagner le marché des actions par rapport aux obligations.

Private equity
Investissements réalisés dans des sociétés non cotées, généralement sous la forme d'une prise de participation minoritaire au capital, contre un siège au conseil d'administration et un accompagnement de la société dans la recherche, la production et la commercialisation.

Privilège en cas de faillite
Situation préférentielle dans l'ordre des créanciers répartis en différentes classes. Les créanciers d'une classe une fois entièrement satisfaits, ceux de la classe suivante peuvent être indemnisés à parts égales au moyen du produit de la liquidation des actifs restants. En cas de faillite d'une banque, certaines créances sont colloquées dans une classe spéciale entre les 2e et 3e classes jusqu'au montant maximal de CHF 30'000.-.

Prix d'émission initial
Prix payé par l'investisseur pour l'acquisition d'une part d'un fonds lors de son lancement.

Prix d'émission/de rachat
Prix d'une part de fonds qui correspond à la "valeur nette d'inventaire" plus/moins un pourcentage défini à l'avance par le fonds.

Processus
Par exemple dans un cas de transmission à ses enfants ou à ses cadres, l'entrepreneur doit transmettre suffisamment tôt ses compétences et déléguer ses pouvoirs.

Produit synthétique
Produit financier qui a l'apparence du réel mais qui demeure purement théorique (obligation). Il évolue généralement dans le sillage des taux d'intérêt, et sert de référence à un contrat qui engage la responsabilité financière des contractants.

Produits dérivés
A l'origine, ils servaient à protéger les paysans américains, ou plus précisément à assurer le prix de la prochaine récolte. Ces produits financiers dérivent de la valeur des devises, des taux d'intérêt, des indices, des actions ou autres matières premières. Ces opérations sont généralement destinées à limiter ou à transférer un risque. Ces contrats sont représentés aujourd'hui par des options ou des futures, et liés à des formules mathématiques très complexes.

Profil du repreneur
La sélection du repreneur est un processus long et délicat. On attache beaucoup d'im-

portance aux compétences techniques, de gestion et de management du repreneur, à ses connaissances des clients et du marché, à son caractère et à ses motivations.

Propriété commune
Propriété de plusieurs personnes formant une communauté en vertu de la loi ou d'un contrat. Le droit de disposer de la chose ne peut être exercé que par décision unanime. Le droit de disposer d'une quote-part est exclu aussi longtemps que dure la communauté.

Propriété par actions (PPA)
Bien-fonds (principalement immeuble locatif) détenu par une société anonyme (S.A.) dont les actionnaires disposent d'un droit exclusif de location sur tout ou partie de l'immeuble mais sans être inscrits au Registre foncier.

Propriété par étage (PPE)
Forme de copropriété conférant au titulaire d'une part un droit réel de copropriété portant sur une portion de bâtiment, étage, appartement ou chambre. Dans la propriété par étage, chaque intéressé peut vendre ou hypothéquer sa part.

Prorogation
Report du paiement (l'échéance) d'un effet de change.

Prospectus d'émission
Publication imposée par la loi. Elle comprend les informations sur la société indispensables aux investisseurs : principalement son activité, le but et les conditions de l'émission de titres.

Prospectus du fonds
Publication obligatoire émise par la direction d'un fonds pour informer les détenteurs de parts.

Protêt
Refus d'acceptation ou de paiement du tiré d'une lettre de change constaté par un acte authentique. L'observation du délai légal de production du protêt est une condition impérative du droit de recours (exception: clauses "sans protêt" ou "sans frais"). Le chèque également peut faire l'objet d'un protêt. Dans ce cas, une déclaration écrite du tiré ou d'une chambre de compensation suffit.

Provision
Avoir suffisant sur un compte permettant de procéder à des prélèvements ou de tirer des chèques.

Provisions
Poste du passif du bilan, alimenté par le débit du compte de résultats et destiné à prendre en charge des risques futurs. Les banques constituent des provisions en fonction des risques des opérations de crédit et des opérations de change surtout. Si des provisions sont créées spécialement pour les risques concrets inhérents à certaines créances, d'autres provisions, telles que les réserves pour débiteurs douteux, sont constituées pour des risques latents plus généraux et plus difficilement identifiables et quantifiables. Contrairement aux réserves, les provisions ne sont pas issues du bénéfice net.

Put
A l'opposé du call, les boursiers parlent de put. Le droit est alors lié à une vente.

Gouvernance

Les principes de GOV reposent sur un ensemble de recommandations qui peuvent permettre de i) concilier les intérêts des différents intervenants: par exemple application d'une politique de rémunération des dirigeants basée sur la performance boursière des sociétés; ii) contrôler et sanctionner un comportement déviant des gestionnaires: par exemple grâce à l'élection de membres du conseil d'administration représentant les intérêts de l'ensemble des actionnaires.

Rachat des parts

Rachat par la direction d'un fonds des parts dont les clients-détenteurs veulent se défaire.

Raider

Société ou personne seule qui tente d'absorber une autre compagnie.

Rang

A l'inscription d'un gage immobilier sur le registre foncier, on lui attribue une case hypothécaire qui le classe en premier, deuxième, troisième rang, etc. Voir Case libre.

Rapport de gestion (rapport annuel)

Chronique de l'exercice d'une société à laquelle sont annexés les comptes annuels (bilan, compte de pertes et profits, annexe), le rapport de l'organe de révision et les propositions du conseil d'administration concernant l'affectation du bénéfice net.

Rating

Terme anglo-saxon pour désigner la notation, soit l'appréciation de la qualité d'une émission et de la solvabilité de son émetteur par une agence de notation.

Ratio

Rapport entre deux grandeurs exprimé en pourcent, dont les spécialistes tirent certaines conclusions. Ainsi, si la part des fonds propres d'une société est inférieure au montant des dettes, les experts en déduisent que la compagnie est relativement endettée et dépendante des fonds de tiers.

Ratio de sharpe (taux hors risque)

'Performance' annualisée d'un portefeuille donné, moins la performance d'un 'actif' sans 'risque' (en général, le taux d'intérêt à court terme), divisée par la volatilité annualisée du portefeuille. Le ratio de Sharpe met en évidence l'intérêt réel d'un placement risqué par rapport à un placement sans risque (ex : taux versé sur un carnet d'épargne).

Récession

Recul de l'activité économique. Diminution en termes réels du produit national.

Reconnaissance de dette

Ecrit signé par lequel un débiteur reconnaît devoir une somme déterminée. La reconnaissance de dette est valable même si elle n'énonce pas la cause de l'obligation (art. 17 CO).

Recours

Droit du porteur d'un effet de change de se retourner contre tous les obligés de change si le tiré n'exécute pas ses obligations.

Recouvrement direct (LSV)

Système d'encaissement dans lequel les paiements sont en principe ordonnés par le bénéficiaire. Le débiteur ayant donné à la banque une autorisation de recouvrement, son compte est alors débité directement. Abréviation : LSV.

Rééchelonnement de dettes

Nouvelle fixation des conditions (taux d'intérêt, échéance) pour le remboursement de créances sur une entreprise ou un pays.

Réévaluation

Double signification:
1. Modification brutale du cours d'une monnaie, qui entraîne la hausse de sa valeur. C'est l'inverse de la dévaluation.
2. Dans les bilans, opération consistant à tenir compte de la dépréciation monétaire dans l'évaluation des immobilisations.

Registre du commerce

Registre officiel des entreprises qui font le commerce, exploitent une fabrique ou exercent en la forme commerciale une quelque autre industrie (art. 927 ss CO).

Registre foncier

Registre public donnant l'état des droits sur les immeubles. Il comprend en Suisse le grand livre, les documents complémentaires (plan, rôle, pièces justificatives, état descriptif) et le journal. La tenue du registre foncier se fait sous la surveillance des cantons.

Règle d'Or

Principe de la concordance des échéances des opérations actives et des opérations passives, notamment dans un bilan bancaire.

Remboursement anticipé

Clause prévue dans le prospectus d'émission, qui permet à l'emprunteur de rembourser le capital avant l'échéance.

Remise

Envoi de titres, surtout d'effets de change, à la banque pour encaissement ou pour escompte.

Rendement

Revenu du capital exprimé en pourcent. A l'émission d'une obligation, c'est le coupon et le prix d'émission qui déterminent ce rendement.

Rendement à l'échéance

Rendement d'une obligation déterminé par le coupon, le cours de l'obligation et le nombre d'années restant à courir jusqu'au remboursement de l'emprunt.

Rendement direct (ou théorique)

'Bénéfice' d'un fonds. Il est 'direct' si le fonds distribue des dividendes à ses clients-détenteurs, 'théorique' si le bénéfice est réinvesti dans la fortune du fonds.

Rendement net

Rendement d'un titre après déduction de l'impôt anticipé ou de l'impôt à la source.

Rentabilité

Rendement d'une entreprise mesuré par le rapport bénéfice/capitaux investis. La rentabilité financière s'obtient par le rapport bénéfice net/fonds propres.

Reprise de dette

Dans une opération hypothécaire, convention entre la banque et le nouveau débiteur hypothécaire ensuite de transfert immobilier.

Réserve

Montant non distribué du bénéfice réalisé qui constitue une part des fonds propres. En Suisse, la constitution de réserves est prescrite par le Code des obligations et, pour les banques, par des dispositions impératives de la loi sur les banques. Ne pas confondre avec provisions.

Réserve de fluctuation de valeurs

Elle sert à compenser les éventuelles baisses de cours des placements. Un objectif de réserve de fluctuation de valeurs est déterminé en fonction de l'allocation stratégique et selon des considérations économiques et financières.

Réserve de propriété

Lors de l'achat de biens mobiliers, et contrairement à ce qui se passe avec les biens immobiliers, la propriété passe en principe directement à l'acheteur lorsque l'objet mobilier lui est transféré. Or, si le vendeur consent des facilités de paiement à l'acheteur (p.ex. vente par acompte) et qu'il veut conserver la propriété de l'objet vendu jusqu'au paiement complet, il devra convenir avec l'acheteur d'une réserve de propriété et ceci avant le transfert de l'objet.

Réserves latentes

Plus-values potentielles du bilan d'une entreprise. Elles résultent d'une valeur comptable des postes de l'actif du bilan inférieure à leur valeur vénale. Elles renforcent la solvabilité d'une entreprise recourant à l'emprunt et amortissent les aléas économiques. La dissolution de réserves latentes doit être mentionnée dans l'annexe aux comptes annuels si cette opération a une importance déterminante sur les résultats. Contraire: Réserves ouvertes.

Réserves légales

Réserves à constituer en application de la loi (CO, loi sur les banques). Elles sont alimentées par le produit de l'émission d'actions dépassant la valeur nominale, s'il n'est pas employé à des amortissements ou à des fins de prévoyance. Le dixième des montants répartis par prélèvement sur le bénéfice net après les versements ordinaires au fonds de réserve et le paiement d'un dividende de 5% aux actionnaires et autres ayants droit doit également être versé aux réserves légales (art. 671 CO).

Réserves obligatoires

Fonds qui doivent être déposés par les banques auprès de la banque centrale. Ils ne sont généralement pas rémunérés et servent d'instrument à la banque centrale pour limiter le crédit bancaire.

Réserves ouvertes

Réserves figurant au bilan, par opposition aux réserves latentes.

Réserves pour débiteurs douteux

Provision constituée sur des positions débitrices menacées.

Résistance

Zone de cours butoir que l'action ou toute autre valeur peine à franchir pour aller plus haut. A ce niveau, les vendeurs sont généralement plus nombreux que les acheteurs. Niveau censé stopper la hausse.

Retail banking

Affaires bancaires grand public.

Risque

Dans la théorie financière, le risque d'un placement est calculé sur la base des fluctuations de revenu (variance, écart type). Risque et revenu sont interdépendants: plus le risque assumé est lourd, plus le revenu à long terme du placement est élevé.

Risque crédit

Risque résultant du fait qu'un partenaire contractuel ne remplit pas ses engagements et occasionne ainsi à l'autre partenaire un dommage financier.

Risque de contre-partie

Risque lié à l'insolvabilité d'un partenaire d'affaire.

Risque de marché ou systématique

Risque découlant de facteurs influençant l'ensemble du marché et ne pouvant être réduit, voire exclu, par une diversification du portefeuille. Synonyme : risque systématique.

Risque de transfert

Risque de limitation des possibilités de transfert de capitaux d'un pays à un autre.

Risque spécifique

Risque dépendant de facteurs particuliers influençant exclusivement un titre déterminé tel que les résultats dégagés par une entreprise.

S

Stop Loss
Acheteur à un niveau supérieur ou vendeur à un niveau inférieur au cours spot actuel.

Safe
Compartiment de coffre-fort.

Sans frais
Sans protêt.

Secret bancaire
Obligation de discrétion imposée aux banques et à leur personnel sur les affaires de leurs clients. En Suisse, la violation du secret bancaire est un délit poursuivi d'office (art. 47 de la loi sur les banques). Les banques sont toutefois tenues de renseigner l'autorité et de témoigner en justice en cas d'actes délictueux passibles d'une sanction pénale.

Security SMS Code
Dans le cadre de l'utilisation de BCV-net (electronic banking), système permettant de vous authentifier au site sécurisé (particuliers)

Seed Capital
Fonds investis avant ou au moment de la création de l'entreprise.

Segments de capitalisation
Les 'Large Caps', les 'Mid Caps' et les 'Small Caps' sont des segments de capitalisation.

Sensibilité anticyclique
Propension à aller contre le consensus.

Servitudes
Double signification:
1. Servitudes foncières : charges imposées sur un immeuble en faveur d'un autre immeuble qui oblige le propriétaire du premier (fonds servant) à souffrir de la part du propriétaire de l'autre (fonds dominant) certains actes d'usage, ou à s'abstenir d'exercer certains droits inhérents à la propriété (ex : droit de passage, droit de vue, etc.).
2. Servitudes personnelles : se distinguent des servitudes foncières par le fait qu'il n'y a pas de fonds dominant. Elles sont constituées sur un fonds en faveur d'une personne déterminée (bénéficiaire). Ex: usufruit, droit d'habitation, etc.

SIC
Abréviation de Swiss Interbank Clearing.

Small Cap
Société dont la capitalisation est petite (en comparaison du marché boursier sur lequel elle est traitée).

SME
Système monétaire européen. Créé en 1979, il oblige les banques centrales concernées à intervenir ensemble sur le marché des changes, pour limiter les fluctuations de leurs monnaies respectives, et s'imposer des disciplines communes.

Société anonyme
Société dont le capital est divisé en actions et dont les dettes ne sont garanties que par l'actif social, selon l'art. 620ss CO.

Société de croissance
Entreprise à fort potentiel d'augmentation des bénéfices.

Société simple
Cette forme de société résulte d'un contrat passé entre plusieurs personnes physiques ou morales qui conviennent d'unir leurs efforts ou leurs ressources en vue d'atteindre un but commun (art. 530-551 CO). Le syndicat d'émission est une société simple.

Solvabilité
Possibilité matérielle de l'emprunteur de rembourser sa dette. L'une des qualités rendant une personne digne de crédit, l'autre étant la volonté de l'emprunteur de rembourser sa dette.

Sous-jacent
Se dit d'une marchandise, d'une valeur mobilière, d'un titre, d'un indice ou d'un marché faisant l'objet d'un contrat d'option, d'un contrat à terme ou d'un autre instrument dérivé.

Souscription
Engagement pris par le souscripteur, lors d'une émission de titres, d'acheter un certain nombre d'actions ou d'obligations.

Spéculateur
Particulier ou institution qui fait un placement, dans le but de réaliser un profit à court terme en tirant parti des variations qu'il anticipe.

Spin-off
Suite au démantèlement d'une grande société, naissance d'une société juridiquement et économiquement indépendante.

Spot
Opération au comptant, valeur deux jours ouvrables.

Spread
Ecart entre le cours d'achat et le cours de vente d'une parité.

Stagflation
Situation résultant d'une récession ayant débouché sur une stagnation de l'activité économique et de la poursuite d'un processus inflationniste.

Start-up
Démarrage d'une nouvelle société.

Stock-picking
Choisir les actions sur le marché.

Structure de détenteurs de parts
Répartition des détenteurs de parts d'un fonds entre investisseurs privés et institutionnels.

Structure inversée des taux d'intérêt
Structure des taux d'intérêt inhabituelle où les taux à court terme sont supérieurs à ceux à long terme.

Sûreté
Gage.

Surexposition
Risque découlant d'une trop grande part accordée à une classe d'actifs donnée.

Swap (de l'anglais swap = échange)
1. Opération de change caractérisée par l'achat au comptant d'une monnaie étrangère et sa vente simultanée à terme (ou inversement), généralement exécutée pour obtenir une garantie de change. On parlera ici de swap devises.
2. Sur le marché des capitaux, contrat entre deux intervenants portant sur l'échange de flux pour une période déterminée à une date et à des conditions convenues. Le contrat peut porter uniquement sur les intérêts, on parlera alors de swap de taux (interest rate swap), ou porter à la fois sur l'échange de taux et de montants en diverses monnaies (cross currency swap).

SWIFT
Sigle de Society for Worldwide Interbank Financial Telecommunication. Cette société, créée en 1973 par des banques américaines et d'Europe occidentale, dont le siège est à Bruxelles, exploite un réseau international de télécommunications permettant d'assurer un trafic des paiements rationnel et rapide.

Swiss Interbank Clearing (SIC)
Système de clearing bancaire électronique pour le trafic des paiements entre banques suisses placé sous la surveillance de la BNS.

Système de réserve fédérale (Federal Reserve System)
Banque centrale des Etats-Unis (Réserve fédérale), composée des douze Banques Fédérales de Réserves de district et du Conseil des Gouverneurs.

T/P
Taking Profit, acheteur à un niveau inférieur ou vendeur à un niveau supérieur au cours spot actuel.

Taux d'intérêt
Rémunération exprimée en pourcent d'un capital prêté par un individu ou une compagnie à un autre agent économique. C'est le loyer de l'argent, ou le montant exigé pour se séparer momentanément de moyens de paiement.

Taux d'intérêt réel
Taux d'intérêt nominal corrigé de l'inflation annuelle. Si le taux d'inflation est supérieur à l'intérêt nominal, on parle d'intérêt réel négatif.

Taux d'intérêt variable
Taux d'intérêt rémunérant un crédit ou servi sur des obligations, pouvant varier pendant la durée du crédit ou de l'emprunt en fonction du taux de l'euromarché, du LIBOR voire, pour les obligations, des dividendes attribués aux actions. En règle générale, un taux minimal est garanti.

Taux de change
Valeur d'échange d'une monnaie dans une autre (parité).

Taux hors risque
En général, rendement du marché monétaire proche du taux versé sur les carnets d'épargne.

Taux hypothécaire de référence
Taux d'intérêt de référence applicable aux contrats de bail. Depuis le 10 septembre 2008 un taux de référence unique pour toute la Suisse est établi en vue de l'adaptation des loyers sur la base de la modification du taux hypothécaire. Ce taux de référence est fondé sur le taux hypothécaire moyen des banques. Il a remplacé les taux variables pour les hypothèques des banques cantonales, déterminants dans le passé. Plus d'informations sur le site de l'OFL

TER (Total Expense Ratio)
Totalité des frais déduits sur les parts de fonds, équivalent aux frais fixes d'administration, aux commissions de gestion et aux coûts de transaction, frais de courtage, etc. Seul le TER permet de calculer la performance réelle d'un fonds.

Terme
Opération dont l'échéance se situe à une date valeur ultérieure au spot.

Terme (court/long)
Période correspondant à la durée d'un investissement ou de l'observation d'un marché.

Terme (opération à)
Contrat d'achat ou de vente en vertu duquel les prestations seront fournies à une date ultérieure à la conclusion de l'opération. Contraire: Opération au comptant.

Thésaurisation
Action d'amasser (thésauriser) de l'argent, des métaux précieux et autres valeurs pour constituer un trésor.

Tiers
Consultant spécialiste des transmissions, réviseur de l'entreprise ou conseiller de l'entreprise. Vu la complexité d'une transmission, l'intervention d'un expert en évaluation d'entreprise et en fiscalité est souvent très recommandée.

Timing
Moment pour acheter ou vendre un titre. On parle de bon ou de mauvais timing.

Tiré

Double signification:

1. Personne recevant mandat de payer une somme déterminée, sur présentation d'un chèque. En Suisse, les chèques ne peuvent être tirés que sur une banque ou sur la poste.
2. Personne au nom de laquelle une lettre de change a été établie.

Tireur

Personne qui crée un chèque ou une lettre de change.

Titres

Papiers-valeurs incorporant un droit et correspondant à une part du capital d'une société (action, bon de participation, obligation, etc.).

Trading

Achat et vente rapprochées de biens mobiliers dans la perspective de réaliser un bénéfice.

Trafic des paiements

Ensemble des opérations (nationales et internationales) destinées à régler des dettes. Le trafic des paiements peut se faire au comptant ou sans numéraire.

Transparence

Capacité d'une entreprise à donner volontairement sur elle-même des informations financières claires, détaillées et régulières.

Trésor permanent ou de nuit

Guichet automatique permettant aux clients de déposer de l'argent en dehors des heures d'ouverture des guichets de la banque. Pour l'utiliser, les clients doivent passer un contrat avec la banque.

Trésorerie

Voir Liquidités.

True and fair

Principe d'honnêteté et de clarté dans la présentation des informations comptables.

U

Univers d'investissement
Marché géographique, secteur économique ou classe d'actifs dans lesquels on positionne un titre ou un fonds.

Usufruit
Droit d'utiliser et de jouir des fruits d'un bien dont la nue-propriété appartient à un autre. L'usufruitier est la personne qui a l'usufruit d'un bien.

Valeur

Triple signification:

1. Titre.
2. Désignation du jour de valeur, soit de la date valable pour les écritures comptables, à partir de laquelle court ou cesse l'intérêt.
3. Dans l'environnement boursier, synonyme d'action.

Valeur comptable

Montant pour lequel un poste figure au bilan sans tenir compte d'une plus-value ou d'une moins-value éventuelle. Si la valeur comptable est inférieure à la valeur vénale, il en résulte une réserve latente.

Valeur d'estimation

Valeur d'un terrain ou d'un immeuble calculée sur la base d'un rapport d'estimation établi par des experts.

Valeur d'inventaire

Valeur d'une part de fonds de placement calculée à un jour de référence. Elle s'obtient en divisant la fortune du fonds à sa valeur vénale (sous déduction d'éventuelles dettes) par le nombre des parts en circulation.

Valeur de croissance

Actions d'entreprises à forte potentialité de développement.

Valeur de rachat

Somme qu'un assureur verse à un assuré ayant dénoncé une police d'assurance-vie avant son échéance, si ce dernier en a payé les primes durant trois ans au moins. Cette valeur est prise comme référence pour déterminer la limite de crédit accordée contre nantissement d'une police d'assurance-vie.

Valeur de rendement

Valeur d'un bien, d'un placement ou d'une entreprise calculée en capitalisant ses bénéfices futurs au moyen d'un taux de capitalisation déterminé.

Valeur de rendement basée sur les flux de trésorerie libres futurs

ou Discounted free cash flow method ou encore plus couramment appelée méthode DCF

La valeur de rendement basée sur les flux de trésorerie libres futurs correspond à la valeur actuelle des flux de trésorerie futurs estimés. Ces flux de trésorerie libres correspondent à la différence entre le cash flow d'exploitation (cash généré par l'activité de l'entreprise) et le cash flow d'investissement (cash nécessaire pour les dépenses d'investissement de remplacement). Le taux d'actualisation (ou de capitalisation) correspond au taux de rendement souhaité des capitaux propres.

Valeur de rendement d'une entreprise

La valeur de rendement correspond à la valeur actuelle des résultats (bénéfices) futurs estimés. Lors de l'évaluation d'une PME, on estime parfois que les résultats futurs seront plus ou moins constants. La valeur correspond alors au résultat futur (constant) capitalisé. Le taux de capitalisation correspond au taux de rendement souhaité des capitaux propres. Ce taux dépend du secteur d'activité et des risques liés à l'entreprise. Plus le risque est important, plus le taux de capitalisation est élevé.

Valeur fiscale ou imposable

Valeur déterminante pour l'imposition d'un élément de fortune. L'Administration fédérale des contributions publie chaque année une liste des cours fiscaux pour de nombreux titres et qui sont valables pour la taxation.

Valeur immobilière

Terrain, immeuble, hypothèque, etc.

Valeur intrinsèque

Double signification:

1. Entreprise. Valeur vénale de l'actif circulant et des immobilisations. Voir aussi Valeur de rendement.
2. Option. Différence positive entre le prix de base d'une option et le cours effectif de la valeur sous-jacente.

Valeur locative

Valeur locative du propriétaire : revenu théorique d'un logement occupé par son propriétaire.

Valeur mobilière

Titre négociable sur le marché financier.

Valeur moyenne

La valeur moyenne est la moyenne entre la valeur substantielle et la valeur de rendement. Comme on attache plus d'importance au rendement qu'à la substance, on pondère souvent la valeur de rendement par un coefficient de 2. On parle alors de la méthode des praticiens.

Valeur Nette d'Inventaire (VNI)

Elle correspond à l'actif net du fonds, divisé par le nombre de ses parts. Elle sert de base au calcul du 'prix d'achat/vente'.

Valeur nominale

Montant exigible inscrit sur un titre.

Valeur réelle

Contrairement aux valeurs nominales (ou créances nominales), les valeurs réelles (immeubles, matières premières, métaux précieux, diamants, certaines actions, etc.) sont susceptibles d'offrir une bonne protection contre l'érosion du pouvoir d'achat et l'inflation.

Valeur substantielle

La valeur substantielle correspond à la différence entre les actifs et les dettes existant au moment de l'évaluation. Les actifs sont évalués au coût de remplacement et ne contiennent donc pas de réserve latente. Par exemple, la valeur d'un immeuble sera la valeur à neuf, déduction faite d'un amortissement basé sur la vétusté de l'immeuble.

Valeur vénale

Prix qu'on obtiendrait dans des circonstances normales à la vente d'un bien (un immeuble par exemple). Ne pas confondre avec la valeur de rendement.

Valeurs immatérielles

Biens immatériels (droits, brevets, licences, marques, goodwill, relations d'affaires, etc.) jouant un rôle déterminant dans l'évaluation d'une entreprise et de ses actions.

Vente à découvert

Vente de titres que le vendeur ne possède pas.

Virement

Transfert de fonds d'un compte à un autre, qu'il s'agisse d'un compte en banque ou d'un compte de chèques postaux.

Volatilité ou écart-type

Mesure de la dispersion et de l'ampleur des fluctuations de cours d'une valeur/d'un marché pendant une période considérée. Plus ces fluctuations sont marquées, plus la valeur/le marché est considéré comme risqué (ex : alors que les fonds en obligations suisses ont une volatilité moyenne de 3 %, celle des fonds en actions suisses est de l'ordre de 12 %). Les actions qualifiées de volatiles progressent ou chutent généralement plus fortement que les autres valeurs plus conventionnelles.

Volume

Quantité de titres échangés.

W

Wall Street
Rue de New York où se situe la bourse du même nom (Wall Street Exchange). Aussi employé pour désigner les cercles financiers new-yorkais.

Z

Zéro-coupon
Qualifie un emprunt à long terme sans coupon annuel.

C9. BIBLIOGRAPHIE

A. Farber et al., "Finance, 3e édition", site: ecol2.com/u/5thbfq

BNS - iconomix, "Qu'est-ce qu'une assurance?", site: ecol2.com/u/67pgze

Chambres vaudoises du commerce et de l'industrie, "Tour d'horizon des normes comptables suisses", site: ecol2.com/u/zupidw

Développement du Nord Vaudois, "Les normes comptables Suisses", site: ecol2.com/u/di8sgh

Desjardins, "Notions de bourse", site:ecol2.com/u/m6atdr

Dupont de Nemours, "Réflexions sur la formation et la distribution des richesses, 1766", site: ecol2.com/u/txz7u7

Freepik, "Pack Business Studies", site: flaticon.com

Free Bureau Sàrl, "Les normes comptables suisses", site: ecol2.com/u/dnblnh

GastroSocial, "Guide des assurances sociales et décompte de salaires", site: ecol2.com/u/gdyg92

Groupes d'auteurs de la CRTEPC et de la CDECSRT, "Procédures de qualification", site: goo.gl/oF2vJ4

IUT de Saint Denis, "Les fondements du marketing", site: ecol2.com/u/z2p83y

KPMG, "Le nouveau droit comptable", site: ecol2.com/u/9o7rm5

La finance pour tous, "Déterminer le rendement d'une obligation", site: ecol2.com/u/wwrsgf

Lacompta.ch, "L'immeuble", site: ecol2.com/u/al6sq1

Milko Pambianco, "Récap. de 1e année", site: ecol2.com/u/zq2dq7

R. Dénervaud, Gymnase intercantonale de la Broye, "Le financement de l'entreprise", site: goo.gl/LDXO9C

Universités Numériques Thématiques, "Les coûts variables et le seuil de rentabilité", site: ecol2.com/u/0c0xin

TABLE DES MATIÈRES

V0. BASES MATHÉMATIQUES ET COMMERCIALES

V1. NOTIONS EN GESTION

11. ENVIRONNEMENT COMMERCIAL

111. Généralités

112. Circuit et acteurs économiques

113. Activités: organisation et planification

114. Les processus clés

12. PATRIMOINE DE L'ENTREPRISE

121. Le bilan, photographie de la situation

V2. DOCUMENTS CLÉS

21. FONDEMENTS DE LA COMPTABILITÉ

211. Démarche

212. Normes

22. PIÈCES COMPTABLES

221. Comptabilisation

V3. RISQUES ET OPPORTUNITÉS

31. ASSURANCES

32. FINANCEMENT ET RENTABILITÉ

Commentaires bienvenus !:-)

“Les résultats représentent les fruits de l'arbre; le bilan rend compte de la croissance de l'arbre lui-même. „

Mentions légales

Notes

www.ingramcontent.com/pod-product-compliance
Lightning Source LLC
Chambersburg PA
CBHW080633180526
45168CB00008B/3154